INTRODUCTION TO
CLINICAL
PSYCHOLOGY

ステップアップ
心理学シリーズ

臨床心理学

理論と実践をつなぐ

HANAE SOMA　　YOSHIHIRO ITAGUCHI
相馬花恵　板口典弘［編著］

講談社

▶ 執筆者一覧

阿部 哲理　　駿河台大学心理学部 非常勤講師　（1.2節）

雨宮 怜　　　筑波大学体育系 助教　（8.3節）

朝波 千尋　　国立精神・神経医療研究センター病院 臨床心理士　（13.3節）

石川 遥至　　早稲田大学文化構想学部 講師　（5.1-5.2, 6.1-6.2節）

＊板口 典弘　　慶應義塾大学文学部 准教授　（1.1, 13.1-13.2, 14.1-14.2節）

大槻 美佳　　北海道大学大学院保健科学研究院 准教授　（14.3節）

菊池 安希子　武蔵野大学人間科学部 教授　（13.3節）

近藤 育代　　駿河台大学心理学部 准教授　（4.3節）

駒村 樹里　　東京都八王子児童相談所 児童心理司　（5.3節）

甲田 宗良　　徳島大学大学院 社会産業理工学研究部 准教授　（10.3節）

佐藤 秀樹　　福島県立医科大学医学部 災害こころの医学講座 助教　（6.3節）

齋藤 順一　　広島大学病院精神神経科 臨床心理士／早稲田大学研究院 客員講師　（11.3節）

杉山 風輝子　目白大学心理学部 助教　（7.3節）

＊相馬 花恵　　駿河台大学心理学部 准教授　（1.3, 3.1-3.2, 4.1-4.2節）

髙岸 百合子　国立精神・神経医療研究センター 認知行動療法センター 客員研究員　（2.3節）

高倉 祐樹　　北海道大学大学院保健科学研究院 客員研究員　（14.3節）

髙橋 徹　　　Laureate Institute for Brain Research Post-Doc Research Associate／
　　　　　　　日本学術振興会 海外特別研究員　（7.1-7.2, 10.1-10.2節）

富田 望　　　実践女子大学人間社会学部 准教授　（11.1-11.2, 12.1-12.2節）

野村 和孝　　北里大学医療衛生学部 准教授　（12.3節）

橋本 茉莉子　東京女子医科大学病院神経精神科 医師　（9.1-9.2節）

馬場 存　　　駿河台大学心理学部 教授　（9.3節）

深澤 桂樹　　山梨大学医学部附属病院 精神神経医学講座 臨床心理士　（3.3節）

藤掛 友希　　駿河台大学心理学部 講師　（2.1-2.2, 8.1-8.2節）

［五十音順，（　）内は担当節，＊は編者］

本書は，臨床心理学を学びたいと思っている初学者向けの入門書です。臨床心理学では，こころの不調の原因を理解し，支援を実践するための理論とスキルを学びます。ただし，臨床心理学は，こころの不調を解消するためのおまじないでも魔法でもありません。科学的な研究を通して，こころの健康の維持・増進や，不調の改善を目指す学問です。こころの不調に至る背景（メカニズム）や，不調に対する効果的なアプローチに関する知見を研究者が積み重ねることにより，人々がより快適に生活することを支える心理学的支援の手法が発展してきました。科学研究が私たちの生活の中でいかに活用されているのかを，"こころの健康"という視座から知ることができるのは，臨床心理学の魅力の一つといえるでしょう。

本書は，公認心理師カリキュラムに準拠し，臨床心理学の基礎理論と現場での実践例をわかりやすく学べるよう工夫されています。そのため，心理学的支援のベースとなる理論を詳しく知りたい方も，それらが現場でどのように活かされているかを知りたい方にも，興味をもって読んでもらえる内容になっています。また，直感的な理解を助けるオールカラーの図表や，知識を補完するための豊富な脚注などを取り入れ，楽しく学べるような工夫も凝らしました。

本書の構成

▶ **臨床心理学を概観できる3つのPart** ｜ 本書は，臨床心理学の基礎から応用まで概観するために，全体を3つのPartに分けています。Part1では，臨床心理学の基礎理論として，その歴史や，心理学的支援の実践において必要とされる専門性などについて解説します。Part2では，代表的な心理療法の理論とその技法について，豊富な研究知見に基づき詳説します。Part3では，心理学的支援の対象となりうる精神疾患に焦点を当て，その特徴や治療効果が期待されている支援法について解説します。

3つのPartはそれぞれ内容が異なりますが，独立しているわけではありません。たとえば，Part2で紹介された心理療法の技法が，Part3で登場することがあります。そこで，他のPart・章との関連がわかるように，参照マーク をつけました。このマークを活用することで，たとえば，「科学的研究により開発された〇〇という技法は，どのような精神疾患に適用され得るのか」といったつながりを意識・理解することが可能になります。

本書の特徴

▶ **ステップアップ方式で理論をマスター** ｜各章ではまず，その章で扱うトピックに関する理論をステップアップ方式で解説します。ステップ1では，当該トピックを理解するうえで押さえておくべき概念の定義など，学びの基本となる知識を解説します。ステップ2では，各トピックを代表する研究を紹介しながら，当該理論の特徴や社会的・学術的な意義などについてさらに詳しく解説します。さらにステップ3では，最新の研究もふまえながら，各理論がどのように発展し，臨床心理の現場において応用されているのか，などの発展的な内容を扱います。こうしたステップアップ方式をとることにより，各理論に基づく心理学的支援の意義や期待される効果などに対する理解を深めることができます。

▶ **現役心理職等から学ぶ臨床実践のリアル** ｜各章の後半では，臨床心理学やその関連領域を専門とする対人援助職者らが，実際の臨床・研究活動の実践例を紹介します。各著者の肩書は，公認心理師や臨床心理士だけでなく，精神科医や言語聴覚士といった関連職種も含まれており，幅広いです。そうした対人援助職者の多様なキャリアパス（経歴や現職を選んだ理由など）や，現在実践している支援・研究の内容などが具体的に紹介されています。対人援助職を目指している方はもちろん，「興味はあるけれど，具体的にどんな仕事をするのだろう」と疑問に思っている方にとっても，各職種の活躍や，理論編で紹介された心理学的支援の実践例を知ることができる，貴重な内容となっています。

　最後に，本書を執筆するにあたって，多くの方にご協力をいただきました。各章を執筆くださった先生方は，限られた紙幅，限られた時間の中で，各専門分野に関する魅力的な知見をわかりやすくまとめてくださいました。株式会社講談社サイエンティフィクの国友奈緒美氏は，本書の完成に至るまで，随所にわたって多大なるご尽力をいただきました。心より御礼申し上げます。

　本書が，読者の皆さんにとって，臨床心理学研究とその応用への理解を深める一助になることを願っています。

2024年4月

相馬花恵・板口典弘

目 次

Part 1 ————————————— 1

臨床心理学の基礎理論

第 1 章　臨床心理学とは何か　　2

第 2 章　心理的アセスメント　　22

Part 2

臨床心理学の理論と技法

第 3 章　精神分析学

第 4 章　人間性心理学

第5章 行動・学習理論 77

第 14 章　高次脳機能障害　　243

用 語 集

本書の全体にかかわる用語およびその説明です。

▶ メタ分析 (meta analysis)

メタ分析とは，あるトピックを検討した研究を複数集めて，それらを統合したデータを統計的に再分析する手法です。これによって，より信頼できる統計学的結論を得たり，結果に影響するさまざまな要因を検討したりすることができます。個々の研究では，研究対象者や測定方法が異なるため，限定的な示唆しか得られませんが，メタ分析をおこなうことによって，より普遍的あるいは包括的な視点から，研究結果を再検討することができます。

▶ レビュー (review)

レビュー論文，文献レビューともよばれます。日本語では総説と訳されます。レビューでは，あるトピックを対象に，すでに発表された研究の調査をおこない，そのトピックについての学術的認識を幅広く，かつ偏りなく概観します。また，既存研究の評価や，現時点における問題点やこれからの研究の展望も語られます。時には，既存のデータから新たな主張をすることもあります。原著論文と異なり，新しい実験結果を提示する必要はありません。

▶ システマティックレビュー (systematic review)

ランダム化比較試験のような質の高い研究をくまなく調査する系統的な分析を指します。メタ分析とシステマティックレビューを同時に実施することも可能です。なお，システマティックレビューをおこなっていないメタ分析は，解析対象としている研究そのものの信頼性を必ずしも保証できません。そのため，その通常のメタ分析は，ある結論を導くための恣意的な分析になってしまっている危険性もあります。

▶ エビデンス・ベースド・メディスン (EBM)

エビデンスに基づいた治療を指します。エビデンスとは，主張（ここでは治療や支援の方針）に対する根拠を意味します。この根拠は客観的・確実なデータである必要があります。ただしデータと言っても，さまざまなレベルが存在します。そのためEBMでは，信頼できるエビデンスに順序づけをしています。信頼できる順に，システマティックレビューやメタアナリシス，ランダム化比較試験（RCT），コホート研究，ケースコントロール（症例対照）研究，ケースシリーズ・症例報告研究，そして最後に専門家あるいは臨床経験に基づく意見が来ます。このようなデータに基づいて策定されるのが治療ガイドラインです。

▶ 心理療法・カウンセリング

心理療法とは，訓練を受けた専門家によって提供される心理学的支援を指します。特定の症状や心理的問題に対して，理論とエビデンスに基づく技法を通して，症状の改善や問題の解決，そして精神的健康の増進を目指します。精神分析的心理療法（3章），クライエント中心療法（4章），認知行動療法（6章）など多くの理論・技法がありますが，今日では，支援対象者の状態・状況等に合わせ最適なアプローチを選択する"統合・折衷的心理療法"も実践されてい

ます。なお，医療現場においては"精神療法"と呼ばれることもあります。

一方，カウンセリングは，（特定の理論・技法に拠るのではなく）傾聴や受容といった心理学的支援において基本となる態度を通して，支援対象者が抱える問題を理解し，その解決を図る行為を指す言葉として用いられます。

▶ 有病率・罹患率

有病率（prevalence）はある一時点あるいは一定期間において疾病を有している人の割合，罹患率（incidence）は一定期間にどれだけの疾病者（疾患）が発生したかを示す指標です。2つの指標の大きな違いは，有病率は人を基準，罹患率は疾患の発生数を基準とする点です。罹患率は発生率と表現したほうがわかりやすいでしょう。本書でも頻繁に登場する生涯有病率は一生涯における有病率です。そのため，ある疾患を1回以上発症する割合です。

▶ ICD：疾病及び関連保健問題の国際統計分類
(International Statistical Classification of Diseases and Related Health Problems)

世界保健機構（WHO）が作成する疾病，傷害および死因（以下，疾病等）の分類です。身体的なものから精神的なものまで，あらゆる疾患について掲載されています。日本では，疾病等の統計分類として用いられています（統計法 第28条 第1項）。2022年に，約30年ぶりとなる改訂版（ICD-11）が発効され，最新の医学的知見が反映された分類に整備されたほか，WHOが提供するウェブサイトから疾患名やその特徴，分類コードなどを調べることができるようになりました。

▶ DSM：精神疾患の診断・統計マニュアル
(Diagnostic and Statistical Manual of Mental Disorders)

アメリカ精神医学会が作成する，精神疾患の基本的な分類や診断基準などが書かれているマニュアルです。世界的に広く活用されており，日本においても精神疾患の診断に用いられています。最新版であるDSM-5-TR（2022年刊行）では，2013年のDSM-5刊行以降の研究成果に基づき，①有病率，②危険要因と予後要因，③文化に関連する診断的事項，④性別に関連する診断的事項，⑤自殺念慮または自殺行動との関連，そして⑥併存症診断基準が，全面的にアップデートされました。また，疾患名は日本精神神経学会が定めた病名・用語に統一されました。本書では，原則，DSM-5-TRの病名・用語を用いています。

Part 1

臨床心理学の
基礎理論

臨床心理学とは何か

1

臨床心理学の歴史

（板口典弘）

····· ステップ 1 ·····

臨床心理学の定義

　本ステップでは臨床心理学がどのように始まり，発展してきたかを簡単に紹介します。臨床心理学は，アメリカ心理学会（APA）によると「科学，理論，実践を統合して，人間行動の適応調整や人格的成長を促進し，さらには不適応，障害，苦悩の成り立ちを研究し，問題を予測し，そして問題を軽減，解消することを目指す学問」と定義されています[1]。

　このような定義からわかることは，臨床心理学には臨床実践だけでなく，心的メカニズムの解明やそれに基づいた技法（理論）の開発といった科学的な研究態度が不可欠であるということです。すなわち，心理学が厳密な“科学”であることを目指すように[2]，臨床心理学においても，個人の経験や勘などに基づいて主張をおこなうのではなく，科学的な手法で実施された研究結果を総合的に解釈し，その解釈に基づいて学術的な主張，あるいは技法の選択・応用をおこなわなければなりません。

臨床心理学前史[3]

　古代ギリシアの医師のヒポクラテスやガレノスは，“こころ”および“からだ”の病気は身体に含まれる4種類の体液（血液，粘液，黒胆汁，黄胆

····························

1　2022年以前にアメリカ心理学会で採用されていた定義の邦訳（下山，よくわかる臨床心理学 改訂新版，2009）です。本原稿執筆時には「臨床心理学は，幅広いクライアント集団を対象として，知的，感情的，生物学的，心理学的，社会的，行動的な不適応，障害，苦悩を理解，予測，そして緩和するための原理，方法，手順の応用に関わる研究，教育，あるいはサービスを含む学問領域である。」という，より包括的な定義が公開されています（http://www.div12.org/）。

2　詳しくは姉妹書「心理学入門」（板口・相馬，2017）等を参照してください。

3　臨床心理学の歴史については，近年出版された「臨床心理学史」（サトウ，2021）で詳しく紹介されています。

汁）のバランスが崩れるために生じ，そのバランスを戻すことによって治療可能と考えました。この考えは，ルネサンス以降に近代的な学問が確立するまで根強く信じられていました。また，場所や時代によっては，精神的な病を有する患者は治療対象とすらならず，"魔女"あるいは"狂人"として，差別・排斥されていました。

▶ **精神病と精神医学** ｜ 時代が下るにつれ，精神病という概念が徐々に浸透・普及していきます。18世紀終わりにフランスの内科医P.ピネルは，それまで狂気とよばれていた症状を精神病とよぶことを提案しました。このような試みが，精神医学の誕生につながっていきます。精神医学は，統合失調症やうつ病などを扱い，W.グリージンガー，B.A.モレル，E.クレペリンなどによって発展していきました。 第9章

▶ **統計学と心理学** ｜ 19世紀前半から，人を対象とした研究に対して，**統計学**的手法も徐々に導入されていきます。たとえば，産褥熱の発生数を調査したI.センメルヴェイス，公衆衛生看護の先駆けとなった**F.ナイチンゲール**，相関係数の概念を提唱した**F.ゴルトン**などの研究が有名です[4]。19世紀終わりには，**W.ヴント**によって人の精神的な活動（意識）を実験的に検討することを目指した心理学（**実験心理学**[5]）が確立されます。

臨床心理学の誕生

1896年に**L.ウィトマー**がペンシルベニア大学に心理学クリニック（psychological clinic）を設置し，さらに，初めて**臨床心理学**という用語を用いた講演をおこないました。アメリカではこの年を，臨床心理学の誕生の年としています。ウィトマーは，感覚や運動能力の個人差を測定する**メンタルテスト**を開発したJ.M.キャッテル[6]に加え，ヴントやゴルトンにも学んでお

4　センメルヴェイスは，手洗い・消毒によって産婦の死亡率を劇的に下げることができること（18.3%→1%以下）を発見しました（Semmelweis（1983）[1861]. *The Etiology, Concept and Prophylaxis of Childbed Fever*. Translated by Carter, K. Codell. University of Wisconsin Press）。ナイチンゲールは，病院内の死亡原因ごとの死亡者数などを綿密に調べ，病院内の不衛生（感染症）が兵士の死亡率を上昇させていることなどを突き止めました。レーダーチャートも彼女が初めて考案したといわれています。

5　内省や内観に頼るのではなく，実験結果に基づいたアプローチであることを示すために"実験"心理学とよばれました。ヴントは実験心理学の父とよばれるものの，実験分野だけでなく，心理学全般にかかわる科学的手法の基礎を築きました。ヴントが内観法を用いたという記載が教科書を含めて多くの著作で紹介されていますが，現在ではこれは正しくなかったことが知られています（Clegg, *Self-observation in the social sciences*, 2013; Costall, *Conscious Cogn*, 2006; Schultz & Schultz, A history of modern psychology, 2012）。

6　J.M.キャッテルはヴントに師事していました。また，*Science*誌の編集長を務め，科学としての心理学を一般に普及させることに尽力したことでも有名です。後の時代にR.B.キャッテルという心理学者も存在するため，混同しないように注意しましょう。

り，要素主義（構成主義）[7]的，統計学的な考え方を重視していました。

　ウィトマーの経歴や，冒頭で紹介した臨床心理学の定義からもわかるように，彼は，実験心理学や個人差に関する研究で得られた**科学的知見**を，人々の健康や教育に活かすことを目指していました。

------ ステップ2 ------

　臨床心理学という学問分野は，最初から体系立って存在したわけではありません。現在の臨床心理学は，さまざまな理論や学派の集合体として少しずつ形成されてきました。その起源となった理論・学派の主要なものとして，精神分析，行動療法，クライエント中心療法が挙げられます。ステップ2では，これらの理論・学派の特徴をごく簡単に紹介しつつ，その後の臨床心理学の発展を概観します。

3つの理論・学派

▶ **精神分析** │ 19世紀終盤にオーストリアの精神科医S.フロイトは，フランスの神経学者J.M.シャルコーの催眠研究[8]に影響を受け，精神分析とよばれる技法を創始しました。精神分析の背景となる理論は精神分析学とよばれ，特にアメリカの臨床心理学に大きな影響をもたらしました[9]。フロイトの理論の優れた点は，①こころを複数のシステム（エス・自我・超自我）のダイナミックな作用として理論化した点と，②精神疾患は，何か"特別"な原因によって生じるわけではなく，**万人に共通するこころのシステムが"通常に"働いた結果，症状が出現している**と考えた点です。すなわち，システムが壊れた結果症状が出現するわけではなく，本来備わっている機能のいわば副作用として症状が出現するのです。また，無意識や前意識を仮定する精神分析学のアイデアは，投影法（p.31）のような，普段は意識されない（あるいはできない）個人特性を評価する方法の開発にもつながりました。

▶第2章　▶第3章

▶ **行動療法** │ 治療において，精神分析的な手法ではセラピストの解釈が大き

7　意識を複数の下位要素に分解し，それらの結合法則を探るアプローチです。要素により注目する場合は要素主義，要素がどのように構成されるかに注目する場合には構成主義とよばれます。どちらかというと，ヴントは前者，ウィトマーは後者でした。

8　催眠というと怪しげに聞こえますが，現代において，催眠自体は科学的に確立された現象あるいは手法です。

9　患者の症状を性的な欲求の働きで説明することが多かったことから，当時は保守的であったヨーロッパよりも，自由な雰囲気をもったアメリカで人気が出ました。

な役割を果たすのに対して，**客観性や科学性を重要視**する立場を強調したのが行動療法です。行動療法とは，古典的条件づけ[10]，オペラント条件づけといった心理学における行動主義の理論を精神疾患の治療や問題行動の修正に応用した技法の総称です。行動主義とは，1913年にアメリカの心理学者J.B.ワトソンが提唱した，"人間の内部状態に対する考察を排し，観察可能な刺激や反応のみを検討対象とするアプローチ"を指します。ワトソンが行動主義理論を精神疾患に対して応用した後，H.アイゼンクやB.F.スキナーなどによって，さらにその技法が体系化されていきます。行動療法は，古典的条件づけ，オペラント条件づけそれぞれに基づいた技法が提案されています。どちらの技法も**神経症性障害**[11]には大きな効果があったものの，抑うつなどの症状にはあまり効果がありませんでした[12]。 第5章

▶ **クライエント中心療法** 1940年代にアメリカの心理学者C.R.ロジャーズが非指示的療法を提唱しました。非指示的療法では，クライエントの悩みを解決するために，セラピストが何かを"指示"することではなく，**クライエント自らが変化する手助けをおこなう**という態度を重要視します。1950年代には，非指示的療法はその理論の発展とともに，クライエント中心療法と名称を変更します。クライエント中心療法が基礎とする理論，特にセラピストがとるべき態度は，その後の多くの心理療法の基礎となっています。ロジャーズは，A.H.マズローとともに，人の主体性・創造性・自己実現といった肯定的側面を強調する人間性心理学の代表的な研究者として知られています。 第4章

······ ステップ 3 ······

臨床心理学の発展

1940年代から1970年の終わりまでに**家族療法**，**コミュニティ心理学**，**認知的心理療法**[13]など，さまざまな療法が提案されました。特に認知的心理療

---

10 レスポンデント条件づけともよばれます。この用語は，スキナーの理論における古典的条件づけのよび方です。

11 一般的には神経症（ノイローゼ，神経衰弱）として知られる，ストレスなど心理的な原因によって生じる心因性の精神疾患を指します。不安症，パニック症，強迫症，解離症，恐怖症などが代表的です。

12 本節では心理療法の歴史的経緯に焦点を当てて紹介しています。現代における各心理療法の効果に対する理解については，関連するそれぞれの章を参照してください。

13 "認知療法"とよんでも内容的には問題ないものの，ベックの提唱した技法が認知療法（cognitive therapy）であるため，認知的な要素を重要視する心理療法をうまく総称する用語がありません。英語ではcognitive-based psychotherapyなどと表現されることもありますが，本章では認知的心理療法という表現を用います。

法は，1950年代の認知心理学の急速な発展を受けて誕生し，幅広く展開していきました。初期の認知的心理療法として，A.エリスの論理療法[14]，A.T.ベックの認知療法があります。これらの心理療法は，出来事に対する認知のスタイルを変容させることに焦点を当て，幅広い精神疾患に効果がありました。 第6章

▶ **認知行動療法** ｜ 1950年代以降に誕生した認知的心理療法は当初は行動療法と対比されることが多かったものの，実際には行動療法の概念や理論も用いていました。そのような背景から，1980～90年代には，技法の発展とともに認知的心理療法は認知行動療法（CBT）と総称されるようになりました。

▶ **マインドフルネス** ｜ 1979年には，J.カバット-ジンがマインドフルネスストレス低減法（MBSR）を開発します。マインドフルネスとは"意図的に，瞬間瞬間の体験に対して，評価判断することなく，注意を向けることによって現れる気づき"を意味します[15]。その後，MBSRと従来の認知的心理療法の技法を統合し，マインドフルネス認知療法（MBCT）が開発されます。さらに2000年代には，MBCTの影響を受けた**弁証法的行動療法（DBT）**や**アクセプタンス＆コミットメント・セラピー（ACT）**といった新たな認知行動療法も開発されていきます。 第7章

統計学的手法の発展

▶ **DSM-Ⅲ** ｜ 1980年代に，アメリカ精神医学会が作成する『精神疾患の診断・統計マニュアル 第3版』（DSM-Ⅲ）が発行されます。DSMは1952年に第1版が発行されました。第1版と第2版で使用される概念や診断基準は精神分析の理論に依拠するところが多く，医学・科学としての信頼性が疑問視されていました。一方で，DSM-Ⅲでは特定の理論に依拠しない，**操作的診断基準**を採用しました。操作的診断基準とは，精神疾患の原因ではなく，症候・徴候・経過など，客観的な事実に基づいて疾患カテゴリーを定める手法です。この変更により，DSM-Ⅲを用いた診断分類が臨床家間で統一され，その結果，科学的に信頼の高いデータが蓄積されていくことになりました。 第9章

▶ **アウトカム研究** ｜ 1970年代以降，介入（治療）の有効性を評価する分析手法が発展していきます。アウトカムとは，介入の有効性のみに限らず，"介入によるすべての結果"を意味する言葉です。そして，介入によってど

---

14 後に論理情動療法，さらに論理情動行動療法と名称を変えていきます。

15 Kabat-Zinn, *Clin Psychol-Sci Pr*, 2003

のような改善や副作用が生じたか，どれだけの割合の人が介入プログラムを完了できたかなどを総合的に検討することを**アウトカム研究**とよびます。このような研究によって明らかにされた科学的証拠（エビデンス）に基づいて援助にかかわる判断をおこなうことをエビデンス・ベースド・アプローチとよびます[16]。

　現在では，療法の選択や世間一般への説明をおこなううえで，セラピストの勘・信念・学派などを優先するのではなく，**客観的な根拠に基づくことが当然の態度**として求められています。セラピストの経験知も治療を成功させるために不可欠ではあるものの，エビデンスを無視することは許されません。臨床心理学が扱う心理療法である限りは，"巷の民間療法"とならないように，どのような場面でも科学的な態度を忘れずにもち続ける必要があります。

日本独自の精神疾患の治療法

　これまで紹介してきた世界的な心理療法の流れとは別に，日本でも多くの精神疾患へのアプローチが考案されてきました。有名なものとして，森田療法，内観療法，動作法があります。

　森田療法は，精神科医の**森田正馬**によって1919年に創始された神経症性障害に対する訓練法です。治療期間の最初期には，集中的な絶対安静期間を経験することで"生の欲望"を認識します。その後，さまざまな作業を継続しておこなうなかで，不安や葛藤があっても生活を維持できることを身をもって学んでいきます。森田療法は，「こうあるべき」という"とらわれ"を脱し，"あるがまま"の感情を受け入れることを目的とする点で，歴史的には数十年後に登場する認知行動療法やマインドフルネスに通じる要素がありました。

　内観療法は**吉本伊信**が1941年に確立した療法であり，依存症や神経症性障害，非行少年の問題行動に対して実施されました[17]。身近な人たちに対して，"していただいたこと"，"して返したこと"，"迷惑をかけたこと"という**内観三項目**とよばれる3点を繰り返し思い返すことで自他への理解を深めるとともに，肯定的な認知を促します。

　動作法（臨床動作法）は臨床心理学者の**成瀬悟策**が1970年代に提唱した，身体にアプローチする技法です[18]。意図した動作を実現する努力を通して，

16　心理学におけるエビデンス・ベースド・アプローチについてはp.12を参照。
17　本療法は，"身調べ"とよばれる浄土真宗の一派がおこなう精神修養法に基づいていますが，吉本が宗教色を排して一般の人に適用できるように簡素化・体系化をおこないました。

7

精神状態への洞察や自己統制感を得ることで活動全般に変化を促します。神経発達症（発達障害）や統合失調症，心因性精神疾患全般の治療に対して用いられています。

第1節の執筆にあたり，以下の書籍を参考にいたしました
サトウタツヤ，臨床心理学史，東京大学出版会，2021

2 臨床心理の専門職として活動するために　　理論

（阿部哲理）

ステップ1

　本節では，臨床心理の専門職（以下，心理職）が従事する活動を概観し，その活動に必要とされる専門性についておもに述べていきます。

心理職の活動

　心理職の活動には，専門性を活かした実践活動と研究活動の2つの側面があります。実践活動は，支援対象者の心理的な問題を特定し，対応の方針を立てる心理的アセスメント　第2章　と，問題の改善に向けて心理療法などが実行される介入[19]を繰り返しながら進みます。一方，研究活動では，新たな理論の構築や，既存の心理療法の効果検証など，実践活動に活かされる知見の集積がおこなわれます。研究によって得られた知見は，一般の人々がアクセス可能な形で公開される場合もあり，支援対象者が治療法を選択したり症状を理解したりする際にも役立てられます。

　心理職は，支援対象者の利益になる実践活動をおこなうために，研究活動の知見を活用します。さらに，実践活動のなかで得られた知見をもとに，さらに介入効果の高い心理療法の開発を目指した研究活動もおこないます。ただし，すべての心理職の方々が研究活動と実践活動を同じ重みづけでおこなっているわけではなく，研究活動に従事する心理職の方の数は比較的少数[20]

18　翔門会（編），動作とこころ 成瀬悟策教授退官記念シンポジウム，1989
19　厚生労働省の定義では，「研究目的で，人の健康に関する様々な事象に影響を与える要因（健康の保持増進につながる行動及び医療における傷病の予防，診断又は治療のための投薬，検査等を含む。）の有無又は程度を制御する行為（通常の診療を超える医療行為であって，研究目的で実施するものを含む。）」が介入であるとされています。ただし，「危機介入」といった表現で用いられる場合など，必ずしも研究目的の行為のみを指さない場合もあります。

であるのが現状です。

········ ステップ2 ········

心理職に要求される専門性

　心理職に要求される専門性とは，前述の実践活動や研究活動に必要な知識や経験の集積であるといえます。本ステップでは心理職に要求される知識や技術を概観するため，参考として，心理学の専門資格制度および資格試験の受験に必要な科目のカリキュラムを紹介します（なお，実践活動については第2章以降の各章で，研究活動については本章本節のステップ3でさらに詳しく説明します）。

▶ **心理学の専門資格制度** ┃ 国や認定団体の定める試験に合格し，心理学の専門的な訓練を受けた実績を認められた人に与えられる資格に，臨床心理士と公認心理師の資格があります。

　臨床心理士資格は，公益財団法人 日本臨床心理士資格認定協会が実施する試験に合格することで取得できます。2022年度時点で40,749名が免許を取得しており，信頼性の高い専門職資格としての役割を果たしています。

　公認心理師資格は，2015年に公布された**公認心理師法**によって新たに誕生した国家資格です。公認心理師法は，文部科学省と厚生労働省が共同で施行を取り仕切っており，2023年の第6回試験までで，のべ72,926名が試験に合格しています[21]。

　臨床心理士と公認心理師のいずれの資格保持者に対しても，医療，福祉，教育，産業，司法といった多分野で活躍する**汎用性**が期待されています。そのため，臨床心理学に加えて，認知心理学・社会心理学などの幅広い領域の知識や経験（大学学部や大学院において専門的な教育や訓練を受けた経験，もしくはそのような教育や訓練を受けた経験と同等の実務経験）を有していることが，資格試験を受験するために必要な条件となります。

....

20　公認心理師（p.9）の有資格者を対象におこなわれた調査では，「公認心理師の専門性に基づく活動」として1年以内に『「心理支援」に関わる研究等』に従事した人は，この問いに回答した12,185人中わずか2,023人（16.6％）でした。「要援助者のアセスメント」（88.3％）や「要援助者に対する心理援助」（93.5％）のような実践活動に従事する割合に比して低い割合であるといえます（一般社団法人 日本公認心理師協会，公認心理師の活動状況等に関する調査，2021）。

21　2022年の第5回公認心理師試験までは，保健医療，福祉，教育その他の分野で5年以上心理に関する支援の実務経験をもつ人（現任者）も，文部科学大臣および厚生労働大臣指定の講習会を修了することで受験資格を得ることができました。現任者ルートによる公認心理師試験合格者は，大学学部や大学院における心理学の専門教育を必ずしも修了していませんが，それぞれの実務経験のなかで得た心理の専門性を活かして活躍しています。

▶ **専門性を身につけるための学び** ｜ 心理職の活動に必要な知識や経験の内容をもう少し具体的に概観するため，公認心理師試験の受験に必要な科目のカリキュラムを見てみましょう（表1-1）。

表1-1 公認心理師資格取得に必要な科目

大学における必要な科目
1.公認心理師の職責　2.心理学概論　3.臨床心理学概論　4.心理学研究法　5.心理学統計法 6.心理学実験　7.知覚・認知心理学　8.学習・言語心理学　9.感情・人格心理学 10.神経・生理心理学　11.社会・集団・家族心理学　12.発達心理学　13.障害者（児）心理学 14.心理的アセスメント　15.心理学的支援法　16.健康・医療心理学　17.福祉心理学 18.教育・学校心理学　19.司法・犯罪心理学　20.産業・組織心理学 21.人体の構造と機能及び疾病　22.精神疾患とその治療　23.関係行政論　24.心理演習 25.心理実習（80時間以上）
大学院における必要な科目
1.保健医療分野に関する理論と支援の展開　2.福祉分野に関する理論と支援の展開 3.教育分野に関する理論と支援の展開　4.司法・犯罪分野に関する理論と支援の展開 5.産業・労働分野に関する理論と支援の展開　6.心理的アセスメントに関する理論と実践 7.心理支援に関する理論と実践 8.家族関係・集団・地域社会における心理支援に関する理論と実践 9.心の健康教育に関する理論と実践　10.心理実践実習（450時間以上）

　公認心理師を目指す大学の学部生は，心理職が果たすべき社会的役割や職業倫理，研究法や統計法を含む心理学諸分野の基礎的な知識，精神障害の症状の発生機序や，治療法とその効果機序などについて学びます。また，心理職にかかわる法律や社会制度，心理職としての活躍が見込まれる5分野（p.14）の基礎的な知識など，実践活動の遂行上必要となる内容も必修科目に含まれています。これらの科目で学ばれる知識は，後述する研究活動を進めていく際にも非常に重要な知識体系の土台となります[22]。

　支援対象者の状態を正確に理解するためには，支援対象者本人の主観的な体験以外の情報にも十全に注意を払う必要があります。特に，生物学的要素，心理学的要素，社会的要素の3要素から支援対象者の状態を理解しようとする考え方は，生物心理社会モデル（biopsychosocial model：BPS model）とよばれます（p.22）。このような分野横断的な理論モデル[23]につい

---

22 心理学を専門に学ぶことのできる学部や学科は文系学部に設置されることが多いです。しかし，大学入学後に学ばれる内容は数学，生物，化学といった理系教科の知識を前提とする場合があります。入学時点で理系教科に苦手意識のある学生も，カリキュラムについていこうとする努力のなかでそのような知識を身につけていくことになります。

23 遺伝的に生まれもった原因（脆弱性）だけでなく，心理社会的なストレスと脆弱性との重なりによって精神疾患の発症を説明しようとするモデルとして，"素因ストレスモデル（diathesis–stress model）"も有名です。

ての学びは，広い視野をもって実践活動や研究活動を進めていくために役立ちます。第2章

　大学院の修士課程ではさらに専門的な内容が学ばれます。授業や教科書から知識を得ていくだけではなく，おもに実習の現場において実践活動に参加し，生身の支援対象者を相手に心理職に必要な技術や態度を体験的に学んでいくことになります。たとえば，カウンセリングや心理療法を実施していく際に必要となる，支援対象者との信頼関係（ラポール）の築き方や傾聴などの技法を実習のなかで身につけていきます[24]。

　日本で臨床心理学の専門資格を取得して働く人材の多くは，大学および大学院で特定の心理療法について専門的に学び，実践活動を遂行する能力を高めるための訓練を積むことになります。また，実習や修士論文の執筆を通して，研究と実践の能力の両輪を研鑽しつつ，それぞれの現場で働きはじめます。支援対象者の症状や困りごとは多岐にわたるため，大学院修了後は，ある特定の学派や心理療法にこだわらず，多様なニーズに柔軟に対応できるような知識や経験を蓄積する必要があります。

▶ **心理職の職業倫理**｜臨床心理学の専門家としての社会的な責任を果たすため，心理職が遵守すべき職業倫理についても学ぶ必要があります。臨床心理学や精神医学および関連領域での職業倫理は，（1）相手を傷つけない，傷つけるようなおそれのあることをしない，（2）十分な教育・訓練によって身につけた専門的な行動の範囲内で，相手の健康と福祉に寄与する，（3）相手を利己的に利用しない，（4）一人ひとりを人間として尊重する，（5）秘密を守る（p.24），（6）インフォームド・コンセントを得，相手の自己決定権を尊重する（p.23），（7）すべての人々を公平に扱い，社会的な正義と公正・平等の精神を具現する，という7つの基本原則にまとめることができます[25]。第2章

　職業倫理は，支援対象者の権利を守りつつ適切な援助を提供するため，そして専門職としての責任を社会に保障するため，心理職に必要とされる行動や態度の規範です。そして，このような職業倫理についての学びは，心理職が個人的にもっている倫理観を振り返る契機となり，支援対象者や社会に対するより適切な働きかけを吟味する態度を養うだけでなく，心理職が個人的な倫理観から偏った働きかけをおこなってしまう危険を抑止します[26]。

24　カウンセラーが身に付けておくべき態度のことを，日本では"カウンセリングマインド"とよぶ場合があります。クライエント中心療法を創始したロジャーズの理論に基づき，受容，共感，自己一致といった態度を総称して用いられる場合が多い語ですが，実はこの語はロジャーズの技法が日本に伝わった1980年代頃に日本で生み出された和製英語であり，ロジャーズの用いた語ではないとされています（氏原，カウンセリング・マインド再考，2006）。ラポールについてはp.24脚注7を参照。

25　金沢，カウンセラー：専門家としての条件，1998

····· ステップ3 ·····

心理職の研究活動

　心理職を目指す人材は，心理療法やカウンセリングを提供する実践家としての能力だけでなく，臨床実践で収集された知見を科学的に解釈し，より良い実践活動につなげるため，科学者としての能力も求められます。このように，実践と研究の能力を心理職に必要な能力の両輪と位置づける訓練のモデルを，科学者−実践家モデル（scientist-practitioner model）[27]とよびます。

▶ **エビデンスに基づく心理学実践**｜心理職は，支援対象者が安心して実践活動を受け取るために，**アカウンタビリティ（説明責任）**を保証しなければなりません。そのためには，提供される種々の実践活動の効果を十分に説明できるようなエビデンス（証拠あるいは根拠となるデータや研究結果）とともに実践活動を提供する必要があります。このような「支援対象者の特徴，文化，および価値志向の枠組みのなかで得ることができる最高度の研究と臨床専門知識を統合する」[28]実践は**エビデンスに基づく心理学的実践**（evidence-based practice in psychology）とよばれます[29]。

▶ **信頼できるエビデンスとは**｜臨床心理学の研究によって提供されるエビデンスは，研究の実施方法や分析方法によって，信頼度が異なるとされています（図1-1）。 第9章

　ある症状をもつ研究参加者について，介入の経過や結果を1〜数例報告する研究が事例研究です。また，ある介入を何名かの参加者に同時に実施した経過や結果をまとめた研究をケースシリーズとよびます。事例研究やケースシリーズでは，介入を受けないグループ（心理学研究では対照群とよびます）と受けたグループの比較がおこなわれず，症状の改善がその介入による

························

26　病院，学校，企業などの組織に所属して実践活動に従事する心理職の場合，個人がもつ倫理（個人倫理）だけでなく，所属組織のより良い機能のために組織から期待される倫理（組織倫理）も加味した行動や態度が求められます。そのような状況では，倫理間の齟齬によるジレンマ（守秘を求める支援対象者と情報共有を求める組織との間のジレンマなど）が生じる可能性があります。心理職は，このようなジレンマのなかで支援対象者にとって最良の支援は何かを模索する困難に真摯に向き合う必要があります。（伊原 編著，心理臨床の法と倫理，2012）。

27　このモデルが提唱された会議の開催地名から，ボールダーモデル（Boulder model）ともよばれます。このモデルを端緒として，実践活動と研究活動に必要な能力をより統合的に身につけるための新たな教育モデルが多数提唱されることになりました。

28　American Psychological Association Presidential Task Force on Evidence-Based Practice in psychology, *American Psychologist*, 2006

29　この考え方は単独で発生したわけではなく，もともと医学領域で生じたエビデンスに基づく医療（evidence-based medicine: EBM）という考え方の台頭に由来しています（松見，応用心理学研究，2016）。

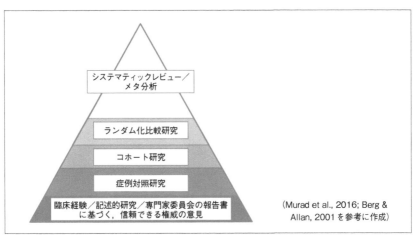

（Murad et al., 2016; Berg & Allan, 2001 を参考に作成）

図1-1　エビデンス・ピラミッド

ものかどうかを判別できません。

　症例対照研究は，ある症状をもつグループと，症状はもたないものの症状以外の特徴（年齢や性別など）が一致する別のグループ（対照群）とを比較する研究手法です。対照群との比較によって症状の原因や介入の効果の検討が可能になりますが，分析対象とする参加者を研究者が恣意的に選択することができ，データの偏りが生じる可能性があります。

　コホート研究は，ある症状をもつ集団からデータを一定期間収集し，その集団とは異なる特徴をもつ（症状をもたない，もしくは別の症状をもつ）集団からも同様に一定期間のデータ収集をおこなうことで，症状の発症率や経過などを調べる研究手法です。ある集団のデータを時系列に沿って分析することで，集団内の経時的な変化を分析可能なだけでなく，2つ以上の集団のデータを比較することによって集団間の差異や特徴が集団それぞれに与えている影響を明らかにすることができます。しかし，比較的長期間にわたって多くの参加者の協力を必要とするため，実施のコストが高い研究手法でもあります。

　研究参加者を介入群と対照群にランダムに割り当てておこなう研究をランダム化比較研究とよびます。ランダムな割り当てによって，研究者の主観によるデータの偏りが生じにくくなり，より客観的で精度の高いデータを収集することができます。

　すべての研究のなかで最も有力なエビデンスとして扱われる研究が，システマティックレビューやメタ分析による研究です。システマティックレビューは，同じ症状や療法に関する研究論文を，研究の実施法や分析法などを吟味したうえで収集し，全体の結果をまとめた報告です[30]。メタ分析は，複数の研究のデータを統合して解析することができる分析手法を指します。

　このほかにも，少数の参加者に対して介入する時期としない時期を設定することで介入の効果を検証するシングルケースデザイン研究や，臨床的な診断のついていない参加者を対象におこなう**アナログ研究**といった多様な研究手法が用いられています。

3　　　　　　　　　　　　　　　　　　　　　　　　　　　　　　≫ 理論

社会で活きる臨床心理学

（相馬花恵）

ステップ1

多様な活動分野

　心理職は，社会のあらゆる分野で活動しています。おもな活動分野は，保健医療，教育，福祉，産業・労働，司法・犯罪の5つ（主要5分野）です（図1-2）。

　日本公認心理師協会が2020年度に行った調査[31]によると，公認心理師（回答者13,000名）の主たる活動分野は，保健医療分野が30.2％で最も多く，次いで教育分野が28.9％，福祉分野が21.3％でした。産業・労働分野と司法・犯罪分野は，それぞれ6.0％，3.8％と他分野に比べて少ないものの，過重労働による精神疾患や自殺の予防，非行少年の矯正や犯罪被害者の支援などにおいて，臨床心理学の専門性を活かした活動が強く求められている分野といえます。次のステップで，これら主要5分野における心理職の具体的な活動について概説します。

30　国際的団体のコクラン（Cochrane）が発行するシステマティックレビューはコクランレビュー（Cochrane Reviews）とよばれ，質の高い臨床系エビデンスとして有名です。コクランのHP（https://www.cochranelibrary.com/）から各研究の抄録を読むことができます。

　31　一般社団法人 日本公認心理師協会，公認心理師の活動状況等に関する調査，2021

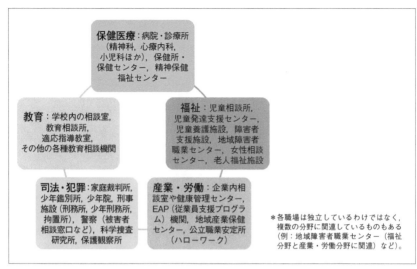

図1-2　心理職の活動分野と具体的な職場の例

········· ステップ 2 ·········

保健医療分野での活動

▶ **病院・診療所** ｜保健・医療分野において心理職が働くおもな職場は**精神科病院・診療所**です。そこでの業務は，患者（個人・集団）やその家族を対象とした心理的アセスメントやカウンセリング・心理療法等の介入（以下，心理支援），地域へのこころの健康に関する教育・啓発活動，職員のメンタルヘルス支援などがあげられます。これらはいずれも，チーム医療を前提にしており，医師，看護師，精神保健福祉士，作業療法士，理学療法士，言語療法士，薬剤師，管理栄養士など，医療に携わる多くの職種と連携しながら患者の治療に当たります[32]。対象となる精神疾患は，うつ病，双極症，不安症，統合失調症，依存症，摂食症，心的外傷後ストレス症（post-traumatic stress disorder：PTSD），神経発達症（発達障害）など多岐にわたるため，それぞれに応じた心理検査や心理支援の知識およびスキルが求められます。

　精神科以外の職場としては，心身症（心理社会的要因により生じる身体症

···················

32　総合病院の精神科に勤務する心理職は，精神科リエゾンチーム（他科からの依頼で，身体疾患に伴って生じる精神的問題への支援をおこなう）の一員として活動することがあります。また，国公立精神科病院などの心理職は，大規模災害時に災害派遣精神医療チーム（Disaster Psychiatric Assistance Team：DPAT）の一員として活躍します。

状）をおもな対象とする**心療内科**や，脳神経内科，小児科，腫瘍内科などが
挙げられます。たとえば腫瘍内科では，他職種とチームを組み，がん患者や
その家族を対象とした**緩和ケア**[33]をおこないます。これらの診療科における
業務では，各身体疾患に関する知識も必要となります。

▶ **地域の保健機関**｜保健所・保健センターや精神保健福祉センター[34]では，
地域住民を対象に精神疾患の予防や健康増進を目的とした保健活動をおこな
います。たとえば，ひきこもり支援や自殺予防活動などがおこなわれてお
り，心理職も重要な役割を担っています。

教育分野での活動

　1995年，当時の文部省により"スクールカウンセラー（以下，SC）活用
調査研究委託事業"が開始されて以降，教育分野における心理職の活動は急
速に展開していきました[35]。今日では，幼小中高等学校におけるSCとして
の活動のほか，教育相談所，適応指導教室[36]，大学の学生相談室などでの活
動がおこなわれています。以下では，本分野における心理職のおもな役割で
あるSCの業務について概説します。

▶ **SCの業務**｜SCは，児童生徒（個人・集団）を対象とした心理的アセスメ
ントや心理支援，保護者や教師などの関係者への心理支援，コンサルテーシ
ョン[37]，地域へのこころの健康教育等の業務を通して，チーム学校に貢献し
ます（図1-3）。

　SCが対応する課題・問題は，**不登校**やいじめ，学級の荒れ，発達障害，
子どもの貧困，外国人児童，LGBT等のセクシュアリティに関するものなど
多岐にわたります。また，問題を抱えている児童生徒への介入だけでなく，
問題が発生しそうな児童生徒への**予防的介入**，そして全児童生徒を対象にし
た**発達促進的介入**（こころの健康教育など）もおこない，学校生活の質

33　がんは，それ自体の症状のほかに，痛みや倦怠感などの身体症状や，落ち込み，悲しみなどの精神的
　　苦痛が生じます。緩和ケアは，こうした身体的・精神的苦痛などの問題をアセスメントし，それらが
　　障害とならないよう予防したり，対処したりすることで，患者やその家族の生活の質（quality of
　　life：QOL）の改善を目指すアプローチです。
34　精神的健康の保持・増進，精神障害の予防，精神障害者の自立と社会経済活動への参加のための支援
　　などをおこなう機関です。都道府県や政令指定都市に設置されています。
35　SC事業の展開の背景には，臨床心理士の貢献がありました。なお，当時は学校現場に教職免許をも
　　たない者が入るのは異例のことで，「教育界の黒船」とまでいわれていました。
36　教育支援センターともよばれます。不登校児童生徒を対象に，基本的生活習慣の改善，情緒の安定，
　　基礎学力の補充，集団生活への適応などのための相談・適応指導をおこない，社会的自立を支援する
　　施設です。
37　異なる専門性をもつ複数の者が，支援対象者に関する問題について検討し，よりよい援助のあり方に
　　ついて話し合うことを指します。

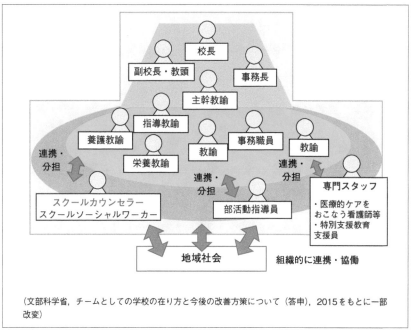

（文部科学省，チームとしての学校の在り方と今後の改善方策について（答申），2015をもとに一部改変）

図1-3　チーム学校の構造
チーム学校とは「校長のリーダーシップの下，カリキュラム，日々の教育活動，学校の資源が一体的にマネジメントされ，教職員や学校内の多様な人材が，それぞれの専門性を活かして能力を発揮し，子どもたちに必要な資質・能力を確実に身に付けさせることができる学校」を指す。

（quality of school life：QSL）の向上を目指します。

福祉分野での活動

　心理職が活動する福祉分野は，児童福祉，障害者福祉，高齢者福祉，女性福祉，貧困対応など幅広いです。そのなかでも特に多いのが，児童福祉と障害者福祉になります。なお，医師や看護師，精神保健福祉士などの他職種と連携しながら業務をおこなう点は，他の分野と同様です。

▶ **児童福祉**｜児童福祉領域における心理職のおもな業務に，**子ども虐待**[38]への対応があげられます。具体的には，児童相談所[39]等において，子ども虐待

38　児童虐待防止法（児童虐待の防止等に関する法律）では，子ども虐待（児童虐待）を，児童の人権を侵害し，心身の成長および人格の形成に重大な影響を与え，将来の世代の育成にも懸念を及ぼすものとみなしています。この法律において，児童虐待は，身体的虐待，性的虐待，ネグレクト，心理的虐待の4つに分類されます。

39　原則，18歳未満の子どもに関する相談・通告に応じる行政機関です。児童相談所に勤務する心理職は児童心理司とよばれます。後述の児童発達支援センターとともに，児童福祉法を根拠法とします。　　17

の防止を目的とした相談業務，虐待を受けた児童やその保護者を対象とした心理的アセスメントや心理支援，心理教育等をおこないます。対象児のなかには，PTSDなどの精神症状を呈しているケースもあり，その対応には高い専門知識とスキルを要します。また，他職種を対象としたコンサルテーションやメンタルヘルスケアも求められる業務の1つです。

このほか，児童発達支援センターは，身体障害，知的障害，精神障害（発達障害を含む）をもつ児童とその保護者への心理支援などをおこないます。心理職は，対象児への介入だけでなく，各家庭の状況（ひとり親，共働き，子育てと介護のダブルケア，など）やニーズ等をふまえた子育て支援をおこなう役割も担っています。

▶ **障害者福祉** 障害者支援施設などで働く心理職の業務には，障害を有する者（個人・集団）やその家族への心理支援が挙げられます。また，福祉サービス利用等についての意思決定の援助も心理職に求められる業務の1つです。障害を有する者は，サービス内容を十分に理解できなかったり，誤って理解してしまったりするケースも少なくありません。障害者福祉に関する法制度[40]や地域の社会的資源に関する知識と，それらを対象者やその家族に正確にわかりやすく伝えるスキル，そして相手の意思を聞き取り，適切なサービスへとつなげる力が必要となります。

産業・労働分野での活動

産業・労働分野における心理職の活動は，後述するストレスチェック制度を活用した心理支援，個別・集団へのこころの健康教育，精神障害等の特定の課題に対する心理支援，**職場復帰に関する相談・支援**，障害者を含む就労・キャリア支援，家族や管理職等の関係者に対する助言・コンサルテーションなどが挙げられます。これらの業務をおこなううえで，産業医や産業看護職（保健師，看護師），主治医，弁護士，社会保険労務士などの他の専門職，そして，衛生管理者や人事・労務担当者といった職場関係者との連携が求められます。

▶ **ストレスチェック制度** 過重労働[41]やハラスメントなど，労働者のメンタルヘルスにかかわる問題を早期に発見し，精神疾患の発症や自殺などを予防

---

40 関連法として，障害者総合支援法，障害者基本法，障害者差別解消法，障害者雇用促進法などがあります。そのほか，精神障害者の福祉に関する法律に，精神保健福祉法があります。
41 過重労働に法的な定義はありません。しかし，健康障害に発展するおそれのある時間外労働時間の目安（過労死ライン）は示されており，労働災害認定の際に用いられています。具体的な目安は，「発症日の直近1カ月で，残業時間が月100時間以上」，または「発症日前2カ月～6カ月間の残業時間が月平均80時間以上」です。

するための働きかけが重視されています。2014年に改正された**労働安全衛生法**では、心理的負担の程度を把握するためのストレスチェックの実施と、その結果に基づく医師による面接指導の実施（希望者のみ）が、従業員数50名以上の事業場を対象に義務づけられています。心理職は、ストレスチェックの実施[42]や、医師の面接指導を希望しない者を対象とした心理支援[43]、集団分析結果の活用（管理職者への結果説明、コンサルテーション等）においてその専門性を発揮しています。

▶ **職場復帰支援**｜精神疾患等の理由で休業している労働者が円滑に職場復帰するための支援の1つに、復職支援（リワーク）プログラムとよばれるリハビリテーションがあります。医療機関や**地域障害者職業センター**[44]、あるいは企業内などにおいて、心理職はその実践に携わります。本プログラムは、生活リズムの調整、体力の回復、作業遂行能力の回復、再発予防などを目的にしたものであり、その一部に**認知行動療法**◀ 第6章 やソーシャル・スキル・トレーニング（p.88）が取り入れられています。

▶ **EAP**｜EAP（employee assistance program：従業員支援プログラム）とは、労働者や組織が生産性を発揮するために、労働者の業務上のパフォーマンスに影響を与えうる問題の解決を支援するプログラムです。心理職は、他職種と連携しながら、メンタルヘルス不調への支援のほか、アルコールや薬物への依存、身体的不調、経済的な不安、ハラスメントの悩みなど、さまざまな相談に応じます。

司法・犯罪分野での活動

司法・犯罪分野における心理職の数は少ないものの、その職場は多岐にわたります。以下、本分野に特化した心理職の活動[45]を概説します。

▶ **非行・犯罪のアセスメント**｜たとえば、犯罪行為をした者の処分決定の際の審判前調査（例：少年事件における**家庭裁判所調査官**による社会調査[46]、

---

42 公認心理師は、厚生労働大臣が定める研修を受けることで、ストレスチェックの実施者になることができます。

43 ストレスチェック結果が事業者に提供されることを懸念し、医師による面接指導が必要であるにもかかわらず希望を出さないケースがあります。このため、制度上の正式な手続き以外でも、心理職等に相談できる窓口を用意するなどの仕組みづくりが求められます。

44 障害者に対する職業リハビリテーションを提供する施設です。全国の都道府県に設置されています。休職中の障害者だけでなく雇用事業主に対する支援もおこなうことが特徴です。

45 本分野の心理職は、所属する機関によりそれぞれ異なる職名で活動します。その多くが公務員である点も、本分野の特徴の1つです。

46 少年の場合、処罰ではなく保護を原則としているため、犯罪少年はすべて家庭裁判所に送検されます（全件送致主義）。家庭裁判所調査官は、裁判官の命により、少年の性格や日頃の行動、生活環境などについて調査します。

少年鑑別所の**法務技官**による収容審判鑑別[47]）や精神鑑定等を担います。刑事施設では，法務技官が受刑者に対する処遇方針などをアセスメントします。さらに保護観察所[48]では，**保護観察官**が保護観察実施計画を策定するためのアセスメントをおこないます。

▶ **再犯防止に向けた支援**｜再犯率の高さ（約50％）[49]が問題視されるなか，対象者の特性に応じた再犯防止指導・支援の強化が社会的な課題となっています。刑務所や保護観察所などでは，性犯罪や薬物犯罪，暴力犯罪などを対象に**認知行動療法**に基づくプログラムが法務技官や保護観察官を中心に実施されています。また，個人に対する介入のほか，個人を取り巻く環境（家族などの人間関係を含む）への働きかけ等，社会復帰した際の適応を見据えた支援も重要です。

▶ **犯罪被害者・家族・遺族への支援**｜犯罪被害は，次の3つからとらえられます。まず，犯罪そのものによる影響である**一次被害**です（例：傷害事件により身体に傷を負う）。そして，この一次被害に付随してもたらされる苦痛を**二次被害**といいます（例：報道や警察・司法関係者，近親者などから間違った扱いを受けることで生じる心的苦痛）。さらに，一次・二次被害の経験によって，長期にわたり社会生活に支障をきたすことを**三次被害**といいます（例：PTSDの発症，通勤・通学困難，周囲との関係悪化・孤立）。また，被害者が死亡した場合，その遺族は，長期にわたる強い悲嘆反応のため生活に支障をきたすことがあります（**複雑性悲嘆**）。警察の被害者相談窓口[50]等で働く心理職は，これらのさまざまな影響に対して，精神科医療機関等と連携しながら継続的な支援をおこなうことが求められます。

········· ステップ3 ·········

専門性を発揮するために

　臨床心理の"専門職"として社会の福祉に貢献するために，心理学に関する知識と臨床実践をするためのスキルは不可欠です。その基礎を習得する場の1つが，臨床心理士や公認心理師の受験資格取得のためのカリキュラムを有する大学・大学院です。ただし，より高い専門性を発揮するためには，勉

47　家庭裁判所で観護措置の決定を受け送致された非行少年に対し，知能や性格などの資質上の特徴や非行に至った原因，今後の処遇方針などを明らかにします。

48　保護観察官が，地域のボランティアである保護司や各団体と連携しながら，保護観察や生活環境調整，犯罪予防活動などを行う機関です。

49　法務省，令和2年版 犯罪白書，2020

50　犯罪被害に関する相談窓口等の情報は，警察庁のHP「犯罪被害者等施策」にまとめられています。

強をして資格を得るだけでなく，その後の継続的な研鑽が求められます。

▶ **臨床実践の振り返り**｜自分が担当している（していた）事例[51]について，他の心理職とともに振り返ることで，見立て（p.26）や支援方針の適切性を客観的に検討することができます。この振り返りは，事例検討やスーパービジョン（以下，SV）などを通しておこなわれます。前者は，支援の経過を複数のメンバー（訓練途中の者や他職種を含む場合もある）の間で検討し，事例の見立てを洗練させ，支援に活かすことを目的とします。後者では，自分よりも経験豊富な上級者（**スーパーバイザー**）からの指導や助言を通して，事例の理解や支援につながる知識・スキルの向上を図ります[52, 53]。またSVでは，スーパーバイザーとのやり取りを通して，自身の特性やその特性が臨床実践に及ぼす影響についても検討します。

　上記以外にも，学会や研修会などに参加したり，自ら研究活動をおこなったりして，科学的根拠に基づく臨床実践を常に心がける姿勢も不可欠です。また，対人援助の専門職として仕事を続けていくためには，自身のメンタルヘルスを整えることも大切です。過度で継続的なストレスに対処できずにいると，**バーンアウト**[54]に陥り，結果的に臨床実践の質を低下させてしまうことにつながります。初学者はもちろん，心理職として社会に出た後も，セルフケアに関する知識やスキルを有しておくことが必須となります[55]。

51　ここでは，支援対象者とのやり取りや，支援対象者そのものを指します。

52　SVにおいて指導を受ける人を，"スーパーバイジー"とよびます。SVの形態は，スーパーバイザー1人につき，1人のスーパーバイジーが指導を受けるものと，そこに複数のスーパーバイジーが同席し，そこでのやり取りを観察するもの（グループSV）があります。

53　スーパーバイザーには，学術的な知識（例：臨床心理学研究の知見や心理療法諸派の理論など）と事例の間の橋渡しをする役割があります。スーパーバイジーが研究や理論に基づく知識を目の前の事例に適用できるよう，助言を与えます。

54　定義は論者により異なりますが，「極度の身体疲労と感情の枯渇を示す症候群（Maslach, *Human Behavior*, 1976）」などが有名です。

55　バーンアウト研究は看護師や教師を対象としたものが多いですが，心理職を対象とした探索的研究を報告されています（近藤・宮下，上越教育大学研究紀要，2019）。

心理的アセスメント

1　心理的アセスメントとは

（藤掛友希）

…… ステップ1 ……

心理的アセスメントの定義

　臨床心理学を専門とする仕事で最もイメージされるのは，心理的支援でしょう。心理的支援をおこなう前には，クライエントがどのような人であって，どのような問題が，なぜ生じているのかを理解しておくことが必要です。さらに，問題解決に向けてクライエントがもち合わせている心理，社会的資源や資質を知る必要もあります。このように「臨床心理学的援助を必要とする事例（個人または事態）について，その人格，状況，規定因に関する情報を系統的に収集し，分析し，その結果を総合して事例への介入方針を決定するための作業仮説を生成する過程」[1]を心理的アセスメント（psychological assessment）[2,3]とよびます。

生物心理社会モデル

　要支援者の抱える問題やその解決の糸口を探るためには，心理的な要素以外にも視野を広げる必要があります。アメリカの内科医かつ精神科医であるG.エンゲルは，個人の問題が生物，心理，社会的なシステムが複合的に関連しあった結果生じるとして，**生物心理社会モデル**（biopsychosocial model：BPS model）を提唱しました[4]（**図2-1**）。生物的システムのなかには身体や生理的状態が，心理的システムのなかには気質や性格，感情，考え方

1　下山，臨床心理アセスメント入門，2008
2　心理的アセスメントが心理学用語として初めて用いられたのは，第二次世界大戦中，ハーバード大学のH.A.マレーたちが，機密情報にかかわる任務に適したパーソナリティを持つ人物を選抜するために開発したプログラムにおいてです。
3　公認心理師法では第2条第1号において，心理的アセスメントがその業務の1つであることが明記されています。
4　Engel, *Science*, 1977

や価値観が，そして社会的システムのなかには生活環境，対人関係，文化的背景などが含まれます。さらに，図2-1aに示すように，これら3つのシステムは入れ子状になっています。このモデルに基づくと，要支援者の症状や問題を理解するためには，心理的アセスメントのみでは十分ではなく，システムの中心（生物的システム）から外周のシステムへと広く目を向けていく必要があることがわかります。一方でその後の心理的支援においては，図2-1bに示すように，3つのシステムの重なりを意識しながら，医師や看護師，精神保健福祉士など，他の多くの職種と連携，協働することが求められます。

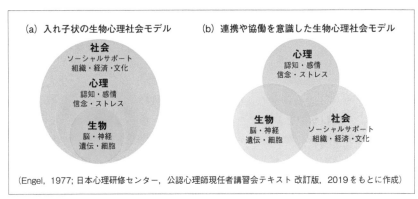

(a) 入れ子状の生物心理社会モデル

社会
ソーシャルサポート
組織・経済・文化

心理
認知・感情
信念・ストレス

生物
脳・神経
遺伝・細胞

(b) 連携や協働を意識した生物心理社会モデル

心理
認知・感情
信念・ストレス

生物
脳・神経
遺伝・細胞

社会
ソーシャルサポート
組織・経済・文化

(Engel, 1977; 日本心理研修センター，公認心理師現任者講習会テキスト 改訂版，2019をもとに作成)

図2-1　生物心理社会モデル

心理的アセスメントの倫理

　心理的アセスメントを実施するうえでは，対象となるクライエントの権利やプライバシーを守る必要があります。以下に，心理職が遵守するべき2つの代表的な職業倫理を紹介します。

▶ **インフォームド・コンセント**｜インフォームド・コンセント（informed consent）とは，要支援者が治療や援助内容について十分に説明[5]を受け（informed），本人が理解したうえで，その方針に合意する（consent）ことを指し，しばしば「説明と同意」と訳されます[6]。医療領域だけでなく，人を対象とする介入全般において広く重要視されています。心理的アセスメン

5　要支援者や，連携する他の専門職に対して十分な説明をおこなう責任を，アカウンタビリティ（accountability）といいます。

6　同意書をとることがインフォームド・コンセントと同義であるとしばしば誤解されますが，重要なのは要支援者が援助方針や内容について合意に至るまでのプロセスです。

トの場合は，使用される心理検査の目的，それが要支援者にどのように役立つのか，どのようなデメリットやリスクがあるのかなどについて説明がおこなわれます。インフォームド・コンセントのプロセスは，心理職と要支援者との間の信頼関係[7]を構築するうえでも重要です。

▶ **守秘義務**｜守秘義務とは，職務上知りえた相談内容を正当な理由なく漏らしたり利用したりしないことです[8]。心理的アセスメントの場合も，たとえば検査により得られた結果や所見[9]は，十分にプライバシーが保護されなければなりません。したがって，これらの結果や所見について，親や配偶者，親友，学校，会社関係者などから情報の開示が求められたとしても，本人の了承が得られなければ開示してはなりません。

······ ステップ2 ······

こころを測る物差し

　心理的アセスメントは"こころ"を測る各種の物差しを活用します。しかしながら，"こころ"を正確に測定することは容易ではありません。テレビやインターネット上では，自身の性格傾向や知られざる特性を明らかにすると謳うさまざまな"心理テスト"を見かけます。心理的アセスメントで用いる各種の物差しと巷の心理テストの根本的な違いは，背景となる理論の存在，そして信頼性と妥当性です。さらに，十分なデータに基づいて検査結果が標準化されている点も大きな違いです。これらの概念について，以下に詳しく解説していきます。

信頼性

　信頼性（reliability）は，**検査の測定結果が安定し一貫しているか**を示します。信頼性が高い場合，対象の状態に変化がなければ繰り返し測定をおこなっても同じ値が示されます。信頼性は，再現性，等価性，内的整合性の観点から確認されます。

▶ **再現性**｜再現性とは，同一の対象に同一の検査を繰り返したときに，その得点や値がどの程度，安定しているかの程度を指します。2時点で測定され

7　このような信頼関係はフランス語でラポール（rapport）とよばれます。
8　例外として自傷他害のおそれや法律上の定めがある場合は除きます。また，守秘義務は心理職としての職務を離れたのちにも持続します。
9　所見とは，心理的アセスメントから得られた情報を総合し，文章や図表にまとめた報告書を指します。

た検査得点間の相関係数によって確認します（再検査法）。

▶等価性 等価性とは，ある検査と同じ性質をもつと仮定される検査と，どの程度関連が強いかの程度を指します。両検査の得点間の相関係数により確認します（平行検査法）。ただし，実際には同質の検査を作成することは困難です。そこで，たとえばある検査について奇数番号と偶数番号の項目の半分に分けて，その2つの尺度を同質とみなし相関係数を算出する折半法が用いられます。

▶内的整合性 内的整合性とは，尺度内の項目全体が同一の構成概念を測定しているかどうかの程度を指します。折半法でとりうるすべての組み合わせの項目群間で算出した相関係数の平均であるクロンバックのα係数[10]は，**内的整合性**の指標として用いられることが多くあります。しかし，α係数を内的整合性の指標とするのは不適切であるという批判もあります[11]。

そのほか，ある行動を複数の者が観察するなどして複数の評定値が存在する場合には，κ係数や級内相関係数により**評定者間信頼性**を算出し，評定者によって評定の基準が異なっていないかを確認する必要があります。

妥当性

妥当性（validity）とは，**検査で測定する概念の内容を，どの程度十分かつ正確に測定できているかという適切さ**を示すものです。体重計に乗ったのに身長が表示されたら，その身長の値が正確でも体重の測定機械としては不適切です。こころを測る場合は，気分の落ち込みの程度を測っているつもりが緊張の程度を測っていたなど，こころの異なる側面を測っていないか，といった点も常に確認する必要があります。以下では，構成概念妥当性を取り上げます。なお，歴史的には，妥当性は内容的妥当性[12]，基準関連妥当性[13]，構成概念妥当性といった3つの概念からとらえられていました。しかし現在では，構成概念妥当性こそが妥当性そのものを指す概念であり，内容的妥当性と基準関連妥当性それら自身は妥当性ではなく，構成概念妥当性を確かめるための証拠の1つとしてとらえられています[14]。

▶構成概念妥当性 テストもしくは他の測定結果に基づいた解釈の適切性について，それを支える実証的証拠や理論的根拠がどの程度あるかに関する，

---

10 α係数は0〜1の値をとり，1に近づくほど信頼性が高いことを意味しています。クロンバックのα係数は，項目数が多いほど信頼性は高くなります。
11 詳細は，岡田，教育心理学年報，2015を参照。
12 測定指標が構成概念（測定したい概念）を十分に代表しているかという観点です。
13 測定指標と外的基準との関係が，理論から予測されるものであるかという観点です。
14 村山，教育心理学年報，2012

総合的な評価を指します[15]。なかでも，関連があると考えられる構成概念との相関関係が強い場合は“収束的妥当性が高い”と表現し，一方で無関係と考えられる概念との相関関係が弱い場合は“弁別的妥当性”が高いと表現します。

標準化

標準化（standardization）は，ある人の検査結果で得られた値の大小を理解するための基準を求める手続きです。具体的には，検査の実施や採点・集計，解釈の方法を定め，さらに同一の検査を多くの人に施行し，得られたデータを統計的に分析します。心理検査を用いる際には，信頼性・妥当性に加え，標準化がなされているかを確認する必要があります。

····· ステップ 3 ·····

心理学における見立て

心理学的理論を参照枠としながら，集めた情報を系統的に整理したうえで，要支援者が抱えている問題にどのように介入するか仮説を立てる必要があります（見立て）。ただし，問題の多くは，生理的要因，社会的要因などの諸要因が絡み合って形成されており，通常，一度の介入で解決することは難しいです。そのため，対象者の状態や他職種との連携から得られた情報をふまえて，アセスメントと介入を繰り返しおこないながら，適時仮説を修正する（見立てを繰り返す）ことが求められます。

上記の過程をケース・フォーミュレーション（事例定式化）とよびます。具体的には，次のような過程が含まれます。①クライエントが現在抱えている問題（援助のターゲットとする問題）を見極める。②その問題の発生に関与した要因と，③それを持続させている要因を検討する。④クライエントの内的・外的資源のなかで問題の軽減や緩和に役立つものを見いだす。⑤もっとも適切な援助・介入の方針を打ち立てる。⑥その援助・介入により期待できる効果を見積もる[16]。

▶ **正常と異常**｜心理的アセスメントにおいて，心理的な正常と異常の違いに

········

15　古い教科書等では，「測定する心理的な概念について，それとは異なる他の概念との関連から検討した妥当性」といった説明がなされていますが，現在ではそのようなとらえ方はなされていません。なお，先に示した信頼性という概念も，独立した基準というよりは，構成概念妥当性を示すための証拠の1つとしてとらえられています。

　16　高瀬ら，心理アセスメントの理論と実践―テスト・観察・面接の基礎から治療的活用まで―，2020

ついて考える際に参照する学問が異常心理学（abnormal psychology）です。心理職が要支援者の心理的な問題（異常）をとらえようとする際には，適応的，価値的，統計的，病理的基準の4つの基準（表2-1）から得られる情報を総合的にふまえ，仮説を立てます[17]。

表2-1　心理的アセスメントで考慮する正常と異常の基準

基準と軸	説明
適応的基準 適応─不適応	所属する社会に適応しているのが正常で，円滑な社会生活を送れなくなった場合が異常だと考える **具体的基準**：他者により一方的に不適応が判断される社会的判断と，自分自身が悩み，社会的に適応できていないと判断する主観的判断がある
価値的基準 規範─逸脱	何かを判断するための理念体系に基づく規範において許容される範囲内で行動している状態が正常で，その規範から逸脱している場合が異常だと考える **具体的基準**：道徳観や社会通念に基づく規範により判断される生活的判断と，法律や理論モデルに基づく規範により判断される理論的判断がある
統計的基準 平均─偏り	集団内で平均に近い標準的状態にあるものを正常とし，平均から偏っている度合いが強い状態が異常とする **具体的基準**：検査法を用いて多量のデータを収集し，それを数量化し，統計的手法によって決められた平均に近い標準的な範囲に収まるか否かで判断する
病理的基準 健康─疾病	病理学に基づく医学的判断により健康と判断された場合が正常で，疾病と診断された場合を異常とする **具体的基準**：精神病理学に裏づけられた診断分類体系に基づく専門的な診断により判断する

（下山・丹野，2002; 下山ら，2009をもとに作成）

2　　　　　　　　　　　　　　　　　　　　　　　理論

アセスメントの理論と技法

（藤掛友希）

ステップ1

　本節では，心理的アセスメントの方法の三本柱ともいえる面接法と観察法（ステップ1），そして検査法（ステップ2）について説明します。実際の臨床場面におけるアセスメントでは，心理職は面接中に要支援者の表情や仕草，態度についても観察をおこなうなど，どれか1つの技法にとどまらず，複数の方法を組み合わせて利用し，要支援者を多面的に理解するよう努めます。

17　したがって，心理的異常は，精神医学に基づく病理的基準のみに基づき診断される精神疾患（mental disease）とは異なります。また心理職のおこなう心理的アセスメントは，心理的な特性，行動特徴などを測定・評価するという点で，病理の分類を目的とする医師による診断（diagnosis）とも異なります。

面接法

　面接（interview）は，面接者と対象者が何らかの目的のもと，ある環境において顔を合わせ，互いに話し合うことです。面接法は，その目的により，援助対象者の支援のための**臨床的面接**と研究データを収集するための**調査面接**に分かれます。さらに，臨床的面接には，心理的な問題の改善のためにおこなう治療的面接と，インテーク面接があります。

▶ **インテーク面接** | インテーク面接（intake interview：受理面接）は，クライエントに対しておこなわれる最初の面接を指します。インテーク面接の目的は，クライエントの主訴（問題や不調に関するおもな訴え）と問題の概要を明らかにするとともに，問題の解決の手がかりを探りながら，最初の見立てを決定していくことです。主訴や来談経緯のほかにも，職業，家族構成，生育歴，現在の生活状況，性格，興味関心，対人関係，これまでの病歴や相談歴などの情報を収集します[18]。

▶ **面接の構造化** | 面接の質問内容やそれを聞く順番などをあらかじめ定めることを，**構造化**とよびます。構造化の程度が大きいものから，構造化面接，半構造化面接，非構造化面接に分けられます。構造化面接は，調査面接や精神医学的な診断，そして重症度の評価[19]の指針となる情報を収集する際に用いられます。あらかじめ明確に決められた質問内容や順番に従うことにより，面接者（評価者）により評価が大きく異なることを防ぐことができます。一方，非構造化面接は，面接者と面接対象者との間で生じる自然なコミュニケーションの流れのなかで情報を収集します。臨床的面接のうち，治療的面接の多くはこの形式をとります。半構造化面接は，大枠の質問内容や順序を想定しつつも対象者の反応や状況により質問を適宜，追加，修正します。先ほど触れたインテーク面接は半構造化面接の形式をとります。

観察法

　言語だけではなく，身ぶり，表情，声色，姿勢，服装なども対象者を評価するうえで有益な情報です。観察法は，言語に限らない観察可能な情報を記録する手法です。そのため，**言語の理解や表現が十分ではない乳幼児**なども対象とすることが可能です。

18　収集する情報は多岐にわたりますが，そのほか，両親の養育態度や，本人の学業成績などを聞くこともあります。

19　構造化面接を用いる尺度の代表例として，ハミルトンうつ病評価尺度（Hamilton depression scale：HAM-D）があり，うつ病の重症度の評価を目的としています。

　観察法にも，いくつかの種類があります。まず，観察をする場面における条件設定の有無により実験観察法[20]と自然観察法に分けられます。さらに，観察をする際に観察者が場面にかかわるか否かにより参加（参与）観察法と非参加観察法に分けられます。非参加観察法には，ビデオカメラやワンウェイミラー[21]を介して観察する方法（間接的観察）もあります。

▶ **観察の方法**｜収集する情報が観察者依存にならないように，観察の仕方を厳密に統制します。観察をおこなう時間間隔をあらかじめ決め，その間隔ごとに対象行動の出現頻度や持続時間といった数量的なデータを記録する方法を**時間的見本法**といいます。また，対象となる事柄や行動が生じる条件やプロセスなどを詳しく記録する**事象（行動）見本法**や，対象となる行動が起こりやすそうな場面を選択し，そこで生じた行動に対する観察をおこなう**場面見本法**，観察対象者が日常生活のなかで示す新しい行動やエピソードを，対象者に近い関係の者（親や保育者など）が日誌に記録する**日誌法**もあります。

⋯⋯⋯ ステップ 2 ⋯⋯⋯

検査法

　検査法では，心理検査に対する受検者[22]の反応から，その人の知能や発達水準，パーソナリティなどを測定します。用いられる検査は，"何を測定するか"と"いかに測定するか"の2つの視点から整理できます（**表2-2**）。

何を測定するか

▶ **知能検査**｜知能検査には複数の種類があり，各検査により，知能という概

表2-2　検査を選択するポイント

何を測定するか	いかに測定するか
・知能検査　・発達検査 ・パーソナリティ検査 ・神経心理学的検査 ・その他の検査法（例：職業興味検査）	・質問紙法 ・投影法　・描画法 ・作業検査法

たとえば，MMPI（p.31）はパーソナリティ検査であり，質問紙法でもある。

⋯⋯⋯⋯⋯⋯⋯⋯⋯⋯⋯⋯

20　なかでも有名なものに，M.エインズワースが開発した母親と子ども（生後12〜18か月）のアタッチメント行動のタイプを分類するストレンジ・シチュエーション法があります。
21　日本語では，マジックミラーとよばれることが多いです。明るい側からは鏡に見えますが，暗い側からは向こう側が見えるしくみになっています。
22　検査を受ける受検者をテスティー，検査をする検査者をテスターといいます。

念のとらえ方や，検査を構成する課題，また知能指数（intelligence quotient：IQ）の算出の仕方は異なります。代表的な知能検査としては，フランスの心理学者A.ビネーらが開発したビネー式知能検査とアメリカの心理学者D.ウェクスラーが開発したウェクスラー式知能検査があります。

　ビネー式知能検査は世界最古の知能検査です。知的活動の背景に，**領域に依存しない単一の一般的知能**[23]があると仮定しています。ビネー式知能検査では，各年齢に相当する問題が複数用意され，どの問題まで回答できるかによって精神年齢（mental age：MA）を算出します。この精神年齢と実際の年齢である**生活年齢**（chronological age：CA）の比率がIQ（比率IQ）です。ビネー式知能検査は改訂が重ねられ，現在日本で用いられているものとしては**田中ビネー式知能検査Ⅴ**[24]などがあります。

　ウェクスラー式知能検査には，1939年に公刊された成人用の**ウェクスラー・ベルビュー知能検査**を起源とするウェクスラー成人知能検査（Wechsler adult intelligence scale：WAIS）をはじめとして，児童用（Wechsler intelligence scale for children：WISC），幼児用（Wechsler preschool and primary scale of intelligence：WPPSI）が存在します[25]。これらの検査は，世界的にもきわめて使用頻度の高い心理検査です。ウェクスラーは，**知能が全体として1つにまとめることが可能な概念であるとしつつも，それが個別の能力により構成される**と考え，複数の知的領域のIQを算出できるようにしました。また，ウェクスラー式知能検査では比率IQではなく，偏差IQ[26]を用います。

▶ **発達検査**｜知的な能力だけでなく，身体運動能力や社会性，言語，生活習慣の発達なども含め，その水準を測定します。発達上の問題を早期に発見するために，多くの検査は幼い年齢の子どもを対象としています。代表的なものとして，新版K式発達検査，遠城寺式乳幼児分析的発達検査法，津守・稲毛式乳幼児精神発達診断法，Vineland-Ⅱ適応行動尺度があります。

▶ **神経心理学的検査**｜神経心理学的検査は，脳の損傷や認知症などによって生じた高次脳機能（認知機能）の障害を評価します。認知機能全般を簡易的

23　これを，スピアマンの一般知能（g）といいます。

24　この第5版より，14歳以上を対象とする際には，後述するウェクスラー式知能検査と同じく偏差IQを算出し，知能を測定する方法が採用されました。また，知能全体の偏差IQだけでなく，知能を構成する各領域の偏差IQも算出可能となりました。

25　日本では，WAISは第4版，WISCは第5版，WPPSIは第3版が利用されています（2024年3月現在）。

26　事前に調査された年齢ごとの得点分布において，ある人の検査得点がどこに位置づけられるかが算出されます。得点分布として平均値を100，標準偏差を15の正規分布を仮定するため，理論上はIQ85〜115の間に約68％，IQ 70〜130の間に約95％の人が収まります。

に検査するものとしては，改訂長谷川式簡易知能評価スケール（HDS-R）や，mini-mental state examination（MMSE）がよく使用されます。第14章

いかに測定するか

▶ **質問紙法** ｜ 紙面やWeb上の複数の質問項目に対する回答を一定の基準で整理する方法です。代表的な検査には，MMPI（ミネソタ多面人格目録）[27]，TEG（東大式エゴグラム）[28]，YG（矢田部ギルフォード）性格検査[29]，NEO PI-R[30] などのパーソナリティ検査や，抑うつなど，特定の精神症状を評価する検査[31] もあります。

▶ **投影法** ｜ あいまいで多義的にとらえられる刺激に対する受検者の言語的な反応から，パーソナリティの特徴を調べる方法を投影法（投映法）とよびます。投影法は，採点や解釈の基準が受検者にわかりづらいため，受検者が意図的に反応を歪めることが困難です。結果的に，受検者自身も気づいていないこころの内面についての情報を収集することにつながります。代表的な検査として，ロールシャッハ・テスト，TAT（thematic apperception test：主題統覚検査），SCT（sentence completion test：文章完成法テスト），P-Fスタディ（picture frustration study：絵画欲求不満テスト）などがあります。ロールシャッハテストは，ほぼ左右対称の10枚のインクのしみの刺激に対し，何を見たか，どこに見えたのかを受検者に尋ねます。TATでは，31枚の絵の中から受験者の年齢や性別に応じて選ばれた10〜20枚程度を見せて，物語をつくるように求めます。SCTは60項目の不完全な文章に対し，その続きを書くことで文章を完成してもらうもので，P-Fスタディはフラストレーション（欲求不満）と感じる24の場面が描かれたイラスト内の人物から出ている空白の吹き出しに発言を書いてもらいます（図2-2）。

　また，何か定められたテーマについて絵を描く描画法も投影法ととらえる場合があります[32]。代表的な描画法には，バウムテスト，HTPテスト

27　最新版のMMPI-3は335の質問項目で構成され，52の尺度があります。高次尺度，再構成臨床尺度，特定領域の問題尺度とパーソナリティ精神病理5尺度の三層構造（合計42尺度）と，受検態度を測定する10の妥当性尺度からなります。

28　「批判的な親（CP：critical parent）」と「養育的な親（NP：nurturing parent）」，「大人の自分（A：adult）」，「自由な子ども（FC：free child）」と「順応した子ども（AC：adapted child）」の5つの自我状態を量的に示します。

29　12個の性格特性を測定する120項目から構成されます。

30　240項目から構成される検査で，5次元（神経症傾向，外向性，開放性，調和性，誠実性）によりパーソナリティを測ります。近年では，さらに少ない項目で測定可能な質問紙も複数開発されています（例：小塩ら，パーソナリティ研究，2012。並川ら，心理学研究，2012）。

31　たとえば，抑うつを測定する質問紙にはBDI-Ⅱ，SDS，CES-Dがあります（第10章）。

32　描画法は刺激への言語的な反応を求めないため，投影法ではないという見方もあります。

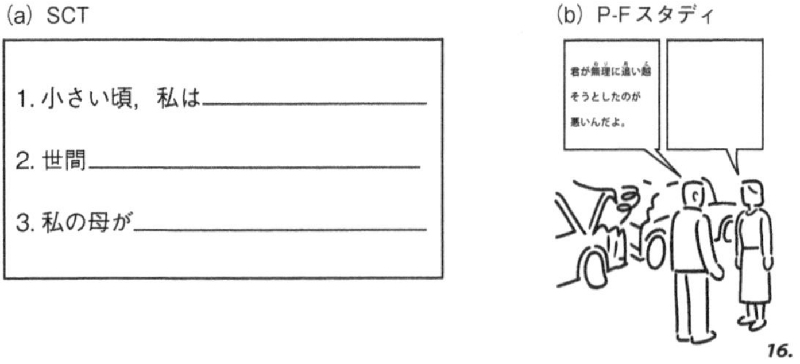

P-Fスタディ検査の著作権は株式会社三京房に帰属します。（転載掲載許可済）

図2-2　SCTの模擬刺激とP-Fスタディの図版

（house tree person test）などがあります。

作業検査法｜作業検査法では，**一定の状況のもとで単純な作業を課し，課題の遂行パターンから受検者のパーソナリティを評価します**。課題内容と評価のされ方の関係が受検者にわかりづらい点，および受検者の言語能力に左右されない点が特徴です。ただし，単純作業を遂行する行動だけではパーソナリティのごく一部の側面しか把握することができない点には留意が必要です。代表的な作業検査法としては，内田クレペリン精神作業検査[33]や，**ベンダー・ゲシュタルト検査**があります。特に前者は官公庁や企業の人材採用や配置の際に用いられることがあります。

テスト・バッテリー

各心理検査は，測定している範囲や，意識や無意識などのこころの深さが異なります。あらゆる人のパーソナリティの全体像や，心理的な問題，それが生じるしくみを網羅するような万能な心理検査はありません。そのため，要支援者の心理的な問題が，おもに知的な側面から生じているのか，パーソナリティの側面から生じているのか（あるいは両者の相互作用からなのか）は，たとえばWAISのような知能検査と，ロールシャッハ・テストのようなパーソナリティ検査を組み合わせることで初めて理解できます。

このようにアセスメントの目的や受検者の状態などをふまえたうえで，そ

33　ドイツの精神科医E.クレペリンの発表した連続加算作業の実験にヒントを得て，日本の心理学者内田勇三郎が作成しました。不規則に並んだ数字列を連続して加算し，1分ごとの合図で次の行に移るという作業を，5分間の休憩をはさんだ前半と後半それぞれ15分間おこないます。各行の作業量の推移を表した曲線（作業曲線）のパターンから感情の安定性や粘り強さなどを把握します。

の特徴をさまざまな角度，深さからとらえるために，複数の心理検査を組み合わせて実施することをテスト・バッテリー（test battery）とよびます。

　また，同じパーソナリティを測定する検査でも，明らかになる内面の深さが異なることから，複数の検査を組み合わせる場合もあります[34]。複数の検査を施行すると，各検査間で矛盾する結果が得られる可能性もありますが，なぜそのような矛盾が生じたかをも考慮して解釈をすることで，受検者の心理的な問題に対する一層の理解につながる可能性もあります。

────── ステップ3 ──────

　心理的アセスメントは，検査を施行し，結果を出したら終わりではありません。おこなったアセスメントの結果を要支援者の支援へと活かしていく必要があります。その第一歩としておこなわれるのが，検査結果のフィードバックです。まず，受検者や，必要に応じて家族などの周囲の人にも検査の結果を伝えます。

フィードバック

　フィードバック（feedback）とは，報告書に書かれた内容をありのまま一方的に読み上げることではなく，心理検査の結果を受検者に伝え，それに対する受検者の疑問や意見を聴きながら話し合うことです。その際には，何を伝えるかだけでなく，どう伝えるかという点も意識し，伝える内容[35]や順番[36]などを検討します。このような工夫は，受検者が自らの心理的な問題も含め，自分自身に対する理解を深め，また治療意欲を高めていくことにつながります。

　また，医師などの検査依頼者がいる場合は，その依頼者に対して所見を作成し結果を伝える必要があります。このように結果の伝達は，多職種連携に

────────────

34　E.S. シュナイドマンは精神分析の視点から，紙とペンを用いて回答する質問紙法を飛行機，TAT を海に浮かぶ船，ロールシャッハ・テストを深海にある潜水艦にたとえ，それぞれ意識，前意識，無意識（p.43）をみようとしていると述べています（Shneidman, *Rorschach Res Exch J Proj Tech*, 1949）。ただし，シュナイドマンの説明に対しては批判もあがっています（高瀬，中京大学 心理学研究科・心理学部紀要，2012）。

35　検査目的に対して明らかとなったこと，受検者の自己理解を深め治療意欲を高める情報，心理的問題とかかわる主要な結果，問題解決のための資源となる健康的な側面や具体的な方法，見通しなどについて，受検者の状態をふまえて，伝える必要がある情報を精査します。

36　たとえば，受検者が受け入れやすい（聞いたときに驚きや抵抗の少ない）結果から伝えます。そのほか，受検者の健康的で，プラスとなる側面の結果を伝え，次にその受検者の課題となるマイナスの側面の結果を伝え，最後に改めて検査結果全体を踏まえて，総合的にプラスの側面と，援助方針を伝えるサンドイッチ方式があります（津川，精神科臨床における心理アセスメント入門，2009）。

おいても活用されます。たとえば，病院では心理検査の結果を医師や看護師，精神保健福祉士などの受検者にかかわる他の職種とも共有して，受検者の心理的側面の理解や治療方針の検討に役立てたりもします。医療の現場において，多職種が連携しながら1人の患者の治療にあたる"チーム医療"を実現させるうえでも，検査結果のフィードバックは欠かせません。

3　心理的アセスメントの活かし方　　　　　　　　　　　　　　　　≫≫ 実践

（髙岸百合子）

1. はじめに

　本節では，心理的アセスメントと介入の実際について，精神科病院における事例をもとに解説します。筆者は，臨床心理士の資格取得後，初めての職場として精神科病院を選び，そこで心理検査や面接，心理教育[37]等の業務を担当していました。学生時代の実習のなかで，さまざまな精神疾患や心理的な困難を抱える方にかかわる機会を得て，他者を理解することの難しさを実感したことが，研鑽を積む場として精神科病院を選んだ動機の1つでもありました。

　病院では，患者1人に対して医師や看護師，心理職をはじめ複数の職種がかかわります。それぞれの職種は互いに学問的背景や専門性も異なるため，ときに見立てや介入方針が異なることもありますが，その異同も含めてスタッフ間で情報共有をおこない，要支援者が何を望み，その実現のためにはどのようなアプローチが必要かを考えていきます。多職種でチームを組み，それぞれの専門性に基づくアセスメント結果を共有することで，見立てが深まり，より的確な介入が可能となります。

2. 研究・アプローチの紹介

心理的アセスメントの実際

　紹介するのは，仕事中のトラブルから病院に連れてこられたAさん（20

37　ある症状や問題に対する心理学的・精神医学的な理解，支援資源の活用や対処法の獲得を促すことを目指しておこなわれる，情報提供を伴う支援活動を総称して「心理教育」といいます。要支援者が主体的に自身の困り事に対処する力を高めることを目的として，それに資すると思われる情報が，要支援者の心理面の特徴に留意した形で伝達されます。

代，男性；架空事例）です。就職して3年目の会社員であったAさんは，後輩の指導中に，自分のミスを指摘されたことをきっかけに激高し，相手を殴り，止めに入った周りの人にも次々に暴力をふるったとして，警察が呼ばれました。駆けつけた警察官が制止するも一向に静まらず，ひどく興奮して語気荒く叫び続けたため，このままでは自傷他害のおそれがあると判断され，警察官が保健所に通報し，のちに措置入院[38]になりました。

　今回の出来事以前のAさんは，職場で特に問題なく過ごしていました。仕事の期日は必ず守り，裏表なく誰にでも礼儀正しい態度で接するため，周りから信頼されていました。冗談が通じず，少し融通が利かないところはありましたが，仕事にまじめに取り組む人と評価されていました。Aさんが暴力をふるい我を忘れて暴れたことは，周りの人には全く予想外のことでした。

　入院先の病棟内では，Aさんはいつも苛立った様子でした。仕事に行けず，自由に病棟を出ることも許されない環境のなかで[39]不満がたまっていき，スタッフに怒鳴ることもありました。主治医の回診時には，自由な外出が制限されていることを「人権侵害」となじり，繰り返し退院を要求しました。そうしたAさんの様子は病棟のカンファレンス[40]でもたびたび話題となり，Aさんの状態を理解し支援につなげていくために，多職種からなる治療チームが構成されました。その一員として，心理職は次のようなアセスメントをおこないました。

　なお，Aさんの言葉は「　」，心理職の言葉は〈　〉とします。

▶ **観察によるアセスメント**｜主治医から心理検査の指示があり，心理職が検査の予定を調整するために病室を訪ねると，Aさんは怒った様子で「急に来るなんて失礼じゃないですか」と言いました。〈気分を害されたのならすみません〉と謝ると，Aさんは「別に気分を害されてはいません」と答えました。訪室理由を説明後も，心理職の発言にあいまいな表現があると，Aさんはたびたび，「それはどういうことですか？」「もっとわかりやすく説明して

38　精神保健福祉法で定められた入院制度の1つで，2名以上の精神保健指定医の診察により，自分を傷つけたり他人に危害を加えたりするおそれがあると判断された場合に，都道府県知事の権限によっておこなわれる入院です。精神科の入院制度にはほかに，本人が自ら入院に同意する「任意入院」，家族等のうちいずれかの者の同意による「医療保護入院」などがあります。

39　精神科病院では，病棟の出入りが自由にできる構造の開放病棟と，出入り口が常時施錠され入院患者が自由に出入りできない構造の閉鎖病棟があります。措置入院のような強制的な入院は，治療および管理の必要上，閉鎖病棟でおこなわれることが多いです。

40　当該病棟にかかわるスタッフが集まって開催される会議で，患者に関する情報を共有し，支援方法を協議することをおもな目的としておこなわれます。開催頻度，定期・不定期の別，参加するスタッフの職種などは，当該カンファレンスにおいて協議する内容に応じて異なります。ここでは，定期的におこなわれる病棟内カンファレンスを想定しており，医師，看護師，精神保健福祉士，作業療法士，薬剤師，管理栄養士，心理職が参加しています。

ください」と心理職の発言を遮って質問しました。こうした様子から，Aさんは自分のペースを乱されることが苦手であるほか，あいまいな表現の理解が難しく，会話のなかで文脈をとらえたやりとりが不得手であると推察されました。また，怒った様子であるにもかかわらず，「気分を害されていない」と答えるなど，自分の心情を自覚しづらい傾向があると推測されました。

▶ **検査によるアセスメント** | 今回の出来事の少し前，Aさんは通常業務に加えて後輩の指導をおこなうようになったことに伴い，仕事でミスが生じるようになっていました。そこで心理職は，業務内容と能力面の不適合があったのではないかと疑い，知的な能力の精査が必要であると考えました。また，暴力をふるうに至った背景として，ストレスへの対処の仕方に課題があったと考え，パーソナリティ特徴も精査する必要があると判断しました。そこで，知能検査としてWAIS（図2-3），パーソナリティ検査としてP-Fスタディと風景構成法（図2-4）を用いたテスト・バッテリーを組みました。検査結果から，知的な能力の特徴として，①全般的な機能は平均より高い，②得意なことと不得意なことの差が大きい，③記憶と論理的思考に長ける，④複数の情報を同時に処理したりすばやく作業したりすることは不得手で，ミスが生じやすくなること等が示されました。また，パーソナリティの特徴として，①ルールに厳格である，②自分にも相手にも寛容にできない，③状況を俯瞰

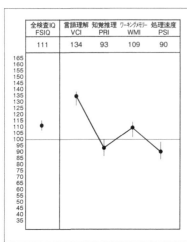

全検査IQ FSIQ	言語理解 VCI	知覚推理 PRI	ワーキングメモリー WMI	処理速度 PSI
111	134	93	109	90

全検査IQ：全体的な認知能力

4つの指標得点
言語理解：知識や語彙，言語による理解力・推理力
知覚推理：視覚的な情報を把握し推理する力
ワーキングメモリー：情報を記憶に一時的に留め，その記憶を使って心的作業や操作をおこなう力
処理速度：視覚情報をすばやく正確に読み込み，処理する力

※黒い点が合成得点，そこから垂直に伸びる線が信頼区間を表す。

図2-3 WAISの結果
WAIS-Ⅳは，10種類の基本下位検査と5種類の補助下位検査で構成され，それらの得点を組み合わせて合成得点（全検査IQと4つの指標得点）が算出される。

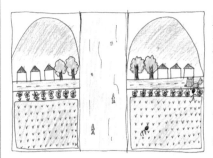

風景構成法では，検査者の指示にしたがって川，山などのアイテムを順に描き入れ，1つの風景を完成させます。受検者の心情面の特徴や，構成力や見通しを立てる力などを推測するために活用されます。ここに示した画では，真ん中に大きく描かれた川が周りの風景と整合しない形で描かれていることから，状況を全体的に俯瞰してバランスをとる視点に欠けることや，彩色時のはみ出しの多さ等から，情緒の統制が未熟であることが推察されます。

図2-4　風景構成法

して自分の行動を調整する視点に欠けること等が明らかになりました。

▶ **面接によるアセスメント**[41]｜今回の入院の契機について，Aさん自身がどうとらえているかを尋ねると，次のように話されました。「もともと人と話すのは得意ではなく，後輩の指導を任されたときは，正直なところ負担に感じていた。仕事だから，責任をもって役目を全うしたい思いもあって，熱心に取り組んだつもりだった。しかし，後輩は何度も同じ質問をし，ミスをしても気にする様子はなく，仕事への熱意が感じられない。それなのに，自分がたまたまミスしたことを指摘して『Aさんもこんなミスするんですね』と笑ったので，何かがプチッと切れる感じがした。その後のことは，正直全く覚えていなくて，気づいたら白衣の人に囲まれていた」。心理職はAさんの心情を推し量り，それを言葉にして表現する形で，〈慣れない業務に取り組まなければならず，大変でしたね。仕事にしっかり取り組みたい，と思って頑張っていたのに，それが蔑ろにされたように感じて，悔しかったですね〉と返したところ，Aさんは今にも泣きだしそうな表情で，顔を赤くしていました。

アセスメントに基づく支援の展開

医師は診察や家族から聴取した情報，心理検査結果等をもとにして，Aさんに自閉スペクトラム症[42]という診断をつけました。診断が伝えられたAさ

41　ここでおこなわれたのはおもに情報収集を目的とした面接ですが，単に相手の発言を聞くだけでなく，聞き取った内容や，そこから推察される感情を伝え返すこともしています。このように，実際の臨床的面接では，情報収集をしながら，支援者側が相手を理解するよう努めることと並行して，要支援者が自分自身をよりよく理解するのに資する働きかけや，支持されている感覚を得られるような情緒的サポートの提供がおこなわれることがあります。

んは，はじめは納得がいかない様子でした。しかし医師から自閉スペクトラム症についての説明を受けたり，心理職から心理検査結果のフィードバックを受けたりするなかで自己理解を深め，次第に，自分にもあてはまるところがありそうだ，という発言が聞かれるようになっていきました。また，日々の健康状態について看護師と話し合うなかで，Ａさんは自分の身体や気分の状態を以前に比べて把握できるようになっていったほか，作業療法士との作業療法[43]を通して，自分が苦手とする作業を実践場面に即して理解し，苦手なことは他者に助力を依頼するといった対処法を身につけようとする姿もみられました。自己理解が進むにつれ，Ａさんの攻撃的な態度はすっかり落ち着き，礼儀正しく丁寧な態度でスタッフに接するようになっていきました。こうした様子から，措置入院を解除しても差し支えないと判断され，退院の運びとなりました。

　退院に際して保健所が主催する会議[44]が開かれ，Ａさん，病院で支援に携わったスタッフ，措置入院時に同席した市の職員，家族，職場の上司が集まり，Ａさんの今後の支援体制が話し合われました。主治医は「自閉スペクトラム症は周囲がその特徴を理解し，環境調整を図ることで，生活上の困り事を改善することが可能です。Ａさんは全般的な知的能力は十分高いので，得意なことを活かせる機会を確保し苦手なことは周囲が補助することで，仕事においても優れた力を発揮してくれるはずです」と説明しました。職場の上司は当初，Ａさんに診断名がついたことに驚き，戸惑った様子でしたが，主治医や病院の各職種からの説明はこれまでのＡさんの働きぶりとも重なり，納得のいくものだったようです。職場復帰後は，Ａさんの能力や特徴に合わせて業務を調整することになりました。また，Ａさんからも「自分はストレスを自覚することが苦手なので，気になる様子があったら声をかけてほしい」という発言があり，両親や上司等に見守ってもらう体制がつくられました。

42　社会的なコミュニケーションや，社会的相互関係の形成・維持が苦手であること，行動や興味，活動が限定され，反復的であることを特徴とした，生まれつきの脳機能障害です。

43　生活に必要なさまざまな活動（日常生活活動，家事，仕事，趣味，遊び，対人交流，休養など）について，その機能の回復・維持・向上を目指しておこなわれるアプローチです。医療，保健，福祉，教育，職業などの領域で実施されています。

44　措置入院においては，入院中から，自治体が中心となって退院後の支援計画が立てられます。支援計画は，本人が退院後に円滑に社会復帰できるよう，医療等の必要な支援が適切に提供される体制をつくることを目的として作成されます。ここで開かれた会議は，退院後支援計画を，本人や家族，その他の関係者の意向を十分に反映した形で立てるためにおこなわれたものです。

3. 今後の展望

アセスメントをおこなううえでの留意点

　ここまで，心理的アセスメントを活かした支援の実際を医療現場での一例を通して紹介しましたが，アセスメントの在り方は，それがおこなわれる場によって多様です。たとえば，教育現場でおこなうアセスメントは，心理検査が用いられる機会は相対的に少なく，行動観察や面接が主たる手段になるでしょう。また，産業にかかわる現場での支援においては，不調をきたした個人だけでなく，その人が置かれている職場環境全体についてのアセスメントもおこないます。

　実際にアセスメントをおこなうにあたっては，常に現実的な制約が伴います。たとえば，心理検査であれば，実施するための道具や環境が整っているか，時間は十分に確保できるか，検査を受ける相手への負担はどれくらいか，といったことです。こういった現実的な制約のもと，目の前の人の支援において不可欠な情報を集め，支援の質を少しでも高められるよう，アセスメントの手段を精選し，実施方法を工夫することが求められます。また，アセスメントは1度実施したら終わりではなく，支援のプロセス全体を通して，常に修正し続ける必要があります。有効な支援をおこなうためには，アセスメントによって得られた見立ては仮説でしかなく，誤りを含む可能性があることを自覚したうえで，支援を必要とする人にかかわりながら得られる新たな情報を取り入れ，見立てを精緻にしていく努力を継続することが求められます。

Part 2

臨床心理学の
理論と技法

第3章 精神分析学

1

精神分析学の基礎理論

（相馬花恵）

ステップ1

　精神分析学とは，S.フロイトやフロイトの考えを受け継ぐ者たちが提唱した精神病理に関する理論や治療技法の総称を指します。本節では，精神分析学の祖であるフロイトの理論を概説します。

精神分析の誕生

　精神分析は，19世紀後半にフロイトにより創始されました。フロイトはチェコ生まれですが，幼少期からオーストリアに移り住みます。ウィーン大学医学部進学後は研究者になることを希望していましたが，ユダヤ人であることなどの理由から断念し，医者としての道を歩むこととなります。

▶ **ヒステリー研究と催眠療法**｜フランスの神経学者J.M.シャルコーのもとに留学した際，ヒステリー[1]患者を対象とした催眠療法に出会い，彼自身も催眠を用いた治療をおこなうようになります。こうした実践のなかで，**患者が無意識に抑圧している欲求（特に性的な欲求）を治療のなかで明らかにし，意識化することにより，症状が緩和・消失する**と確信するようになりました。

▶ **自由連想法**｜その後，フロイトは催眠療法ではなく自由連想法という独自の方法を用いて治療をおこなうようになります。自由連想法では，寝椅子に横たわった患者に対し，浮かんでくるあらゆる感情や考えを語るよう促します[2]。治療者は，語りの内容に対して解釈（無意識に抑圧された過去のトラウマ体験に関する記憶や性的欲求を見いだし，それを言語化すること）をお

1　身体的な疾患はないのに，四肢の痛みや麻痺，失声，嘔吐，健忘などの症状が現れる状態を指します。今日では“転換性障害（DSM-5-TRでは機能性神経学的症状症（変換症））”に分類されます。
2　今日では寝椅子を用いた精神分析ではなく，互いに椅子に座り向き合って対話をする“対面法”を用いる精神分析的心理療法が主流です（詳細は第3節）。

こない，患者がそれまで意識していなかった記憶や欲求を意識するよう促します。この無意識の意識化により，患者が自身の内面で生じている問題の本質を理解することを洞察といいます。洞察に至るのは，簡単なことではありません。自身のトラウマや性的欲求を意識する作業には，当然苦痛が伴います。そこで患者は，意識化しないよう何とか対応しようとします（p.44の防衛機制を参照）。フロイトは，こうした患者の反応も解釈の対象とし，徹底的に患者の洞察を促しました（**徹底操作**）。こうした解釈を通した洞察の積み重ねにより，患者の自己理解はより深いものになり，症状は軽減されると考えたのです。

...... ステップ 2 ......

フロイトによるこころの理解

　精神分析では，特に"無意識"を重視しながら，人間のこころを理解しようとします。**図3-1**は，心的装置とよばれるこころを理解するためのモデルです。

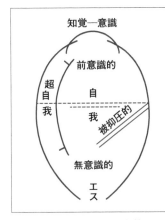

エスは，局所論でいう無意識とほぼ同義とされている。自我・超自我は，無意識から意識までの全領域にまたがって機能していると考えられる。

なお，図中の"被抑圧的"とは，自我による無意識の領域への抑圧（表3-1）が働いていることを示す。

(Freud, 1933をもとに作成)

図3-1　フロイトの心的装置

▶ **局所論**｜まず，こころは無意識・前意識・意識の3領域に分かれると考えます（局所論）。無意識は，通常は自覚しておらず，自らもコントロールできない領域を指します。単に自覚されないだけではなく，自覚すると精神的

な安定が脅かされるため，**抑圧**されている領域になります。対する意識は，自覚できているこころの領域です。そして意識と無意識の間には前意識があります。この領域は，注意を向けることで意識することができます。

▶ **構造論**｜さらにフロイトは，こころの働きをエス（イド）[3]，自我，超自我という概念でとらえました（構造論）。エスは無意識の領域に存在し，リビドーとよばれる性的な本能エネルギーの貯蔵庫となるものです[4]。エスは，不快を避けて快楽を得ることを求める**快楽原則**に従っており，さまざまな欲求・衝動のまま行動することを求めます。一方，超自我は，幼い頃の親からのしつけなどにより学習・獲得された価値基準や道徳規範などを指します。エスの欲求・衝動を絶えず監視・検閲する役割をもちます。このエスからの欲求と超自我からの監視という相反する圧力を調整する，まさに中間管理職のような存在が自我です。自我は**現実原則**に従い，現実を客観的にとらえつつエスの欲求を適度に調整し，こころの安定を保つ機能をもちます。

自我の機能：防衛機制

自我にはさまざまな機能がありますが[5]，そのなかでも重要なのが，防衛機制です。防衛機制とは，不安や葛藤などが生じた際に，こころの安定を取り戻すためのさまざまな対応策を指します[6]（**表3-1**）。このうち抑圧は，フロイトが最初に発見した自我の基本的な防衛機制です。

▶ **転移・逆転移**｜表3-1のほかに，治療者が患者とのやり取り（治療）をおこなう際に理解しておくべき重要な防衛機制として，転移があります。転移とは，幼少時代に重要な他者（親など）に対して抱いていた感情を，現在かかわっている別の対象者（治療者など）に向けることを指します。転移には，信頼感や愛情などの肯定的感情が生じる**陽性転移**と，恐怖や敵意などの否定的感情が生じる**陰性転移**の2つがあります。治療者は，こうした患者の転移も解釈の対象とし，重要な他者が患者にとってどのような存在であり，どのような感情を抱いているのかについて，患者自身の洞察を促していきます。

転移の対となる概念として，逆転移があります。逆転移は，治療者が患者

3　エス（es）はドイツ語，イド（id）はラテン語です。英語では"it"にあたる語です。

4　リビドーは，単に性的快楽を求めるものではなく，人間に生得的に備わっている"生きるためのエネルギー"を指します。なお，エスには"破壊や攻撃，死へと向かう本能エネルギー"も貯蔵されているとフロイトは考えました。この2つのエネルギーにより，さまざまな欲求や衝動が生じるとされています。

5　詳細は，馬場，改訂 精神分析的人格理論の基礎，2016などが参考になります。

6　フロイトは当初，防衛機制を病的なものととらえていました。しかし後に，こうした自我の働きは，うまく活用すれば適応を促すものになると考えを改めます。この考えは"適応機制"として，フロイト以降の自我心理学派（p.48）に受け継がれていきました。

表3-1 代表的な防衛機制

防衛機制	説 明
抑圧	苦痛な感情や認めがたい欲求・衝動，記憶など，自分の内面で生じるものを意識しないよう無意識下にとどめようとする
否認	おもに外的な世界で生じた出来事などに気づかないでいる／認めない
分離・隔離	思考と感情を切り離し，苦痛な感情は意識しないようにする
退行	現在より未発達な段階へと逆戻りし，不安・葛藤の体験を逃れる
転換	抑圧した欲求が，麻痺や痛みなどの身体症状となって現れる
置き換え	欲求を，本来とは別の対象に向けたり，別の形で表す
反動形成	抑圧した欲求が行動や態度に現れるのを防ぐため，その欲求とは正反対の行動・態度をとる
同一視	ある対象と自分を同一とみなすことで欲求を満たそうとする
投影	自分の感情や欲求を，相手が抱いていると認知する（例：本当は自分が相手を嫌っているのに，相手が自分を嫌っていると思い込む）
知性化	欲求を直接表現するのではなく，その欲求に関することを調べ論理的に理解しようとしたり，獲得した知識を他者に伝えたりする
昇華	欲求を，社会的に受け入れやすいものへ置き換えて発散する

に対して抱く感情反応を指します[7]。フロイトは，逆転移を治療の阻害要因の1つと考えていました。しかし今日ではむしろ，逆転移は患者をより深く理解するための鍵として治療に利用可能であると考えられています。治療を成功に導くためには，治療者は患者だけでなく自身の感情状態も客観的に把握し，逆転移を適切に利用あるいは対処していく必要があります。教育分析[8]やスーパービジョンは，こうした力を育むうえでも欠かせないものです。

····· ステップ3 ·····

　精神分析では，その人が生きてきた歴史，すなわち発達の過程も重視します。ステップ3では，フロイトが提唱した発達理論について説明します。

精神性的発達理論

　精神性的発達理論は，リビドーが発達に伴って身体の特定の部位に集中すると考えます。そのため，各発達段階の名前には，その時期にリビドーが集中し敏感になる身体部位の名称がつけられています。

7　広義には，治療者自身が過去の重要な他者に対して抱いていた無意識的欲求や葛藤だけでなく，患者に対する感情的な反応のすべてを逆転移ととらえます。
8　臨床心理の専門職者（あるいは，それを目指す者）が受ける精神分析を指します。

　もし，発達の過程で欲求が過剰に満たされてしまったり，逆に欲求が満たされずにいると，リビドーがその部位に滞り，次の段階に進めなくなります。これを固着といい，固着が生じた発達段階を**固着点**とよびます。フロイトは，固着点がどの発達段階にあるかを探ることで，その人の性格や病理が説明できると考えました[9]。以下に各発達段階と固着点について説明します。

▶**1）生後〜1歳半：口唇期（こうしん）**｜口唇期は，授乳や食物摂取に伴い，口や唇周辺にリビドーが集まる時期です。おもに母親との関係において，この時期に適度な欲求充足が得られた場合は，楽観性，人懐っこさ，他者への信頼感を獲得します。一方，この時期に固着点がある場合，甘えん坊，依存的，要求がましいなどの**口唇性格**が現れます。また，おしゃべり，たばこ・アルコールへの耽溺などにより口唇的な欲求を満たそうとする傾向もみられます。

▶**2）1歳半〜3歳：肛門期**｜肛門期は，トイレット・トレーニング（しつけ）の開始により，肛門括約筋の調整が可能になる時期です。親との関係が良好である場合，しつけを通して自律性を獲得することができます。一方，早すぎる，または厳しすぎるしつけによりこの時期に固着が生じた場合は，几帳面，潔癖，倹約家といった**肛門性格**が現れます。あるいは，金銭や時間にルーズ，だらしがないといった真逆の性格が現れる場合もあります。

▶**3）3〜5歳：男根期**｜男根期では，男女の区別を認識できるようになり，性器に対する関心が高まります。この時期は，異性の親に愛情を向け，同性の親を敵視し，排除したいと願う**エディプス願望**を中心とした複雑な葛藤状態（エディプス・コンプレックス）が生じます[10]（図3-2）。

　男児の場合，父親は憎しみの対象であると同時に，自分を愛してくれる大切な存在です。そのような父親に勝ちたいと願いながらも，次第に，父親にはかなわないという現実も目の当たりにしていきます。そして最終的には，母親を手に入れたいという願望を手放し，同性の父親を同一視する（男児の場合は，男らしさを身につける）ようになります[11]。この過程を通して，自分の欲求・願望を社会的な価値観に沿うように調整し，主体性を発揮しながら行動する力を獲得していきます。男根期は，**個人の価値基準や道徳性に関与する超自我が形成される時期**と考えられています。

....

9　たとえば，後述する肛門期に固着点がある場合，強迫症に陥るとされています。各発達段階の固着と精神病理との関係は，「丹野ら，臨床心理学，2015」が参考になります。

10　ギリシア神話の登場人物，エディプス王の悲劇的運命をもとにつくられた概念です。

11　エディプス・コンプレックスは，男児の例で説明されます。後に，C.G.ユング（p.48注釈14）は，父親に愛情を抱き母親を憎むという女児の葛藤状態に対し"エレクトラ・コンプレックス"という概念を提唱しました。しかしフロイト自身は，コンプレックスの形成・克服の過程は，男女で全く異なると考えていました。

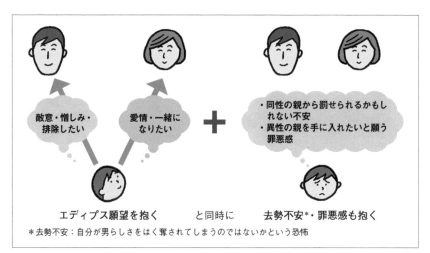

図3-2　エディプス・コンプレックス

　男根期に固着点がある場合，過度に自己主張をするか，ひどく内気で自己主張に乏しい，といった両極端な性格傾向のいずれかが現れます。過度な自己主張は去勢不安への否認が，内気で遠慮がちな傾向は去勢不安への恐怖が現れているととらえます。

▶ **4）6〜12歳：潜伏期**｜潜伏期では，性的な欲求は一時的に穏やかになります。この時期は学校教育を受ける時期に相当し，子どもの関心は学習や運動，社会活動などに向くようになります。こうした活動を通して，家庭外での仲間関係を構築したり他者への思いやりを獲得していきます。なお，フロイトの理論では，人間の性格傾向は潜伏期以前の段階でほぼ形成されており，潜伏期以降に固着するということはないと考えられています。

▶ **5）12歳〜：性器期**｜性器期は，今日でいう思春期以降の時期に相当します。第二次性徴をはじめとする身体的な発達・変化に伴い，再びリビドーが活発になります。そのリビドーを，他者との親密な関係のなかで（すなわち，自分ではなく他者に向けて）適切に満たすことで，成熟した健康的な状態に至るとされています。

フロイトの発達論の特徴と限界

　フロイトの発達論は，乳幼児を直接観察・研究して提唱されたものではなく，成人の回想をもとにしています。さらに，回想をした話し手は，フロイ

トのもとに治療に通っていた**神経症**[12]の患者たちでした。すなわち，ある特定の症状を呈する成人が幼少期だった頃の発達をモデルとしているのです。このような理論構築方法から，フロイトの理論は不足や偏りがあるとして，他の精神分析家からも批判を受けました。しかし，**向精神薬**[13]もまだ開発されていない時代に，**精神的な発達・健康と身体の関係に着目した理論**は，当時としては画期的なものでした。

2 ≫ 理論 ≫

精神分析学の発展

（相馬花恵）

……… ステップ1 ………

フロイト理論への批判と発展

フロイトのもとには多くの弟子が集まりましたが，フロイトとは考えを異にし，去っていく者も少なくありませんでした[14]。特に，こころの問題の原因をおもに無意識に抑圧された**性的欲求**という点から解釈しようとする考えに対しては，当時から多くの批判がありました。また，フロイトの理論は，おもに上流階級の成人女性を対象とした神経症の治療例をもとにしているため，その他の症例の理解や治療に適用するには限界がありました。

こうしたなか，無意識のこころの働きを重視するというフロイト理論を継承・発展させた新たな精神分析学派が誕生していきます[15]。

自我心理学

自我心理学では，フロイト理論を踏襲しつつ，自我機能に重きをおきます。

▶ **A.フロイト**｜本学派は，フロイトの娘であったアンナ・フロイト（以下，A.フロイト）らにより創始されました。彼女は，父親が提唱した防衛機制を整理し，さらに児童を対象とした介入を実施しました。ただしA.フロイ

---

12 ストレスやその人がもつパーソナリティにより生じる心理的・身体的な機能障害を指します。先述したヒステリーも神経症の1つとされています。

13 向精神薬は中枢神経系に作用し精神機能を変容させる薬物の総称であり，抗精神病薬，抗うつ薬，抗不安薬，睡眠薬などが含まれます。

14 たとえば，一時はフロイトの弟子であったA.アドラーやC.G.ユングは，後にフロイトから離別し，それぞれ個人心理学，分析心理学という独自の理論を提唱しました。

15 本書で紹介する以外にも，フロイト以降の精神分析学派や理論は複数あります。藤山，集中講義・精神分析（下），2010などが参考になります。

トは，児童への直接的な精神分析ではなく，児童を取り巻く環境に対する働きかけを重視しました。具体的には，子どもの親を対象に面接をおこない，親子関係の改善を図るなど，環境調整に力を入れたアプローチを実施しました。

▶ **H.ハルトマン**｜H.ハルトマンは，1950〜60年代のアメリカにおける自我心理学の台頭に寄与した分析家の一人です。それまで自我はエスと超自我の葛藤の調整役とみなされていました。しかし彼は，自我には，思考・言語・知覚・記憶といったこころの働きにも関与する，エスと超自我間の葛藤とは独立した領域（conflict-free ego sphere）における機能もあると考えました。この機能は，**自律的機能**とよばれます。

▶ **E.H.エリクソン**｜同じくアメリカにおいて活躍したのが，E.H.エリクソンです。彼は，フロイトの発達理論をもとに，社会との相互作用のなかで生じる自我の発達についてまとめました。人間の一生涯を8段階に分けて整理した心理社会的発達理論は，精神分析学の枠を超え，発達心理学をはじめとする他の心理学領域にも影響を与えました。

対象関係論

対象関係論は，フロイトが晩年を過ごしたイギリスで発展した理論です。フロイトの理論をもとに，児童や精神病患者を対象とした精神分析を実施するなかで新たな概念が構築されていきました。特に本理論では，その人の内面にはどのような他者イメージ（**内的な対象関係**）があるのか，そして，それがどのようにパーソナリティや精神的問題に関係しているのかを探索することを重視します。

▶ **クライン学派**｜本理論の創始者であるM.クラインは，それまで分析対象にはならないと考えられていた児童に対しても精神分析は可能であると主張しました。そして，"児童にとっての自由連想は遊びである"という考えのもと，遊戯療法（プレイセラピー）を実践しました[16]。

またクラインは，フロイトが考えていたよりも防衛機制は早期に生じるとし，自我が未熟な乳幼児のうちから働く原始的防衛機制を提唱しました。その代表的なものに，**分裂**と**投影同一視**があります。前者は，ある対象や自分

16　A.フロイトも児童を対象に遊戯療法を実践していますが，2人の観点は全く異なります。A.フロイトは，児童に自由連想法を用いた精神分析を実施することは難しいと考えており，遊びは児童との間に良好な関係を形成するための活動ととらえていました。一方クラインは，児童の遊びやそこで生じる転移を解釈し，洞察を促すことを強調しました。治療者は，児童の遊びに加わるのではなく，中立的な立場から遊びの様子を観察するという点も，A.フロイトとの相違点です。

に対する良いイメージと悪いイメージを全くの別物と分け隔てること（スプリッティング）を指します。後者は，自分の受け入れがたい感情や欲求を他者のなかに投げ入れ，その感情を他者がもつように操作することを指します[17]。これらの防衛機制が過剰に用いられた場合，その時々の状況により別人のように態度が変わるため，社会的に不適応を生じやすくなります。

　さらにクラインは，母親−子ども（乳幼児）という二者関係をもとに，妄想・分裂ポジション，抑うつポジションという概念も提唱しています（**図3-3**）。

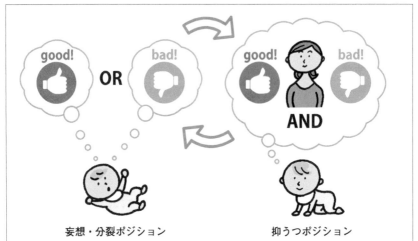

妄想・分裂ポジション	抑うつポジション
生後5〜6か月未満の状態。自分の思いどおりになる対象（例：よくミルクが出る乳房）は良いものとしてとらえるが，少しでも思いどおりにならない（例：ミルクが出ない）と一変し，悪いものととらえる。それが同じ母親の乳房であることは認識できない。	生後5〜6か月頃の離乳期以降に生じる。自分と母親は別の存在であること，母親はいつも自分の欲求を満たしてくれるわけではないことに気づく。それまで「悪いもの」と思い込み，攻撃していた対象（母親）に対する罪悪感と，対象を失うのではないかという抑うつ的な不安が生じる。また，対象への感謝の気持ちも芽生える。

図3-3　クラインによる2つのポジション
クラインは，各ポジションが芽生える時期を言及しているが，「妄想・分裂ポジションから抑うつポジションへ」という一方向の段階的な移行は想定しなかった。図の2本の矢印は，一方のポジションからもう一方のポジションへ，その時々の状態に応じて揺れ動くというクラインの考えを示している。

　この2つのポジション（対象のとらえ方の“傾向”）は，幼児期以降も存在し，生涯にわたってその人の対象とのかかわり方に影響を及ぼします。た

17　たとえば，本当は自分が相手を嫌いなのに，相手が自分を嫌っていると思い，相手を強く非難します（相手が自分を嫌うような振る舞いをして，本当に相手から嫌われてしまう）。

とえば，妄想・分裂ポジションが優勢の場合，自分の欲求を満たしてくれるか否かで，対象のとらえ方が「良い存在」から「悪い存在」へと180度変わります。周囲から迫害・被害を受けているという不安をもっており，この不安に対処するため，先述した原始的防衛機制を用います。本ポジションは，ボーダーラインパーソナリティ症[18]や統合失調症 第13章 の特徴を理解するうえで役立つ概念です。一方，抑うつポジションが優勢の場合，対象には良い面も悪い面も存在することを認知し，現実に即して物事をとらえることが可能となります。

独立学派

　自我心理学とクライン学派との間では，どちらが精神分析の本流であるかという点で論争がおこなわれていました。独立学派は，この論争とは（文字どおり）独立した立場をとります。人間のこころの理解や支援において，個人の内的な対象関係を重視しつつ，環境の役割にも注目した点が特徴です。

▶ **D.W.ウィニコット**｜独立学派を代表する分析家の一人に，イギリスの小児科医・精神分析医のD.W.ウィニコットがいます。ウィニコットは，子どもにとっての環境である母親の望ましい在り方について，"ほどよい母親（good enough mother）"という概念を提唱しました。これは，自然な愛情を注ぎながら，子どもの成長に合わせて心理的な自立を促す態度を指します。こうした母親の働きかけにより，子どもは，「母親と自分は一体である」「自分が求めれば欲求はすぐに満たされる」といった錯覚から抜け出し（**脱錯覚**），母親と自分は異なる存在であると認識できるようになると考えました。

　一方，親元から自立する過程において，乳幼児には不安が生じます。その不安を減少させるための母親の代わりとなる対象（多くは，毛布などの温かく柔らかい無生物）を，ウィニコットは移行対象とよびました。

　さらにウィニコットは，上述した"ほどよい母親"が示す，子どもが必要としている働きかけを適切に読み取り対応する態度をホールディングとよびました。このホールディングは，心理療法において治療者に求められる態度でもあるとされています。

······ ステップ 2 ··

　精神分析学の発展に伴い，治療対象や治療の実施方法にも広がりがみられ

18　自他イメージの不安定性，極度の気分変動，衝動的な自己破壊的行動などを特徴とします。

るようになりました。

短期力動精神療法

　精神分析では，原則として週4日以上の頻度で自由連想法を実施します。また，解釈と洞察の繰り返しによる深い自己理解や対象関係の変容を目的とするため，治療期間は長くなります。これに対して短期力動精神療法は，経済的・時間的なコストを抑えた新たな療法として開発されました。

▶ **特徴と効果** ｜ 本療法は，**治療時間を制限する点**（通常週1回の頻度，全40回以下），**治療目標を焦点化**し，焦点がずれたら治療者が積極的に軌道修正をする点，**自由連想法を中心技法におかない点**などを特徴とします。

　短期力動精神療法の対象となる患者は，自分の感情や思考を言語化する能力や，治療者の解釈を受けて洞察に至るための自我（現実を客観的にとらえる力）の強さ，治療（目標の達成）に対する高い意欲をもっている必要があります。このような制約から，重篤な精神障害を抱える患者には禁忌とされます。そのため，治療者には，本療法を患者に適応可能かを適切に**アセスメント**する力が求められます。

　本療法の治療効果は，認知行動療法◀ 第6章 をはじめとする他の精神療法と同程度とされています[19]。一方で，身体症状，抑うつ，不安など広い症状に対して安定した効果があることも示されています[20]。

メンタライゼーション

　メンタライゼーションとは，**自分や他者の行動の背後にある精神状態（思考や感情）に注意を向け，それを認識すること**です。このメンタライゼーションをおこなう能力を，**メンタライジング能力**といいます。

　メンタライジング能力が欠如している場合，自分の精神状態やその変化を理解し，言葉で表現することが難しくなります。また，他者の精神状態について「あの人はこう考えて（感じて）いるに違いない」と確信をもち，その他の可能性を受け入れることもできません。こうした状態では，自らが抱えるこころの問題を客観的に整理し，洞察に至ることは難しくなります。

▶ **MBTの特徴** ｜ イギリスの精神分析家P.フォナギーは，ボーダーラインパーソナリティ障害の病理がメンタライゼーションの障害によって説明できると考えました。フォナギーらによって開発されたメンタライゼーションの促

19　Leichsenring et al., *Arch Gen Psychiatry*, 2004
20　Abbass et al., *Cochrane Database Syst Rev*, 2014

進に焦点を当てた精神療法（mentalization-based treatment：MBT）は，ボーダーラインパーソナリティ症の治療法としてその有効性が実証されています[21]。MBTでは，自由連想法により患者の無意識を探索することをしません。なぜなら，当該患者を対象に解釈をおこなっても，メンタライジング能力が欠如しているために洞察は促されず，場合によっては治療者との関係が悪化してしまうためです。このような背景からフォナギーは，**精神分析を有効に機能させるためにはまずメンタライジング能力を回復・向上させる必要がある**と主張しました[22, 23]。

···· ステップ 3 ····

神経精神分析

神経精神分析（ニューロサイコアナリシス）は，精神分析と神経科学の知見を融合する比較的新しい学際的ムーブメントです[24]。神経精神分析の創始者，M.ソームズは，脳損傷患者のケアをする際，単に認知機能の障害に目を向けるだけでは不十分であり，心理的な動揺や葛藤など，精神的側面にも目を配る必要があると考えました。神経精神分析は，それまで心理療法の対象とされにくかった脳損傷患者に精神分析的心理療法（p.54）を実践し，そこで得られた知見（自我機能の在り方など）が，脳の損傷部位やその回復とどのように関連するのかを考察することを試みます。

神経精神分析の視点は，医学や生物学などの他の専門領域と心理学との連携・協同を重視する今日の対人援助の実践に通じるものがあるといえるでしょう。しかし，精神分析における中核概念（たとえば，エディプス・コンプレックスなど）の多くが，客観的に測定されうるものではないことなどから，精神分析と神経科学の統合を目指す本ムーブメントに対して批判的な意見もあります[25]。

················

21　Bateman & Fonagy, *Am J Psychiatry*, 2009 など
22　具体的な介入法の例として，明確化（メンタライジングの失敗に至った過去の経緯を振り返り，整理する）や感情詳述（患者の感情状態を共感的に探索する）があります。
23　今日，MBTは他のパーソナリティ症や統合失調症，うつ病，摂食症の治療にも適用されており，また，子どもやその家族を対象とした介入も実践されています。
24　1999年に学術雑誌『*Neuropsychoanalysis*』が創刊され，その翌年に，第1回国際神経精神分析学会が開催されました。
25　Ramus, *Br J Psychiatry*, 2013 など

3　　　　　　　　　　　　　　　　　　　　　　　　　　　　実践

臨床現場における精神分析の実際

（深澤桂樹）

1. はじめに

精神分析との出会い

　筆者は高校生の頃，"自分とはいったい何者か？"という青年期特有の葛藤[26]があり，それらへの答えを見つけるために漠然とした目標をもって渡米しました。この留学中に一人になって自分と向き合う機会があり，そこから次第に心の中身を知りたいと思い，心理学を学ぼうという意欲に変化していきました。帰国後，大学院に進学し，精神分析に興味をもつようになりました。精神分析理論では，こころに無意識の領域を認めることで，自分の新たな側面に気づき，深くこころを理解することができるとわかり，精神分析を学びたいと思うようになりました。

自我精神分析の強み

　一口に精神分析といっても多様な学派があります。筆者はS.フロイトが定義した自我の概念に基礎をおく自我心理学に基づいて患者を理解し，解釈を中心としたかかわりによって，患者がこころのありのまま（**無意識の葛藤**）を意識できるようになる（洞察する）ことを重視しています。A.フロイトは，防衛は必ずしも病的なものばかりではなく，その人の性格傾向を形づくるものであり，生きていくうえで役に立つ適応的な側面もあるということを明らかにしていきました[27]。こうした点が自我心理学の強みだといえます。

2. 研究・アプローチの紹介

事例に学ぶ精神分析的心理療法

　皆さんのなかには，ストレスによって職場や学校に行くのがつらくなり，体調不良を経験したことがある方もいるでしょう。そのような経験も，精神分析的に考えることが可能です。本ステップでは，精神分析理論がこころを

26　E.H.エリクソンは，心理社会的発達理論のなかで，各段階に特有の乗り越えるべき課題があると提唱しました。私が悩んだ"自分は何者か？"という問いは青年期の発達課題であるアイデンティティ（自我同一性）を確立する過程で生じる，自分に対する疑問といえます。

　27　A. Freud, *Das Ich und die Abwehrmechanismen*, 1936（黒丸・中野 訳，自我と防衛機制，1982）

理解するうえでどのように役に立つのかについて，職場でストレスを抱えて身体症状を呈した架空事例を素材に考えていきます。

以下，患者の発言は「　」，セラピストの発言は〈　〉で表記しています。

▶ **身体症状に苦しむ女性との精神分析的心理療法過程**｜Bさん（20代，女性）は，仕事中に突然声が出なくなり（失声），医療機関を受診しました。検査や診察の結果，身体的な機能に異常はなく，失声は時間経過とともにいくらか改善していきました。ただし一方で，職場でのストレスを訴えていたため，上記症状は心因性[28] ◀ 第9章 と判断されました。その後Bさんは精神科の病院を紹介され，Bさんの希望もあり心理療法を受けることになりました。

インテーク面接においてBさんは，休職して職場の上司や同僚に迷惑をかけて情けないという反省文を何ページにもわたって記載したノートを私に見せてきました。そしてその文字は，驚くほど乱暴な文字で書かれていました。これを見て私は，自己批判とは対照的な激しい攻撃性を感じました。しかしBさんにはそのような意識はないようでした。実際に，職場では不平不満を言わず，適応的に振る舞い，私とのやり取りでも，非常に礼儀正しく，言葉遣いも丁寧な姿が印象的でした。

家庭では父親の顔色をうかがい，言いつけに従う"よい子"であったようです。Bさんの父親は「優秀な者は存在価値が高く，そうでない者は存在している意味がない」と話し，その言葉に応えようとBさんは必死に努力してきました。しかし，期待に応えられず，父親の落胆する表情が怖くて，いつしか父親の顔色をうかがうようになったと語りました。

私はBさんに〈自分への罪悪感が強く，周りの人の顔色ばかりうかがっておつらいですね。きっと私の顔色も気にして安心してお話することもできないのかもしれませんね〉と**転移解釈**をすると，Bさんは沈黙のあと「そうかもしれません，変なことを言うと怒られると思って……」と，か細い声で返答しました。

▶ **精神分析的な見立て**｜私は，Bさんが"父親への怒りを抑え（抑圧），それが過剰に適応するという状態に陥り（**攻撃性の反動形成**），自分の気持ちをごまかし（否認），そこから意識消失や失声といった**転換症状**を呈しており[29]，自身の攻撃性を**意識化**し，受け入れることができるようになることが望ましい"と見立てました。Bさんも「自分のことを考えたい」と述べていたため，週1回，50分の精神分析的心理療法（**表3-2**）を提案しました。Bさ

28　心因性とは，身体の機能に異常がなく，おもに社会や人間関係において生じるストレスなどの心理的，精神的な要因によって症状が生じることをいいます（p.156参照）。

29　DSM-5では変換症／転換性障害ともいわれています。

表3-2 精神分析と精神分析的心理療法との違い

	（古典的な）精神分析	精神分析的心理療法
頻度	毎日分析（週4回以上）	週1回程度
時間	45〜50分	45〜50分
回数	数年から数十年	明確な基準はないが，短期精神分析的心理療法が20〜40回程度，それ以外は長期精神分析的心理療法とよばれることもある
技法	転移解釈を中心としてパーソナリティの変容を目指す	介入として解釈を含むが，その焦点が"今ここ"の転移関係
方法	カウチによる自由連想法。分析者からはほとんど話さず，姿は見えない	（多くは）対面法で椅子に腰かけて顔を見ながら話す
目標	無意識の探索	無意識世界への探索ではあるが，患者の主訴に関係する領域を中心に探究する
内容	思いついたことを話すので，次第に話が深くなり，退行促進的。次第に現実や常識から離れて，内面に没頭するようになり，それまで社会常識に囚われて意識化することを自分に禁じていたような考えや感情，願望，期待が自分にあることに気づくようになる	形式的には自由連想法ではあるが，対面で話すので，比較的現実的な話題が多い。回数も少ないため精神分析よりも退行はしないことが多い

んはこれに同意し（治療契約[30]），こうして精神分析的心理療法が始まりました。

▶ **精神分析的心理療法の実践例** ｜ 当初のBさんはうつむいたまま多くを語らず，沈黙が続くと私の表情をうかがい，「どのような話をすればよいでしょうか？」といったことを多く尋ねました。また，"自分のことを考える"という治療目標に沿うように，自分について記載したノートを持参するなど，まるで私を満足させるように"良い子[31]"を演じているようでした。その反面，遅刻や無断でキャンセル[32]をすることもありました。

それらの観察に基づいて私は〈私の顔色ばかりうかがうのは父親への態度と同じで，遅刻など行動で示すことは，言えない思いを代弁しているようですね〉と解釈を伝えると，Bさんもそれに気づき次第に父親について語りはじめました。Bさんは涙を流しながら，父親の意向に反すると叱責され，存

---

30 精神分析的心理療法では，治療の目標や期間，ルールなどについてなされる取り決めや約束に基づき治療の契約を結びます。この治療契約を治療者と患者がともに守り，継続することが治療構造にもつながっていきます。精神分析的心理療法では，こうした治療契約の基本的条件を"器"ととらえ，面接過程である"中身"に影響を与えると考えます。そうした考えを治療構造論とよびます（岩崎ら編，治療構造論，1990）。

31 これも父親に向けていると思われる感情を私に"転移"として向けていたと解釈できます。

32 精神分析的心理療法は主に言語により葛藤が処理され，解消されていきますが，言語ではなく行動を介して表現されることもあります。これを"行動化"とよびます。Aはよい子である反面，悪い子でもあり，この悪い子は言語では表現できず，面接に遅刻する，突然キャンセルするという行動化によって表現されていました。

在を認めてもらえず，自罰的にカッターで自傷行為をおこなっていたと語りました。その後，父親への感情は，涙とともに堰を切ったように表出し，父親への怒りを語るようになりました。ただし，父親への怒りを語るときにはBさんは必ず私の顔色をうかがい，身を小さくさせていました。

　父親への攻撃性を意識化しようとすると恐怖に身を小さくするBさんに，解釈を通して洞察を促すこと（徹底操作）で，徐々にBさんは父親への怒りに向き合えるようになっていきました。ある回，Bさんは「このカッターは過去に父親の部屋から盗んだ」と，自分を切りつけていたカッターを持参し語りはじめました。父親のカッターで自罰的に自傷行為を繰り返すBさんの話は私のこころを切なくさせました（逆転移）。その切なさに至った理解をBさんに伝えると「本当は父親をカッターで切りつけたかった……でも，それができなくて自分を切りつけていたと思う」と父親への怒りを表出する自分に気づくことができました。この面接をきっかけに，徐々に「あんな高圧的な父親だったら怒るのも無理はない」と自身の怒りを受け入れ，次第に肯定的にとらえはじめたようです。その後，父親への不満や怒りは消えないにしても安定してその気持ちにかかわれるようになり，さらにBさんを苦しめていた失声等の症状もほとんど消えたため，終結となりました。

▶ **Bさんとのやりとりを通じて** ｜ 周囲に従順で自己主張できず，自傷行為を繰り返すBさんの話は私を切なくさせていました。私は，Bさんの情緒を，Bさんがあたかも感じているように受け取り，その情緒に巻き込まれながらも考え続けました。そして解釈を中心としたかかわり合いのなかで，症状の裏側には何が生じていたのかといった理解を示すことで，Bさんも無意識的な葛藤に気づいていきました。このような患者と治療者の情緒的な交流こそが精神分析の実践をおこなう醍醐味といえます。

3. 今後の展望

精神分析のエビデンス

　情緒的な交流が症状の改善・消失に及ぼす影響を評価することは難しいため，エビデンスが積み上げにくいということも"精神分析"の特徴といわれてきました[33]。ただし，2節で示したように，"精神分析的心理療法"や"短期力動精神療法"などは，近年では認知行動療法（以下，CBT）と同程度の治療効果（効果量）が示されています[34]。

　精神分析的心理療法もエビデンスを積み重ねてきており，その効果を検討することも大事ですが，その一方で，患者の適応を考えることも精神分析的心理療法の目指すところと考えます。

精神分析的心理療法の適応

　患者の抱える問題は多岐にわたり，その原因もまたさまざまです。どういう患者に対して精神分析的心理療法が向いているか，アセスメント面接を通して考えていくことになります。その際には，患者が何を求めて，どういう解決を望んでいるのかを第一に考えることが重要です。

　たとえば，手洗いの回数や戸締まりの確認などの強迫的な行動に悩んで，これらの回数や確認をすぐに減らしたいと望む患者であれば，洞察を促すような精神分析的心理療法よりも，まずはCBTを提案します 第6章 。一方，たとえば，人間関係で悩みやすく，それがなぜか考えたい，あるいは自分について考えたいと内省を望む場合には，精神分析的心理療法を提案します。このとき，それら自分についての問題を探索・理解していくことを通して症状の緩和や変容を目指すという共通認識を事前に得ることが重要です。

　　34 鈴木菜実子，In 精神分析の未来を考える（精神療法増刊第5号），2018

人間性心理学

1 人間性心理学とは

（相馬花恵）

───── ステップ1 ─────

　人間性心理学（humanistic psychology）とは，個人の人間性，すなわち，生まれながらにもっている力（可能性）を発揮し主体的に生きる個人の在り方に着目する心理学の1分野です。人間性心理学の理論や，それをもとに開発された心理療法は，人間のこころの健康の維持・促進を目指す臨床心理学的支援の実践においても活用されています。

人間性心理学の誕生

　人間性心理学は，アメリカの心理学者A.マズローにより，1960年代に提唱されました[1]。臨床心理学の分野では，これ以前には行動主義と精神分析学という2つの考え方が主流でした。行動主義とは，アメリカの心理学者J.B.ワトソンが提唱したアプローチであり，観察可能な刺激と反応のみから人間の行動を客観的に分析し，修正することを目指します。精神分析学はS.フロイトにより創始された理論体系であり，無意識のこころの働きを仮定し，自我が無意識的な欲求・衝動をうまく制御できないと，神経症をはじめとする症状が現れると考えます。これら2つの立場はそれぞれ，第一勢力と第二勢力とよばれます。 第3章　第5章

▶ **第三勢力としての人間性心理学** ｜第一勢力と第二勢力のアプローチに対する批判から，人間性心理学が第三勢力として誕生しました。批判はそれぞれ，人の問題行動を機械的に定式化しようとする態度や，すべての精神症状を無意識的な欲求の制御不全に還元しようとする考え方に対するものでした。これに対して人間性心理学は，「**人間は，機械でも因果論的に決定され**

....

1　1961年にアメリカ人間性心理学会（the American Association for Humanistic Psychology）が発足され，同年に学会誌『*Journal of Humanistic Psychology*』が刊行されました。

る存在でもなく，自ら主体的に**選択・行動していく存在である**」と考えます。さらに，従来の2つのアプローチは，問題行動や精神疾患といった人間の不適応に着目していたのに対し，人間性心理学では，**適応的・健康的な側面にも**焦点を当てます。このような特徴をもつ人間性心理学の誕生には，当時のアメリカの雰囲気も関連しています。1960年代のアメリカは，ベトナム反戦運動や反人種差別運動などがさかんであり，抑圧された人間性の回復を願う動きが活発になっていたのです。

人間性心理学の考え方

　人間の主体性といった健康的な側面に焦点を当てる人間性心理学には，以下に紹介する基本となる考え方があります。これらの考え方は，人間性心理学に属する心理療法（本節ステップ3，および次節で紹介）の治療・支援方針にも現れています。

▶ **自己実現傾向**｜人間性心理学では，人間には自己実現へと向かう傾向があると仮定します。自己実現とは，なりたい自分を目指して，自身に内在する力を十分に発揮することを指します。自己実現を達成することは簡単なことではありません。そのため人間性心理学では，自己実現に向かうための努力は一生涯続くと考えます。すなわち，人間を生涯にわたり成長する存在ととらえるのです。

▶ **"今，ここ"を生きる個人の主観に着目**｜現象学の方法論や実存主義の考え方に基づき，個人が"今，ここ"でどのような体験をしているのかに着目します。現象学とは，目の前の現象をありのままに記述することで，その本質を探る学問です。この現象学をもとに誕生した実存主義では，「人間とは○○である／○○べきだ」といった一般化された理念よりも，個人の実存（"今，ここ"に存在する自己の在り方）を重視します。これらの方法論や考え方に基づき，人間性心理学では，先入観をもたずに相手と直接かかわることを通して，その個人の主観的な感情や考えを傾聴し，一人ひとりの体験を理解しようと努めます[2]。

2　たとえば，「わが子を好きになれない」という母親の発言に対して，「母親とは子どもを愛するものだ（べきだ）」といった先入観にとらわれるのではなく，母親との対話のなかから，「この母親にとって子どもはどのような存在なのか」「好きになれないという感情がどこから湧いてくるのか」といったことを理解していきます。

A. マズローの理論

本ステップでは，人間性心理学のおもな理論とそれをもとに開発された心理療法を概説します[3]。

先述したマズローは，人間性心理学の創設者の一人です。もともと彼は行動主義心理学者として研究をしていましたが，後に人類学などから影響を受け，行動主義とは異なる視点をもった独自の理論を提唱するようになります。

▶ **欲求階層説** その1つが，欲求階層説です。マズローは，人間の基本的な欲求（目標）が行動を起こす動機になっており，さらにその欲求は，優先度の高さにより階層化されていると考えました（**図4-1**）[4]。また，これらの基本的な欲求は人種や文化を問わず，人々に共通して存在すると仮定しました。

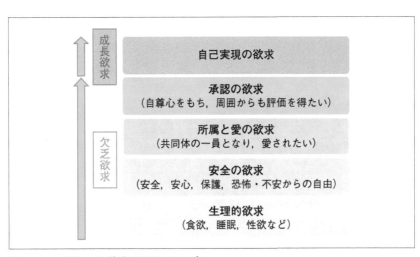

図4-1　マズローの欲求階層説のモデル
欲求充足の優先度が高いほど下に位置する。優先度の高い（低次の）欲求が満たされると，上の階層の（高次の）欲求が現れる。下の4つは"欠乏欲求"とよばれ，各欲求が満たされれば満足感が生じ，緊張が緩和される。一番上の自己実現の欲求は"成長欲求"とよばれ，その達成に向かって行動し続けること自体が目標になる。満たされている欲求の階層が上昇するほど，より健康になると考える。

3　本書で紹介する以外にも，人間性心理学派には，アメリカ実存心理学の父といわれるR.メイやロゴセラピーを開発したV.E.フランクルなどがいます。中野『人間性心理学入門』（2019）が参考になります。

4　マズロー『人間性の心理学 改訂新版』（1987）を参照。なお，このモデルは，自己実現の欲求を頂点とするピラミッド型で図示されることがよくあります。しかしマズロー自身は，人間の欲求は低次のものから高次のものへと階層化されていると説明しているだけで，ピラミッド型のモデルを想定してはいませんでした。

　精神分析学の理論では，無意識の欲求は個人に不適応をもたらすと考えられてきました。これに対してマズローは，基本的な欲求を十分に引き出し，その充足を満たすことにより，人間はより健康・幸福になることができるという理論を構築しました。すなわち，人間の欲求は心理的にネガティブに作用するだけでなく，ポジティブにとらえることもできるという新たな視点が提示されたのです。

▶ **自己実現理論**｜マズローは，欲求の階層のなかでも自己実現欲求を重視しました。彼は，優れた才能をもつ健康な人々を観察・面接するなかで，自己実現に向かう人間の特徴を15個にまとめています[5]。そのなかの1つが，“**至高体験**”です。至高体験とは，感動や恍惚感など，人生において最高の幸福と喜びを感じる体験の総称を指します。自己実現に向かう過程において，この至高体験を有することにより，人生をより価値あるものとして生きることが可能になると考えました。

　マズローの理論に対しては，「欲求階層説が正しいとすれば，自己実現を達成できるのは上流階級のごく一部の人に限られてしまう」，「そもそも実証的な検証が困難である」などの批判もあります。さらに，マズローの理論と矛盾する研究データが挙げられており[6]，本理論だけで人間の健康・幸福に影響を与える要因を特定するには限界があるといえます。ただし，**人間を成長する存在と位置づけ，その過程に焦点を当てた点，自己実現を理論化し，その特徴を明らかにした点**は，人間性心理学の発展に大きな影響をもたらしました。

C.R.ロジャーズの理論と心理療法

▶ **非指示的療法**｜アメリカの心理学者C.R.ロジャーズも，人間性心理学を代表する心理学者の一人です。従来の心理療法では，患者の悩みを解決するために，専門家であるセラピストが“指示する”アプローチをとっていました。しかしロジャーズは，児童虐待防止協会で心理職として働くなかで，指示的な方法では期待する効果が得られないことに気がつきます。この経験から，クライエントを信頼し，クライエント自らが変化するよう手助けするという“非指示的な”アプローチを用いるようになりました。

5　現実をありのままにとらえる，自他や自然を受容する，自発性や創造性をもつ，など。

6　たとえば，世界123か国の6万人以上を対象に，欲求の充足と主観的幸福感との関連を調べた研究があります（Tay & Diener, *J Pers Soc Psychol*, 2011）。この研究では，欲求が達成される順序は，個人の主観的幸福感に強く影響しないことが示されました。一方，マズロー自身も，欲求の階層は比較的流動的であり，複数の欲求が同時に存在することもあるといった例外を認めていました。

1940年代，このロジャーズのアプローチは，非指示的療法として広がります[7]。そこでは，クライエントの感情が現れた言動を，セラピストが鏡となって相手に返す"感情の反射"を代表とする技法が用いられました。クライエントが感じていることを評価や偏見を加えずに受け入れ，そうして理解したことをクライエントとともに確認することを重視したのです。

▶ **クライエント中心療法**｜その後，非指示的療法は「クライエントが述べた言葉をただ繰り返せばよい」といった誤解を生みました。そこでロジャーズは，1950年代以降，"非指示的"という表現を改め，**セラピストではなく，クライエントの主体的な判断や決定を尊重**することを強調して，クライエント中心療法を提唱しました。クライエント中心療法では，人間は本来，成長や健康に向かう力（実現傾向）をもっていると仮定します。そして，その力を発揮し，より健康的なパーソナリティへと変化するためには，必要にして十分な条件を整える必要があると考えます。これらの条件に関しては，第2節で詳述します。

▶ **エンカウンター・グループ**｜1960年代後半，晩年のロジャーズは，エンカウンター・グループに力を入れるようになります。これは，健康な人を対象に，出会いの場や人間的な成長の機会を提供するグループ活動です。グループは10名ほどのメンバーと1～2名ほどの**ファシリテーター**とで構成され，各自の"今，ここ"での体験を自由にありのまま話し合う活動を行うことが典型的です[8]。ファシリテーターは，メンバーの自己開示や，メンバー間の受容的な交流を促す役割をもちます。本活動により，自他への信頼感や肯定的な感情の増大，自発的な行動の増加などの効果が期待されます[9]。 第8章

このように，心理療法の場を超えて健康な人々も対象に活動を展開したことから，1970年代以降，ロジャーズは自らの立場を，クライエント中心に代わり"パーソンセンタード・アプローチ（人間中心アプローチ）"とよぶようになります。特に，人種間や国際間の紛争緩和や，宗教的な対立の解決にエンカウンター・グループを応用した活動は，社会から高く評価されました[10]。

....

7　非指示的療法を提唱するうえで，ロジャーズは，"患者"という言葉の代わりに"クライエント（自発的な依頼者）"という言葉を用いました。本章でも，これ以降"クライエント"という表現を用います。

8　ロジャーズが実践したような自由な対話を主とする活動は"ベーシック（非構成的）エンカウンター"とよばれます。また，事前に用意されたテーマや課題に沿っておこなわれる活動は"構成的エンカウンター"とよばれます。後者は，学校教育の場においても実施されています。

9　エンカウンター・グループの効果を検証した研究（Lieberman et al., *Encounter groups: First facts*, 1973）では，本活動による肯定的な効果だけでなく，否定的な影響（精神的に不適応状態に陥るなど）についても報告されています。また，ファシリテーターがグループ内でどのような役割を果たすかが，効果に影響を及ぼすことも指摘されています。

　先述したクライエント中心療法以外にも，人間性心理学には臨床現場において活用されている心理療法があります。ステップ3では，その代表格であるフォーカシング指向心理療法とゲシュタルト療法を紹介します。

フォーカシング指向心理療法

　フォーカシングとは，ロジャーズの弟子であり共同研究者でもあるE. T. ジェンドリンが提唱した自己理解のための方法です。心理療法で用いる場合は，フォーカシング指向心理療法とよびます。フォーカシングについて説明をする前に，ジェンドリンが心理療法の成功の鍵として注目した"体験過程"について解説します。

▶ **心理療法の成功の秘訣：体験過程**｜体験過程とは，"今，ここ"で刻一刻と変化していく体験の流れ（個人内で感じることができるすべてのもの）を指します。**体験過程尺度**[11]を用いて，統合失調症のクライエントを対象におこなった研究では，心理療法が成功するためには，**クライエントが自身の体験過程に焦点を当てる能力を有している必要がある**ことが示唆されました[12]。そこでジェンドリンは，**治療効果を上げるため，まず体験過程に注意を向ける力を育むことが重要である**として，フォーカシング技法を確立・発展させていきました[13]。

▶ **フォーカシングの定義**｜フォーカシングとは，体験過程に注意を向け，その時々に生じる感覚（フェルトセンス）を言語化し，意味づけするプロセスを指します。フェルトセンスとは，「胸がざわざわする」「何となく調子が悪い」などといった言葉でしか表現できない漠然とした感覚です。この感覚に「不安」や「恐れ」など，さまざまな言葉を当てはめることを試みます。このプロセスは容易なものではありません。しっくりくる言葉が見つからない場合は，別の新たな概念を当てはめて表現してみる……，これを繰り返し，「そうだ，この感じだ！」と的確に表現できたと思えるまで続けます。

10　これらの活動により，ロジャーズは1987年にノーベル平和賞にノミネートされました。しかし，それとほぼ同時期に亡くなったため，実際の受賞には至りませんでした。

11　クライエントが自身の体験過程にどの程度注意を向けて発言しているかを第三者が評定する尺度を指します。日本語版では，三宅ら，人間性心理学研究，2007などがあります。

12　Kiesler, *J Clin Psychol*, 1971

13　フォーカシングの教示や介入を実施したことにより，体験過程の水準が深まることが示されています（Hendricks, Focusing-oriented/experiential psychotherapy. In *Humanistic Psychotherapies*: *Handbook of Research and Practice*, 2002）。

表4-1 フォーカシングの方法

ステップ	説明
①空間をつくる	身体に注意を向け，さまざまなフェルトセンスに気づき，それらを1つずつていねいに"置いておく"（感じられる感覚との間に適度な距離をおく）
②フェルトセンスに注意を向ける	これから取り上げる（気がかりな）事柄を1つ選んで，それについて考える。そして，その際に生じるフェルトセンスに注意を向ける
③ハンドル（見出し）表現	フェルトセンスにぴったりくる言葉や言い回しなどの表現を見つける（名前をつけてみる）
④ハンドル表現を響かせて確かめる	ハンドル表現がフェルトセンスを的確に表しているかどうか，その表現を響かせて確認する（セラピストは「○○（ハンドル表現）という言葉でぴったりでしょうか」などと問いかける）
⑤問いかけ	ぴったりなハンドル表現が見つかったら，フェルトセンスに以下の問いかけをする。「○○とはいったい何か」，「○○から何が浮かんでくるだろうか」，「○○は自分に何を伝えているだろうか」など
⑥新しく気づいたことを受け取る	ここまでのステップで気づいたことがどのようなことであれ，やさしく受け取る

(Gendlin, 1981 をもとに作成)

▶ **フォーカシングの方法** ここでは，ジェンドリンが考案したフォーカシングを実践するための方法（ショートフォーム版）を紹介します（表4-1）。

　フェルトセンスに注意を向け，ぴったりくる概念（言葉＝ハンドル表現[14]）を当てはめることができたとき，「そう，そう」という納得感とともに，自分の体験（本当に感じていることなど）に対する理解が深まります。そして多くの場合，身体的な緊張がほぐれ，解放感が生じます。こうした身体で直接感じることができる変化をフェルトシフトとよびます。フェルトシフトが起こると，ある事柄にかかわる自分の感情や考え方，行動の仕方が変化し，それを受けて，自分を取り巻く環境自体も変化していきます[15]。

▶ **心理療法への応用** ジェンドリンは師匠であるロジャーズから独立し，独自にフォーカシング指向心理療法を提唱しました[16]。問題解決に向かうための準備として，フォーカシング技法を通して自身の内面の理解をさらに深め

14　フォーカシングにおけるハンドルとは，フェルトセンスの本質を端的に表した見出しのようなものです。鞄の取っ手（handle）を持てば，中に雑多に物が入っていたとしても，それらをすべて運び出すことができます。この鞄の取っ手のように，ハンドルは，漠然としたフェルトセンスそのものを捉えるために用いられます。

15　日本人間性心理学会編，人間性心理学ハンドブック，2012

ることを目的とします。2000年以降，アートセラピーや**マインドフルネス**など他のアプローチと組み合わさって実践の幅が広がっています。 第7章

ゲシュタルト療法

　クライエントが自身の体験（特に内的な感情や欲求）に注意を向けることを促す療法として，ドイツ生まれの精神科医F.S.パールズ[17]により提唱されたゲシュタルト療法があります。本療法は，**ゲシュタルト心理学**[18]から影響を受けています。人間を全体的な存在としてとらえ，個人が自らの欲求を“形（言葉など）”にして表現したり，自身の存在価値を感じながらセルフ・サポートできるよう促すことを目的としています。

▶ **パールズの心的不適応のとらえ方** ｜ パールズは，個人が意識している体験（感情や欲求など）を“図”，意識していない体験を“地”とよびました。ある欲求が満たされると，それまでの図は地（背景）に退き，新たな欲求が図として現れます。こうした円滑な図地転換がなされていれば，個人の健康は保たれます。一方，相反する欲求が複数同時に生じたり，欲求をうまく処理できず無理やり抑え込もうとすると，ある特定の図（欲求）にとらわれ，問題が未完のまま残ってしまいます。パールズは，この状態が個人の成長を阻害し，神経症のような病的な状態をもたらすと考えました。

▶ **“今，ここ”を重視するシャトル技法** ｜ そこでゲシュタルト療法では，“今，ここ”に気づきを向け，それまで無視されていた感情や欲求を言葉などで表現することにより，問題を完結することを目指します。本療法では，従来の心理療法のように過去の経験に主眼をおくことはしません。たとえクライエントの語りの内容が過去の体験であっても，セラピストとのかかわりは“今，ここ”で起こっています。そこで，**過去の問題を“今，ここ”で再体験するシャトル技法**が用いられます。過去の記憶を思い出しながら，“今，ここ”で生じている身体感覚や感情の揺れ，行動の変化に意識を向けていく（過去の記憶・イメージと，“今，ここ”での体験との間で意識を往復＝シャトルさせる）という方法です。こうした技法を通して，過去の葛藤や欲求が現時点において表現され，過去の心残りを完結させることを目指します[19]。

16　ジェンドリンは，心理療法においてフォーカシング技法を実施する際，セラピストとの間に良好な関係性を構築したり，クライエントの語りを傾聴したりする態度も重視していました。この点は，師匠であるロジャーズの理論を受け継いでいたといえます。

17　パールズは精神分析医として活動していましたが，フロイトに受け入れてもらえず，自ら精神分析から離脱します。その後，アメリカに渡り独自の心理療法を開発するに至りました。

18　人間の精神を部分や要素の集合ではなく，その全体性に重きをおいてとらえる立場を指します。なお，ゲシュタルトとは，“形態”を意味するドイツ語です。

▶ **その他の技法：ホット・シート** ｜ このほか，ゲシュタルト療法の技法はいろいろありますが，その1つに，ホット・シートがあります。誰も座っていない空の椅子（**エンプティ・チェア**）に仮想の自分や他者を座らせ，対話させる技法です[20]。自分を座らせる場合，それまで気づかなかった自身の感情や欲求に気づき，向き合う機会がもたらされます。また，他者のイメージを座らせる場合，これまで相手に伝えられなかった感情を表現する機会を得ます[21]。セラピストは，このワーク中におけるクライエントの言語的・非言語的な表出（発話内容のほか，姿勢や表情，呼吸の様子など）に注目し，そこで生じていることをクライエントに伝えます。また，その時々のクライエントの体験の意味を尋ねることで，クライエントの"今，ここ"での気づきをより深めていきます。パールズは，こうした働きかけによりクライエントのパーソナリティはより健康的に統合された状態に変化すると考えました。

　ゲシュタルト療法は，集団を対象とした心理療法や，健康な人々を対象としたワークショップなどでも実践されています[22]。ただ，その効果を実証的に検証している研究は少なく，今後のエビデンスの蓄積が求められます。

---

② **クライエント中心療法の理論**

≫ 理論 ≫

（相馬花恵）

····· ステップ1 ·····

　本節では，ロジャーズが提唱した理論のうち，クライエント中心療法に焦点を当てます。

ロジャーズの自己理論

▶ **自己概念と体験** ｜ ロジャーズは，人間のパーソナリティを"自己概念"と

19　心的不適応の改善のために，過去に抑圧された感情や欲求を表現する必要があるという考え方は，精神分析学と共通しているといえます。しかし，"今，ここ"での経験を重視する点は，人間性心理学の考え方と一致します。さらにパールズは，クライエントの言動を解釈するのではなく，クライエント自らが気づく機会を提供することこそセラピストの役割であると主張しており，ここにも，彼が人間性心理学の立場をとっていたことが現れています。
20　対話は，実際に声に出しておこないます。
21　親などの重要な他者とイメージのなかで対話することで，その他者との間で生じた情動的問題が解決する効果が示されています（Pavio & Greenberg, *J Clin Psychol*, 1995）。
22　本療法の治療効果を紹介している文献には，Strümpfel & Goldman, Contacting Gestalt therapy. In *Humanistic psychotherapies: Handbook of research and practice*（2002）などがあります。

"体験"の2つの視点からとらえました。自己概念とは，自分はこうである（べきだ），こうしたい，など自分に対する意識的なとらえ方を指します。体験とは，その時々で流動的に変化する感情や感覚を指します。**図4-2**では，自己概念は実線の円で，体験は点線の円で描かれています。

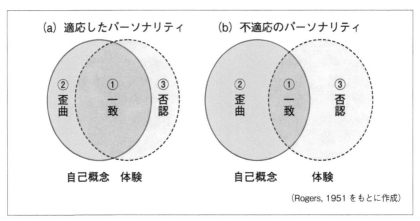

図4-2　自己概念と体験の関係

　図4-2で，2つの円が互いに重なり合っている部分を①一致とよびます。自己概念が体験をとらえ，自分の体験として意識化できている領域です。2つの円が重なっていない（不一致の）領域のうち，左側は②歪曲の領域といいます。本当は体験していないのにそうだと思い込んだり，そうあるべきだと決めつけている自己概念の領域です。右側の③否認の領域は，本当に体験していることなのに，それが自己概念に合わないため，ありのままには受け入れられない体験の領域を指します。

▶ **適応と不適応**｜図4-2の（a）は，①一致の領域が広くなっています。つまり，自己概念が柔軟であり，流動する体験をうまくとらえて意識化できている状態です。一方，（b）は不一致の領域が広くなっています。これは，周囲の期待や理想とする自己概念に合致するような偏った考え方をしたり（②歪曲），自分の本当の体験は拒否したりしている（③否認）状態だといえます。

　ロジャーズは，（a）のように一致の領域が広いほど精神的に健康（適応状態）であり，（b）のように不一致の領域が広いほど不適応状態にあると考えました。不適応状態にある場合，自己像は混乱し（例：自分が何をしたい

のかわからない），行動面にも問題（例：何事にもやる気が起きない，衝動をコントロールできない）がみられます。

······ ステップ 2 ······

パーソナリティ変化の条件—中核3条件に着目して

　クライエント中心療法では，自己概念が柔軟性を取り戻し，不一致状態から一致した状態へと変化することを目指します。ロジャーズは，この変化が起こるための必要にして十分な条件を6つ提唱しました（**表4-2**）。このうち，3～5番目の条件はセラピスト側に求められる態度を示しており，**中核3条件**とよばれます。

表4-2　パーソナリティ変化のための必要十分条件

条件
①クライエントとセラピストが心理的な接触をもっている
②クライエントは不一致の状態にあり，傷つきやすく，不安な状態にある
③セラピストは，クライエントとの関係において一致しており，統合されている（純粋性・自己一致）
④セラピストは，自分が無条件の肯定的関心をクライエントに対してもっていることを体験している（無条件の肯定的関心）
⑤セラピストは，クライエントの内的照合枠を共感的に理解していることを体験しており，この自分の体験をクライエントに伝えようと努めている（共感的理解）
⑥セラピストが無条件の肯定的関心と共感的理解を体験していることを，クライエントに伝達するということが最低限に達成されている

＊赤太枠：中核3条件　　　　　　　　　　　　　　　　　　（Rogers, 1957 をもとに作成）

▶ **純粋性**｜表4-2のうち，3番目の条件を"純粋性（一致）"とよびます。これは，クライエントとの関係のなかでセラピストの自己概念と体験が一致していることを指します。たとえば，クライエントの語りの内容を十分に把握できていないとき，その状態を隠したりせず，「まだ把握できていない点があるので，もう少しお話を伺いたいです」と伝える態度です。こうした態度は，クライエントにとってよいモデルとなり，また，セラピストに対する信頼感を高めることにもつながります。

▶ **無条件の肯定的関心**｜4番目の条件は"無条件の肯定的関心"です。これは，クライエントのどのような側面もありのまま受容する態度を指しま

す[23]。たとえクライエントが強い否定的感情を表現したとしても，その感情を抱いていることを受容します。こうした態度により，それまで他者から受け入れられず脅威と感じていた体験も，防衛的にならずに受容できる（自己概念の柔軟性が高まる）と期待されます。

▶ **共感的理解** │ 5番目の条件は"共感的理解"です。これは，クライエントの主観的世界を"あたかも"自分自身のものであるかのように感じとり，さらにその"あたかも"を見失わない態度を指します。この態度は，セラピストの主観ではなく，クライエントの**内的照合枠**（クライエントの考え方，視点，感じ方など。内的準拠枠ともいう）に基づいています。こうして理解した事柄をセラピストがクライエントに伝え返すことにより，クライエントは自分の感情や思考を改めて整理したり，新たな視点を発見することが可能になります。

治療を通したクライエントの変容

ロジャーズは，表4-2で示した必要十分条件が整えば，クライエントの自己概念は柔軟になり，自分の体験を受け入れ，行動にも変化が生じると考えました。そして最終的には，固定した自己概念にとらわれることなく，"今，ここ"における体験をありのまま受け入れ，主体的・創造的に行動するといった特徴を有する十分に機能する人間に至ると主張しました。

······ ステップ 3 ······

セラピストの態度が心理療法の結果に及ぼす影響

ロジャーズはクライエント中心療法を提唱した当初から，中核3条件にあるようなセラピスト側の態度が治療効果をもたらすうえで重要であると主張していました[24]。これに加えてロジャーズは，クライエント中心療法の効果を検証する研究もおこないました[25]。一連の研究では，クライエント中心療法の効果を支持する結果も得られた一方で，統合失調症患者を対象とした研究においては，自身の仮説は否定されてしまいます。具体的には，中核3条

---

23 他者（親など）の期待通りに振る舞えば褒めてもらえるといった条件つきの受容は，自己概念と体験の不一致を導くため有害であるとロジャーズは考えました。

24 1951年に発表されたロジャーズの代表作『クライエント中心療法』のなかでも，クライエントに変化をもたらすのは，特定の技法ではなく，セラピスト側の一貫した態度であるという仮説が述べられています。

25 自身がおこなったクライエント中心療法の効果を検証した研究は，Rogers & Dymond, *Psychotherapy and personality change*, 1954にまとめられています。

件のうち，クライエントに対する無条件の肯定的関心は，統合失調症患者への治療効果とは無関係であることが明らかになったのです[26, 27]。

▶ **BLRIの開発**｜ロジャーズの仮説は支持されませんでしたが，心理療法の効果を科学的に検証する態度は，臨床心理学の実践と発展に大きな影響を及ぼしました。のちにアメリカの心理学者G.T.バレット＝レンナードは，セラピストの基本的態度を測定する尺度Barrett-Lennard Relationship Inventory（BLRI）を開発しています[28]。こうした尺度が開発されたことにより，セラピストの態度が心理療法の結果に及ぼす影響を検証する研究がさらに進むこととなりました。

▶ **共感的理解が及ぼす影響**｜その後の研究において，特に共感的理解の程度が，治療の成功に大きく関与していることが示唆されています[29]。ただし同研究では，強い猜疑心をもっている，治療に対する動機づけがあまり高くないといった特徴を有する一部のクライエントに対しては，共感的理解を示すセラピストとの関係構築がうまくいかないことも報告されています。

　臨床心理学的支援の実践において重要なことは，クライエントの利益です。臨床心理の専門職には，クライエント中心療法における理論（中核3条件など）を実践の基礎におきながらも，その他の多様なアプローチ法の中からエビデンスに基づいた適切な方法を選択し，クライエントの特性や抱えている問題に応じた支援をおこなうための幅広い知識と柔軟な対応力が求められます。

3 人間性心理学における臨床現場でのアプローチ ≫ 実践

（近藤育代）

1. はじめに

　筆者は，元々は大学教員志望ではなく，心理カウンセラーに興味がありま

---

26 ここでは，6つの必要十分条件のうち，中核3条件のみを取り上げ，それらが治療効果に及ぼす影響が調べられました（Rogers et al., *The therapeutic relationship and its impact: A study of psychotherapy with schizophrenics*, 1967）。

27 この研究は，ウィスコンシン・プロジェクトとして知られています。プロジェクトメンバーには，フォーカシングを提唱したジェンドリンも含まれていました。この研究で得られた課題を契機とし，ジェンドリンは独自の理論や心理療法の開発に至りました（p.64）。

28 Barrett-Lennard, In *The psychotherapeutic process: A research handbook*, 1986

29 Bohart et al., Empathy In *Psychotherapy relationships that work: Therapist contributions and responsiveness to patients*, 2002

した。臨床心理士資格取得のために大学院に進学し，心理援助の専門的知識や技能を学びました。そこで，人の人生にかかわるという仕事の奥深さに触れるとともに，心理的な現象をさまざまな仮説や理論を通じて多角的に眺め，その可能性を検討し，実証的に検証する研究の視点にも面白さを感じるようになっていきました。こうした経験を経て，現在は，関東圏の私立大学に籍を置きながら，公認心理師および臨床心理士の資格取得を目指す学生に対して，心理援助に関する講義や実習指導をおこなっています。また大学業務のほかに，心療内科クリニックや軽度知的障害者の自立訓練施設でも非常勤心理士として勤務しています。このような臨床現場で働くなかで，日々実感していることは，クライエントと向き合うカウンセラーの姿勢や治療関係の重要性です。

臨床心理援助におけるカウンセラーの姿勢の重要性

人間性心理学のなかでも，C.R.ロジャーズのクライエント中心療法では，心理援助職に就こうとする者が身に付けておくべき"カウンセラーのあるべき態度（中核3条件）"を明示しています。この態度は，治療においてクライエントと良好な関係を形成するうえでも重視されています[30]。

2. 研究・アプローチの紹介

"今，ここ"での体験を扱うためのセラピストの在り方

クライエント中心療法を代表とする人間性心理学のアプローチでは，クライエントが"今，ここ"で何を体験し，求め，感じているのか，本人の"気づき"を重視し，自己探求を促します[31]。その際，クライエントが安心して面接のなかで体験していることをありのままに表明できるように，カウンセラーはクライエントとの関係づくりに配慮します。

---

30 クライエントとカウンセラーの関係性が治療効果に及ぼす影響は，これまで多く検討されており（Mearns, D. & Cooper, M., *Working at Relational Depth in Counselling and Psychotherapy*. 2nd ed., 2018），メタ分析において，治療効果に対して一貫して大きな役割を果たしていることが明らかにされています（Norcross, J. C. & Wampold, B. E., *Journal of clinical psychology*, 74 (11), 2018）。

31 近年，こうした人間性心理学の考え方を基盤にしつつ心理療法・カウンセリングの枠を超えた多元的アプローチ（pluralistic psychotherapy）が展開しています。このアプローチでは，人間存在の多面性や多様性，多因性などの多層的全体性を重視し，クライエントをさまざまな生物・心理・社会的な要因との複雑な相互作用のなかで生きている能動的な当事者とみなします。カウンセラーはクライエントの視点に立ち，クライエントと協働して，本人がもっている資源や潜在能力，可能性を活性化する支援をします（詳しくはCooper, M. & McLeod, J., *Pluralistic counselling and psychotherapy*, 2011）。

　それでは，関係性こそが治療の必要十分条件であるとするクライエント中心療法は，どのように実践されるのでしょうか。クライエント中心療法のアプローチを用いた架空の事例を紹介しながら解説していきます。

面接におけるクライエント中心療法のアプローチ

▶ **事例の概要** | Cさん（26歳女性），会社員，1人暮らし。

　Cさんは大学を卒業した後，現在の会社に就職しました。几帳面にコツコツと仕事をこなすCさんは，最初に配属された総務部で，丁寧な仕事ぶりが高く評価されていました。しかし入社3年目に営業部に異動となり，状況が一変しました。営業部では取引先の新規開拓に力を入れており，積極性を求められる営業活動は，相手に気を遣う性格のCさんには緊張や戸惑いの連続でした。また営業の準備で残業も増えたため，深夜に帰宅し，早朝に家を出る生活になりました。そのうち，帰宅しても翌日の仕事が気になり，疲れていてもよく眠れず，食欲もわかず，取引先との約束を忘れてしまうようなミスも重なるようになりました。そのようなCさんの様子を見かねた上司が相談に乗り，上司に説得されるような形でクリニックの受診に至りました。クリニックではうつ病と診断され，病気療養のためにしばらく休職することとなりました。抗うつ薬と睡眠薬による薬物治療のほかに，医師の勧めにより，カウンセリングも実施することとなりました。

　以下，Cさんの言葉は「　」，カウンセラーの言葉は〈　〉で表記しています。

▶ **面接の経過** | 面接では，これまでの経緯とともに，Cさんがご自分の状態をどのようにとらえているか，伺いました。Cさん自身は，休めることになってホッとしてはいるが，ほかの人が働いているなか，迷惑をかけているのではないか，とお話されました。

　カウンセラーは，Cさんの仕事に対する責任感の強さと，その反面，ホッとしたと感じるくらい，張り詰めていた気持ちがあったことを受け止めながら話を聴いていきました。Cさんは自分の状況を振り返るうち，次第に，"仕事をこなせないダメな自分""周囲に迷惑をかけている"と自分自身を追い詰めてきたことや，自分が周囲にどう思われているかずっと不安だったことなど，さまざまな気持ちがあったことを言葉にされました。

　さらに，Cさんはご自分の性格について，自分は長女であったため，親の手伝いをしたり下の兄弟たちの面倒をみることが当たり前であったこと，そ

れが自分の役割のようにも感じていたことを話してくれました。そのように話すCさんは少し誇らしげに見えた一方，自分のことは後回しにし続けてきたようにも，カウンセラーには感じられました。

カウンセラーはそのことをCさんに伝えました。〈自分の役割を果たそうと頑張ってきたCさんだから，仕事のことも周囲の期待に応えようと必死だったのではないか〉，また，〈周囲を思いやるのと同じくらい，Cさんも周りに支えてもらってよいのでは〉と伝えました。するとCさんは，「誰かの役に立たなければ価値がない，とずっと思ってきました」「だからしんどいんですね」と語られました。

面接が進むにつれて，Cさんは，周囲を優先してきた自分の生き方に気づいていかれました。さらに，「自分も誰かに頼ってみてもよいのではないだろうか」など，自分の気持ちと向き合う場としてカウンセリングに来られるようになっていきました。

事例におけるカウンセラーのかかわり方

それでは，Cさんの事例でカウンセラーはどのように対応していたのか，クライエント中心療法の中核3条件（"無条件の肯定的関心" "共感的理解" "純粋性"）に沿って解説していきます。

▶ **無条件の肯定的関心**｜無条件の肯定的関心とは，クライエントのあらゆる側面をありのままに認めることを指します。Cさんは当初，仕事をこなせない自分を「迷惑をかけている」と否定的に語りました。こうした語りに対して，クライエント中心療法では，"クライエントが感じていること"に焦点を合わせ，肯定的な関心を向けながら傾聴します[32]。カウンセラーがCさんのこころのなかで起こっていることを否定せず，〈そのように感じていらっしゃるんですね〉と受け止めていったことが，Cさんにとって"ありのままの自分を認められた体験"となり，こころのなかにあるさまざまな気持ちに目を向けることにつながっていきました。

▶ **共感的理解**｜共感的理解とは，相手の視点に立って相手の世界を理解していくことを指します。カウンセラーはCさんの語りを聴いて，Cさんが家族のために今の生き方を身につけてこられたことを想像し，〈そうであれば今の状況はCさんには〇〇な感じがしているのではないか〉と伝えました。Cさんはそれを受けて，ご自身の現在の在り方に気づいていかれました。共感

---

32 日常場面では，このような場合，「そんなことないよ」と慰めたり，良いところを探して励まそうとするかもしれません。しかし，それは相手にとっては，"今，自分のことをそのように感じている自分がいる"ことが否定されることになります。

的理解とは，このように“相手の世界観”を知ろうとし，そのうえで現在生じている体験の意味や理由をともに理解しようとする態度をいいます[33]。

▶ **純粋性**｜ただし，どのような場面においても常に，カウンセラーにはクライエントを全面的に受容し，理解を示すことが求められているのかというと，そのようなことはありません。カウンセラーも自分なりの価値観をもつ一人の人間です。そのため，クライエントの考えが理解できないこともあります。そこでロジャーズが重視したのが“純粋性（一致）”の態度です。純粋性（一致）とは，カウンセラーがクライエントとのかかわりのなかで体験される自身のこころの動きに気づき，表現することを指します。

今回の事例では，Cさんに対して，自分一人で抱えこまないで，もっとほかの人を頼ってみては，とカウンセラーの視点から感じたことを伝えたことで，Cさんが自分の生き方を見直すきっかけとなっていきました。このように，クライエントの語りに対して，カウンセラーが“わからないこと”を丁寧に言葉にして返すことは，クライエントの自己洞察を促し，カウンセリングが展開するきっかけとなります。

このとき，カウンセラー自身も“今，ここ”で自分のなかに生じている内面の動きを吟味することになります。すなわち，自分が違和感を持っている部分はどこか，感じていることをどのように扱うか（“わからないこと”として投げかけてみるか，カウンセラーの視点を伝えてみるか，安定した治療関係が形成されるまで扱うのを控えるかなど）を，考えていきます[34]。

3. 今後の展望

最後は，クライエント中心療法（人間性心理学）におけるアプローチの課題についてご紹介します。

33　なお，共感的理解では，完全に相手を理解するということはあり得ない，という態度で話を聴きます。この態度は，クライエントの話を謙虚に聴き，クライエントを尊重することにつながります。聴き手のこうした態度は，クライエントが自らのこころのなかを探索することを後押しします。

34　社会的な倫理規範に沿わないような言動のあるクライエントの場合，カウンセラーが自身の価値観との間で葛藤を起こすことがあります。その際，カウンセラーは“クライエントを受容したい気持ち”と同時に“受け入れることが難しい気持ち”を感じます。純粋性とは，こうした気持ちの揺れ動きに気づきながら，答えを急がず，クライエントの言動の背景を理解しようと関わり続けることを指します。このような『曖昧さのなかにとどまる力』は“negative capability（ネガティブ・ケイパビリティ）”として近年注目されています（山根・越川，サイコロジスト：関西大学臨床心理専門職大学院紀要，10，2020）。

"医療モデル"と"成長モデル"の違い

　医療領域では，医師は疾患の治療を目指す医療モデルによる治療をおこないます。疾患の診断や治療のためには，どんな経過でどのような症状が出ているか，患者の疾病部分を見つける情報収集に重きがおかれます。一方，クライエント中心療法では，一個人としての生を支える，という人間観に基づき，クライエントの健康的な部分や成長に目を向ける成長モデルの視点によるアプローチをおこないます。医療とは異なる援助観を，医療の現場でどのように活かし，医師やその他の職種と連携するかという，病院臨床における人間性心理学の適用は，私たち心理職が心理臨床のなかで日々考えていくべき課題です[35]。

発達障害や重度の精神障害などへのアプローチ

　ロジャーズ（1957）は，**カウンセラーの中核3条件**以外の他の条件（本章2節参照）も存在しなければ，治療的な人格変化は生じないとしています。一方，自閉スペクトラム症や重度の精神障害のクライエントは，とりわけ，第1条件（最低限の心理的接触）や，第6条件（クライエントによるカウンセラーの態度の知覚）が難しいとされています[36]。この課題を克服するために，近年，クライエントとの心理的接触を確保するためのプリセラピー[37]が技法論的展開として注目されています。

35　詳しくは，中田，わが国におけるパーソン・センタード・セラピーの課題，心理臨床学研究，2014 を参照してください。

36　保坂・岡村，人間性心理学研究，21（1），2003. また，自閉スペクトラム症や重度の精神障害のクライエントとのかかわりの難しさについては，保坂，心理臨床学研究，6（1），1988 が参考になります。

37　プリセラピーとは，カウンセリングの前提条件（pre-conditions）となる，心理的療法に必要なこころの働き（たとえば他者との触れ合いや，現実や自己の内面への接触など）に障害があるクライエントに対して，表に現れている具体的言動をカウンセラーが共感的に反射したり表現することを通して，カウンセリング関係を形成し，クライエントの心理機能を促す働きかけを指します。詳しくは，Prouty, *Theoretical evolutions in person-centered / experiential therapy: Applications to schizophrenic and retarded psychoses*, 1994; プラウティ「プリセラピー　パーソン中心／体験過程療法から分裂病と発達障害への挑戦」（岡村・日笠訳），2001 を参照してください）

第5章 行動・学習理論

1 行動・学習とは

理論 >>

（石川遥至）

---- ステップ1 ----

行動の定義

▶ **行動主義** ｜ "行動" とは何でしょうか。心理学では，筋肉の運動や消化腺の活動などからなる，内的・外的な刺激に対する反応として**客観的に観察可能な動きや作用**と定義されます。1910年代，J.B.ワトソンは，自然科学としての心理学は，内観を通してのみ把握される思考や感情といったこころ（意識）の働きよりも，客観的な行動を検討の対象とすべきであると主張し，観察可能な "刺激" と "反応" の関係性のみに着目する行動主義（behaviorism）を立ち上げました[1]。

▶ **新行動主義** ｜ 行動主義の考え方を発展させたアメリカの心理学者B.F.スキナーは，1945年に出版された論文[2]において徹底的行動主義を提唱しました。彼は，外から観察可能な行動を顕在的行動，皮膚の内側で生じる意識の働きを潜在的行動とよびました。つまり，思考・感情も観察可能な活動も等しく行動であるととらえ，こころの働きを特別視する必要はないと考えたのです。

　一方，スキナーとは異なる立場をとる行動主義者も存在しました。C.L.ハルやE.C.トールマンは，刺激を意味づけして，どのような行動を起こすかを決定するものとして，生体のこころの働きも重要視しました。のちに，彼らの立場はまとめて新行動主義（neo behaviorism）[3]とよばれるようになりました。刺激とそれに対する反応に着目する学習理論をS-R理論，ハルやトールマンらの理論をS-O-R理論とよぶこともあります。◀ 第6章

1　ワトソンは，1913年におこなわれたコロンビア大学における講演「行動主義者から見た心理学」で初めてこの考え方を示し，その後同内容の論文が出版されました（Watson, *Psychol Rev*, 1913）。この主張は，行動主義宣言とよばれます。

2　Skinner, *Psychol Rev*, 1945

3　認知的行動主義ともよばれます。

連合学習理論

　心理学において学習とは"経験を通して生じる，比較的持続的な行動の変化，およびその過程"を指します。この学習を，"経験を通して，ある刺激が生体にとって新しい意味をもつ（新しい反応を引き起こす）ようになる"という原理で説明するのが，連合学習理論[4]という考え方です。連合学習理論の中核をなすのは，レスポンデント（古典的）条件づけとオペラント（道具的）条件づけという2つの現象・手続きです。

ステップ2

レスポンデント条件づけによる行動の獲得

▶ パブロフの研究｜レスポンデント条件づけは，当時イヌの消化腺の研究をしていた，ロシアの生理学者I.P.パブロフ[5]によって発見されました。イヌは生まれつき，食べ物を与えられると反射的に唾液を分泌します。このとき，食べ物を無条件刺激（unconditioned stimulus：US），唾液の分泌を無条件反応（unconditioned response：UR）とよびます。イヌに対して，食べ物を与えるのとほぼ同時にベルの音（中性刺激）[6]を聞かせる手続きを繰り返すと，目の前に食べ物がない状況でも，ベルの音を聞いただけで唾液を分泌するようになります。このように，**無条件刺激と中性刺激が時間的に近接して与えられる対呈示（強化）を繰り返す**ことで，中性刺激は無条件反応と類似した反応（条件反応（conditioned response：CR））を引き起こす条件刺激（conditioned stimulus：CS）として機能するようになります。これがレスポンデント条件づけのしくみです。

▶ ワトソンの研究｜レスポンデント条件づけは，私たちヒトにも生じます。ワトソンとその助手R.レイナーは，生後11か月の乳児（アルバート坊や）に白ネズミと金属の棒を叩く音を対呈示し，白ネズミに対する恐怖反応が獲得されることを示しました（**図5-1**）[7]。つまり，恐怖反応を引き起こすような

4　連合とは，あるものと別のものが生体の内部で結びつき，新たな意味をもつようになることを指します。たとえば，誰かとメッセージのやり取りを続けている人は，着信音を聞くだけで相手の顔を思い浮かべるようになるかもしれません。

5　生理学者であったパブロフは，1902年，イヌの消化腺に関する研究の過程で偶然，食物が体内に入る前にイヌの唾液や胃液の分泌が始まることに気づき，条件反射（当初の名称は心的反射）を発見しました。その後は条件反射の研究に乗り換え，2年後に消化腺の研究でノーベル賞を受賞した際のスピーチでも，条件反射について語ったほどでした。

6　中性刺激とは，その生体にとってもともと重要な意味をもたない（特定の反応を引き起こさない）刺激を指します。

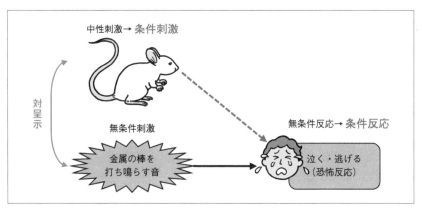

図5-1　アルバート坊やにおこなわれたレスポンデント条件づけ（恐怖条件づけ）

　無条件刺激との対呈示によって，私たちはもともと恐くなかったものや，本来恐がる必要のないものに対する恐怖を学習してしまうことがあるのです。

▶ **般化・弁別と高次条件づけ**｜学習を通して獲得された条件反応が，条件刺激と似た他の刺激に対しても生じることがあります。これを般化（汎化）とよびます[8]。条件刺激との類似度が高い刺激ほど，条件反応を引き起こしやすい（般化しやすい）ことも知られています（般化勾配）。般化とは反対に，類似した刺激のうち，特定の刺激にのみ反応することを弁別とよびます。

　条件刺激によって安定的に条件反応が引き起こされるようになった状態では，条件刺激が無条件刺激と同じように機能するようになります。つまり，条件刺激と新たな中性刺激を対呈示することで，中性刺激が"二次性の条件刺激"として働くようになり，条件反応を引き起こします。これを高次条件づけ[9]とよびます。般化と高次条件づけは，いずれも無条件刺激と対呈示されていないにもかかわらず，ある中性刺激が条件刺激として働くようになることが特徴です。

獲得された行動の修正

　レスポンデント条件づけによって一度獲得された条件反応は，2つの方法

....

7　Watson & Rayner, *J Exp Psychol*, 1920
8　アルバート坊やの実験では，上述のような条件づけの結果，サンタクロースの仮面や毛皮のコート（条件づけされていない刺激）に対しても恐怖反応が生じるようになりました。これは般化の例です。逆に，ネズミに対して生じる恐怖反応が仮面やコートに対しては生じないとすれば，ネズミ（条件刺激）とこれらの刺激が弁別されていることになります。
9　たとえば，あるお店で，苦手な歯医者さんの待合室（すでに恐怖反応を学習済み）にあるものと同じ置物を見かけて嫌な気持ちになったとすれば，歯医者の待合室（条件刺激）と置物（中性刺激）の対呈示による高次条件づけが生じていると説明できるでしょう。

で変化・修正させることができます。

▶ **消去** ｜無条件刺激のない状態で条件刺激のみを繰り返し呈示することを，消去手続き[10]とよびます。たとえば，ベルの音を聞いて唾液を分泌するようになったイヌに，音だけを聞かせてエサを与えないという状況を経験させます。この手続きを繰り返すことにより，ベルの音に対する唾液の分泌量は減少していき，最終的には学習以前と同等の水準に落ち着きます。

条件反応の消去されにくさ（消去抵抗）には，反応がどのように強化されてきたかという**強化スケジュール**が影響します。連続強化（毎回，条件刺激と無条件刺激を対呈示）された反応に比べて，間欠強化[11]（条件刺激に対して無条件刺激が対呈示されない場合もある）された反応は消去抵抗が大きいことが知られています。

▶ **拮抗条件づけ** ｜拮抗とは，ネガティブな情動とポジティブな情動のように，相反するものが干渉し合う状態を指します。拮抗条件づけは，条件刺激と，それが引き起こす条件反応と拮抗する性質の反応を誘発する無条件刺激などを対呈示することで，条件反応を打ち消す（**脱感作**を促す）手続きです。

アメリカの心理学者M.C.ジョーンズは，ウサギを恐がる2歳10か月のピーター坊やに拮抗条件づけをおこないました。この実験では，ピーターが大好きなお菓子（無条件刺激）を食べている間に，恐がらないギリギリの距離まで，ケージに入ったウサギ（条件刺激）を近づけるという手続きを繰り返すことで，恐怖反応（条件反応）が取り除かれ（脱感作され）ました[12]。

······· ステップ3 ·······

オペラント条件づけの理論

▶ **自発的な行動による学習** ｜レスポンデント条件づけは，刺激によって反応がいわば受動的に引き起こされるプロセスを説明したものでした。しかし，私たちの普段の行動には，何かの意図をもって起こしたり，たまたま気まぐれにやってみたりするような自発的なものも含まれています。このような，特定の刺激に誘発されずに生じる反応に着目したのがスキナーでした。彼は，行動の後に生じる環境の変化がその行動の頻度に影響することを見いだ

········

10 消去といっても，文字どおりに過去の学習を消し去るわけではありません。消去手続きの繰り返しによって条件反応が生じなくなっても，期間を空けた後に条件刺激を呈示すると，また一定の水準で条件反応が生じる“自発的回復”という現象がみられます。

11 間欠強化は，部分強化とよばれることもあります。

12 Jones, *Pedagogical Seminary*, 1924

し，これをオペラント条件づけとして定式化しました。ただし，その原型となる研究は行動主義の成立以前，1898年にアメリカの心理学者E.L.ソーンダイク[13]によって発表されていました。

▶ **試行錯誤学習**｜ソーンダイクは，問題箱（**図5-2**）とよばれる装置の中にネコなどの動物を閉じ込め，脱出するまでの時間を計測しました。この箱は，針金の輪を引っ張る，レバーを押すなどの特定の操作によって扉が開く仕掛けになっており，箱の外にはエサが置いてあります。はじめ，ネコは箱の中で動き回るうちに偶然，脱出に成功するのですが，これを繰り返すうちに，短い時間で効率よく扉を開けられるようになりました。このように，ある刺激状況で生じたさまざまな反応のうち，満足の得られる結果（箱から出てエサを食べられるなど）につながったものが，その状況で起こりやすくなっていくことを試行錯誤学習といいます。ソーンダイクは，反応の結果によって"刺激状況と特定の反応の連合"が強められたり弱められたりするという効果の法則を提唱しました。

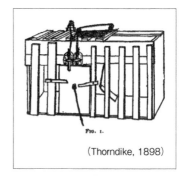

(Thorndike, 1898)

図5-2　ソーンダイクの問題箱

▶ **オペラント条件づけ**｜1930年代に入り，スキナーはこの試行錯誤学習の枠組みを発展させました。彼は刺激状況と反応の連合ではなく，反応とその後続刺激（結果）の関係性を重要視しました。そして，行動には環境に作用（operate）して特定の結果を得る機能があることに着目し，こうした行動をオペラントと名づけました[14]。オペラントは"行動に後続する環境変化（刺激の提示・出現もしくは除去・消失）によって，その行動が生じる頻度が変容する行動"と定義されます[15]。スキナーは，刺激の呈示や反応の記録が自動的に行われる装置（**スキナー箱**）を用いて，ハトやネズミの行動を測定しました。たとえば，ある装置には一定間隔で光が明滅するキーが取り付けられており，光っている状態のキーを押すと自動でエサが出てくるようになっ

13　日本人女性初の博士号は，ソーンダイクのもとで原口（旧姓 新井）鶴子が取得したものでした。原口は日本女子大で講義などをおこないましたが，29歳の若さで肺炎で亡くなっています。原口はゴルトンの『天才と遺伝』（1869）を翻訳する（早稲田大学出版部，1916）など活躍しました。

14　スキナーは，ある行動のもつ意味を，過去にその行動によって環境からどのような結果を引き出したかという文脈のなかでとらえることを重視し，環境を操作することで行動の予測と制御を目指す"行動分析学"を確立しました。

15　坂上・井上，行動分析学―行動の科学的理解をめざして―，2018

ていました。偶然，タイミングよくキーをつつく（オペラント）ことでエサを得たハトは，やがて光が点いているときだけ，高い頻度でキーをつつくようになっていきます。これがオペラント条件づけのしくみです。

　スキナーは，この行動の変化を三項随伴性という言葉で説明しました。三項とは，反応が生起する**先行刺激（状況）（antecedents）**，**自発反応（behavior）**，**反応の結果として生じる事象（強化子（好子）／弱化子（嫌子））（consequences）**という3つの要素を指します（**図5-3**）。ある先行刺激のもとで起こした行動（自発反応）が自身にとって望ましい結果（強化子）につながった場合，その反応は同じ先行刺激のもとで生じやすくなります（強化）。たとえば，"ほめ言葉"のように与えられることで行動の頻度を高めるものを正の強化子，"説教"のように取り除かれることで行動の頻度を高めるものを負の強化子といい，これらによる行動の増加をそれぞれ正の強化／負の強化といいます。強化とは反対に，望ましくない結果（弱化子）につながった行動は，同様の状況で生じにくくなっていきます（弱化）[16]。また，食べ物や水など，特別な学習経験がなくても強化子として機能するものを一次性強化子，お金や他者からの評価のように学習経験を通じて強化子となるものを二次性強化子とよびます。強化子や弱化子は自発反応の直後に与えるほうが，時間をおいて与えた場合よりも行動の変容を促す効果が高いことが知られています[17]。

▶ **オペラント条件づけにおける般化・弁別** ｜オペラント条件づけにおいても，学習の般化が生じます。たとえば，学校で授業中に発言してほめられた

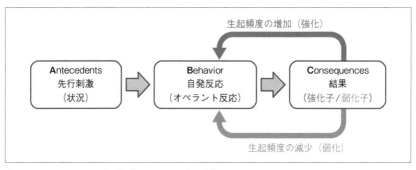

図5-3　オペラント条件づけの三項随伴性

16　刺激が与えられることによる行動の減少を正の弱化，刺激が取り除かれることによる行動の減少を負の弱化とよびます。

17　行動の直後に強化子（弱化子）を与えることを即時強化（弱化），時間をおいてから与えることを遅延強化（弱化）とよびます。

子どもは，習い事の教室でも積極的に発言するようになるかもしれません。一方，学校では発言が増えても習い事では発言しない（生起頻度が増えない）子どもの場合は，2つの状況が弁別されているといえます。

オペラント条件づけの消去

オペラント条件づけで獲得された行動の消去手続きは，自発反応に対する強化子を与えないというものです。強化子を得られなくなった行動の頻度は低下していき，最終的に生体がもともと示していた行動の自発頻度（オペラント水準）に戻ります。ただし，消去手続きによって直線的に行動が減少していくとは限りません。レスポンデント条件づけ同様にオペラント条件づけでも，いったん消去された行動の頻度が再度高まることがあります。また，消去手続きの初期には一時的に，その行動の頻度が高まる**消去バースト**とよばれる現象が生じます[18]。

オペラント条件づけにおいても，強化スケジュールによって消去抵抗が変化します。オペラント条件づけの基本的な強化スケジュールは，先行条件のもとで生じた自発反応に対して毎回強化子が与えられる**連続強化スケジュール**と，毎回強化子が与えられるとは限らない**間欠強化スケジュール**です（表5-1）。オペラント条件づけでもレスポンデント条件づけと同じように，間欠強化された行動のほうが消去抵抗は大きくなります[19]。

表5-1　間欠強化スケジュールの種類と累積反応のパターン

	時間経過ごとの強化	反応数ごとの強化
固定	固定間隔スケジュール 一定時間の経過後，最初の反応に対して強化子が与えられる 例：アプリを開くと1日に1回ポイントがつく	固定比率スケジュール 一定回数の反応ごとに強化子が与えられる 例：商品を5個買うごとにおまけを1つもらえる
変動	変動間隔スケジュール ランダムな時間の経過後，最初の反応に対して強化子が与えられる 例：好きな芸能人のSNSが不定期に更新される	変動比率スケジュール ランダムな回数の反応ごとに強化子が与えられる 例：くじを買い続けるといつか当たりが出る

部分強化スケジュールは，①強化子を得るために必要なのが時間経過か反応回数か，②それが固定されているかどうか，という観点から4つのタイプに分類される。グラフの黒の斜線は強化子が与えられた時点を指す。

....

18　たとえば，好意を抱いている相手にメールを送っても，それまでは得られていた返事（強化子）が来なくなったとき，立て続けに何通も一方的にメールを送ってしまうといったことがあるかもしれません。

2 行動療法の理論

（石川遥至）

ステップ1

不適応的な学習

　学習は，私たちが身の安全を確保し，生存していくために必要です。危険な目に遭ったときにレスポンデント条件づけが成立することで，その危険を予期させるようなシグナルに対して不安が喚起され，同様の事態を避けられるようになるでしょう。また，オペラント条件づけによって，自身に有益な結果（食べ物などの報酬を得る，危険を避けるなど）を環境から引き出す行動を促進し，不利益な結果につながる行動を抑制することができるでしょう。

　一方で，学習により，不適応的な行動が獲得・促進されてしまうこともあります。アルバート坊やの実験のように，実際には危険のない小さな動物を恐れることは適応的とはいえません。さらに，こうした現実に即さない恐怖や不安の学習は精神的苦痛を増大させ，苦痛を回避しようとすることによって日常生活へ支障をきたしてしまう可能性もあります。 第11章

行動療法（Behavior Therapy）

　このような不適応的な学習を変容させること，すなわち，連合学習理論に基づき，不適応的な反応を消去し，より適応的な反応に置き換えていくことを目的とするのが，現代における行動療法です。行動療法という言葉は1950年代頃から，ドイツ出身の心理学者H.J.アイゼンク，南アフリカ出身の精神科医J.ウォルピ，そしてスキナーらによってそれぞれ別個に用いられ始めます。この言葉を，現代の意味に近い"学習理論に基づくあらゆる療法（オペラント条件づけの技法や，後述する脱感作技法など）の総称"として定着させたのがアイゼンクでした。彼は，当時の精神分析療法の有効性や実証性への疑問から，実験によって検証可能な理論に基づいた神経症への介入として，行動療法を提唱しました[20]。

　行動療法の大きな特徴は，不適応的な行動の変容を介入の中核とした点で

19 　一般に，間欠強化スケジュールの中でも変動比率スケジュールは，とくに消去抵抗が大きいとされています。

　20 　Eysenck, In *Theoretical Foundations of Behavior Therapy*, 1987

す。古典的な精神分析療法では，問題行動の背景に本人も意識していない欲求や葛藤があると仮定し，それを掘り下げていくことで行動の変容を図ります 第3章 。一方，行動療法では，現在生じている問題行動そのものを直接的に変化させる，対症療法的な側面が強調されます。連合学習という一貫性のある明瞭な理論体系をもち，観測可能な行動の変化をターゲットとしたことで[21]，行動療法は科学的な心理療法として広く支持されることになりました。

······ ステップ2 ······

現代の行動療法にはさまざまな技法が含まれます。それらはおもに，アイゼンクやウォルピらを中心としてイギリスで研究が進められた，レスポンデント条件づけに基づいて不安症状の改善を目的としたものと，スキナーらによってアメリカで発展した，オペラント条件づけに基づいて環境の調整による問題行動のコントロールをねらいとしたものに大別されます[22]。

レスポンデント条件づけに基づく技法

レスポンデント条件づけによって学習される可能性のある不適応的な反応（症状）とはおもに，実際には大きな害のない条件刺激に対する恐怖・不安反応です。このような反応を修正するために用いられる技法として，エクスポージャー（曝露療法）と系統的脱感作法が代表的です。この2つの技法はそれぞれ消去手続きと拮抗条件づけに基づいています。

▶ **エクスポージャー** ｜ 曝露（さらす）という名前の通り，敢えて恐怖や不安の対象，すなわち条件刺激に直面させる技法です。たとえば，人前で話す場面で恥ずかしい思いをした体験などから，強いスピーチ不安を抱える人がいます。このような人には，不安への対処としてスピーチ場面を回避する行動がしばしばみられます。ただしこれは同時に，回避によって学習し直す機会を失い，不安が維持されるという悪循環を生じさせてしまいます。そこでエクスポージャーでは，人前でのスピーチ（条件刺激）を繰り返し経験させ，必ずしも恐れていたような無条件刺激（聴衆の笑い声・しかめ面など）が生じないことを学習させます。このような操作によって，恐怖・不安反応を

---

21 行動療法的介入の効果検証では一般的に，シングルケースデザインという研究デザインが用いられます。これは，クライエントのターゲット行動の生起頻度や持続時間などをベースライン期間（介入を行わない期間）と介入期間を通して縦断的に測定することで，介入による個人の行動の変化を測定するものです（p.14）。

22 三田村，はじめてまなぶ行動療法，2017

徐々に消去していくことができます。メタ分析では，**恐怖症**や**PTSD**（post traumatic stress disorder：心的外傷後ストレス症）などに対するエクスポージャーの有効性が確認されています[23]。 第11章

エクスポージャーにはいくつかの実施方法があります（表5-2）。

▶ **系統的脱感作法**｜ウォルピ[24]によって考案された，**拮抗条件づけによって不安反応を緩和していく方法**です。はじめに，クライエントはリラクセーション法[25]を練習して，自身でリラックス状態を整えるスキルを習得します。

表5-2　エクスポージャーの種類

種類		内容
曝露対象が現実かイメージか	現実エクスポージャー	実際の恐怖・不安対象に曝露させる
	想像エクスポージャー	頭のなかで鮮明に想起した恐怖・不安対象のイメージに曝露させる
曝露方法（強さ，段階を踏むかどうかなど）	フラッディング	はじめから最も強い恐怖・不安対象に曝露させる。クライエントへの負荷が高い。イメージを用いる場合にはインプロージョンとよばれる
	内部感覚エクスポージャー	心拍上昇など，自身の不快な身体感覚に曝露させる。パニック症（突発的に動悸・過呼吸などのパニック発作が起こる疾患）などに適用される
	段階的エクスポージャー	不安階層表[*1]のうち，苦痛の程度が低い恐怖・不安対象やそのイメージから順に曝露させる
	曝露反応妨害法	恐怖・不安刺激への回避行動をおこなえないようにしたうえで，曝露させる。強迫症（第11章）に適用される
	持続エクスポージャー	呼吸再調整法・現実エクスポージャー・想像エクスポージャーを組み合わせた方法。PTSDに適用される

*1　恐怖・不安を感じる場面と，その場面における苦痛の程度（subjective unit of distress：SUD）を一覧化したもの。

エクスポージャーの技法は，①曝露するものが現実の対象なのか，イメージなのか，②強い恐怖・不安を喚起する対象に最初から曝露するのか，あらかじめ作成した不安階層表に沿って，弱いものから段階的に慣らしていくのか，という観点でいくつかの方法に分類できる。実際の介入場面では，クライエントの苦痛と所要時間を考慮し，中程度の不安場面から段階的エクスポージャーを始めることが現実的である。

23　限局性恐怖症に対し，エクスポージャーに基づく介入条件（系統的脱感作法を含む）が，非介入条件・プラシーボ条件・非エクスポージャー条件に比べて中程度以上の効果量（個人差を考慮した効果の大きさを評価するために使用される統計学的な指標）で高い効果を示すこと（Wolitzky-Taylor et al., *Clin Psychol Rev*, 2008），エクスポージャーを含む介入前後で，不安症（詳しくは第11章を参照）の症状が大きな効果量で改善されること（Bandelow et al., *Int Clin Psychopharmacol*, 2015）などが報告されています。

24　ウォルピは第二次世界大戦中，南アフリカの従軍医師として，当時〝戦争神経症（war neurosis）〟とよばれた症状（現在のPTSD）を示した人々に対し，精神分析療法と薬物療法を組み合わせた治療をおこないました。しかし，その効果に満足できず，学習理論に基づく新たな神経症の理論と介入方法を生み出しました。系統的脱感作法のほかに，適切な自己主張をおこなう訓練であるアサーション・トレーニングなどの開発にも携わっています。

身体のリラックス（弛緩）反応は，緊張を伴う不安反応と拮抗する反応です。そして，リラクセーション法によって十分なリラックス反応が喚起された状態で不安場面をイメージすると，生じる不安反応は通常より弱いものになります。この手続きを繰り返すと，その場面に対する不安反応は脱感作されて生じなくなっていきます。系統的脱感作法は，段階的エクスポージャーと同様，不安階層表に沿って進められます。

オペラント条件づけに基づく技法

　オペラント条件づけによる学習も，場合によって不適応的な行動につながることがあります。適応的な行動が十分に強化されてこなかったために生じにくい，あるいは不適応につながる行動がたまたま強化されてきたために頻発してしまうといったケースです。そこでオペラント条件づけに基づく諸技法では，**適応的行動の強化／不適応行動の弱化**による**行動変容**を促します。その代表的な技法に，シェイピングとトークンエコノミー法があります。

▶ **シェイピング**｜これまでめったに起こらなかった（身についていなかった）行動を段階的に強化して，完成形へと近づけていく方法です。たとえば，家で勉強する習慣のない子どもに対して，宿題を全部終わらせた時点で強化子をあげようとしても，その行動が達成されることは稀であるため，なかなか行動を強化する機会は訪れません。そこでシェイピングでは，目標行動をいくつかのスモール・ステップに分け，難易度の低いもの（算数のドリルを2問解くなど）から順に強化していき，最終的に目標行動を形成することを目指します[26]。

▶ **トークンエコノミー法**｜直接的な報酬ではなく，複数集めることで実際の報酬（バックアップ強化子）と交換できる**トークン**[27]を強化子として用いる方法です（本章3節を参照）。

▶ **応用行動分析（applied behavior analysis：ABA）**｜行動分析学を社会場面の問題行動に適用したアプローチを応用行動分析とよびます。このアプローチは精神病棟の入院患者に対する介入研究[28]に端を発し，教育・福祉をはじめとしたさまざまな領域（発達障害の支援など）でおこなわれています。応

25　代表的なリラクセーション法として，漸進的筋弛緩法や自律訓練法が用いられます。

26　スキナーは第二次世界大戦中，シェイピングを用いてハトにミサイル操縦技術を習得させる研究などもおこないました（Skinner & Epstein, *Skinner for the Classroom: Selected Papers*, 1982）。

27　トークンとは，代用貨幣を指します。強化子としてトークンを使用する利点として，バックアップ強化子を与えられない状況でも行動を即時強化できること，長期にわたって行動を維持できること，強化子の飽和化（与えられすぎて飽きてしまい，効果を失うこと）が生じにくいことなどが挙げられます（Kazdin & Bootzin, *J Appl Behav Anal*, 1972）。

28　Ayllon & Michael, *J Exp Anal Behav*, 1959

用行動分析では，三項随伴性の枠組みをベースとした**機能分析**[29]によって，問題行動がどのような場面で生じているのか，なぜ維持されているのか（本人がどのような強化子を得ているのか）を突き止めます。介入においては，機能的行動アセスメント（問題行動が生じている原因に関する情報収集）や，課題分析（ある行動を，より細かい一連の行動要素に分解してとらえること）に基づいて明確な標的行動を設定し，その増加・減少を目指します[30]。

応用行動分析に基づいた介入の1つに，ソーシャル・スキル・トレーニング（SST）があります。ソーシャル・スキルとは，社会適応につながるような，対人関係における適切な振る舞い方を指します。SSTでは，まず標的となる具体的なソーシャル・スキル（特定の場面での声のかけ方や断り方など）を設定します。そして，当該スキルの適切な活用法の観察（**モデリング**）や，当該場面を再現した**ロールプレイ**（行動のリハーサル）などを通して行動の形成を促します。ロールプレイ後にはすばやくフィードバックを与えてスキルを強化し，ホームワークとして日常生活への般化を促します。SSTは医療・福祉・教育などの幅広い領域で取り入れられています[31]。 ◀第6章

─── ステップ3 ───

近年の研究の動向

行動療法は学習理論という明確な基盤をもち，その最初期から効果の検証が重ねられてきた"手堅い"心理療法といえます。近年も，理論の展開やテクノロジーの発展，神経学的アプローチの導入によって，行動療法の新たな可能性が検討され続けています。

▶ **関係フレーム理論**｜これまで取り上げてきた学習は，おもに外部から観察可能な行動に関するものでした。しかし，関係フレーム理論では，スキナーの唱えた徹底的行動主義を発展させ，**学習理論の枠組みを言語の使用や思考にまで拡張**しました。つまり，私たちの意識の働き（認知）を"言語行動"として，外から観察可能な行動と同じ枠組みでとらえるということです。この理論の登場により，これまで行動とは切り離されてきた認知に対しても行

29　Antecedents-Behavior-Consequencesの頭文字をとってABC分析ともよばれます。

30　単なる行動の強化／弱化にとどまらず，強化子の効力をコントロール（確立操作）する点も特徴です。確立操作には，強化子を大量に与え続けて（飽和化），効力を減少させたり，逆に一定期間呈示しないで（遮断化），効力を高めたりする方法があります。

31　メタ分析では，SSTが非介入条件と比べて高機能自閉症（明確な知的発達の遅れを伴わない自閉症）の児童における向社会的行動（協調，共感，セルフ・コントロールなど）の諸側面を改善すること（Wolstencroft et al., *J Autism Dev Disord*, 2018）や，通常治療条件と比べて統合失調症患者の陰性症状（p.227）を改善すること（Turner et al., *Schizophr Bull*, 2018）が示されています。

動療法的なアプローチをおこなうことができるようになりました。関係フレーム理論はアクセプタンス＆コミットメント・セラピー◀ 第7章 の基礎理論となっています。

▶ **VRエクスポージャー** │ 近年，バーチャルリアリティー（VR）技術を応用したエクスポージャーの効果検証が進んでいます。この方法の利点は，現実エクスポージャーをおこなうのが困難な状況（乗り物や戦地など）やクライエントの体験を細かく再現した場面への曝露が可能であることです。さらに，単なるイメージ想起よりも明瞭にトラウマ場面に直面できることや，現実の不安対象への曝露よりも抵抗感が少ないことなども利点として挙げられます。メタ分析により，VRエクスポージャーがPTSD症状[32]や不安症状[33]に対して従来のエクスポージャーと同程度の改善効果をもつことが示されています。◀ 第11章

▶ **記憶の再固定化** │ 学習プロセスに関する神経学的観点からの研究も進展しています。近年注目されるトピックに，記憶の再固定化というプロセスがあります。私たちが何かを体験した際，その記憶の一部は神経細胞でのタンパク質合成によって長期記憶となります（固定化）。固定化した長期記憶はその後の学習によって変容せず，このために消去手続きにおける自発的回復（p.80脚注10）などが生じると考えられてきました。しかし2000年頃から，**長期記憶は想起されると一時的に変化しやすい不安定な状態になること（再活性化）**[34]，このときに他の情報を与えられると，それと結びついた**新たな記憶として更新され，再び安定状態になる（再固定化）**可能性が報告されはじめました[35, 36]。この知見に基づくと，恐怖記憶を思い出した際に無関連な情報を与えることで，恐怖記憶をより脅威性の低いものとして書き換えることができると予測されます。現在では，このアイデアを応用した曝露療法や，恐怖記憶のイメージをより恐怖・不安を喚起しない内容に改変する，イメージ書き直し技法の研究がおこなわれています[37]。

32 Deng et al., *J Affect Disord*, 2019

33 Powers & Emmelkamp, *J Anxiety Disord*, 2008. より新しいメタ分析結果については p.206脚注58を参照してください。

34 Naderらは，恐怖条件づけをおこなったネズミに対して条件刺激（音）を呈示した直後にタンパク質合成阻害剤を投与すると，24時間後に再び音を呈示した際の恐怖反応が低減することを見いだしました（Nader et al., *Nature*, 2000）。

35 レビューとして，Schwabe et al., *Biol Psychiatry*, 2014

36 D-サイクロセリンという薬物の投与により，消去学習や再固定化が促進される可能性が指摘されています（Walker et al., *J. Neurosci*, 2002；山田光彦ら，日生物精医誌，2018）。

37 レビューとして，仁田ら，不安症研究，2019

3　行動・学習理論に基づく臨床現場でのアプローチ

実践

（駒村樹里）

1. はじめに

児童心理司の仕事

　筆者は大学で心理学を専攻し，地方自治体の心理職区分の公務員試験を受験しました[38]。採用後は精神保健福祉センターでこころの病をもつ方の自立と社会復帰の支援に携わっていました。現在は児童相談所に異動し，児童心理司として勤務しています。

　児童心理司は子どもや養育者の相談に応じ，面接や心理検査，観察等を通した心理アセスメント，カウンセリング，心理療法等の心理ケアをおこなう役割を担います。さらに，必要に応じてアセスメントやケアの内容を児童福祉施設や学校，病院などの関係機関にも伝えて連携をとりながら子どもや養育者を支援しています。児童心理司が対応する相談内容は多岐にわたり，知的障害の判定業務や，発達障害，落ち着きがない，学校にうまく適応できない等の子どもの性格や行動に関する相談，盗みや暴力等の非行に関する相談，虐待に関する相談にも応じています。

　2000年に児童虐待防止法（児童虐待の防止等に関する法律）が施行されてから20年以上経ちますが，児童相談所で対応する児童虐待に関する相談件数は増加し続けています。そのため，虐待によるトラウマのアセスメントや，トラウマからの回復を支援する心理ケア，虐待によって分離した親子の再統合への支援，養育者を対象とした子どもへのかかわり方の支援がより強く求められるようになりました。

2. 研究・アプローチの紹介

虐待を受けた子どもの傷つきと支援

　本来自分を守ってくれるはずの大人から受ける虐待は，子どものこころに大きな傷を残します。表5-3に示すように虐待によるトラウマは生理的，心理的，社会的に影響を及ぼすため，日常生活のさまざまな場面で困難を抱えることも少なくありません[39]。アメリカ疾病予防管理センター（CDC）が実

　38　採用区分や受験資格，試験形態，採用後の勤務先等は各地方自治体によって異なります。

表5-3 虐待によるトラウマの影響の例

分類	例
生理的な影響	悪夢・入眠困難・中途覚醒等の睡眠の問題，頭痛や腹痛等の身体症状，過覚醒や逆に無気力になる等の覚醒システムの問題
心理的な影響	注意集中や認知的発達への影響，アタッチメントの形成不全，自分の感情を同定・表現・調節することの困難，否定的な自己概念，情報を統合することが困難になる解離症状
社会的な影響	攻撃的・衝動的な行動上の問題，対人関係の困難，学習困難

施した調査[40]では，子ども時代の逆境体験（adverse childhood experiences：ACE）が多いほど心疾患や肥満，がんなどの健康上の問題が増えること，抑うつや自殺企図の割合が高くなることが明らかになっています。さらに，高校中退や失業率が上がることも明らかになっています[41]。このように発達途上にある人生初期に受けた虐待経験はその後の子どもの人生に大きな影響を与える可能性があります[42]。そのため，虐待によるこころの傷を早期に発見してケアすることが大切です。

▶ **生活のなかのケア** │ 虐待を受けた子どもを支援する際にまず必要なのは，安全で安心できる生活の確保です。子どもにとって，自身に危害が加えられる恐れがなく，生活リズムが安定した見通しのもてる生活は，それ自体がケアになります。さらに，安心安全な生活のなかで大人から褒められたり関心を向けられるなどの**肯定的な注目**をされたり，困難なことに出会った際に大人を頼りにし，支援を受ける経験を積み重ねることで，他者に対する信頼感を回復させていきます[43]。

----

39 虐待のように人との関係のなかで繰り返し生じるトラウマ体験は，再体験（被害時の記憶が今まさに体験しているかのようによみがえる），回避（被害を想起させるものを避ける），過覚醒（神経が高ぶった状態）といったPTSD症状に加えて，感情制御の問題や対人関係の困難，否定的な自己概念等のより複雑な症状をきたすことがあります。ICD-11ではこうした症状を“複雑性PTSD”として診断カテゴリーに採用しています。

40 ACE study（逆境的小児期体験研究）とよばれる調査です。18歳までの家庭内での逆境体験の数（ACEスコア）と成人期の精神健康，身体健康，社会適応との関連を調査しています。

41 Metzler et al., *Child Youth Serv Rev*, 2017

42 深刻な逆境体験をもちながらも良好な発達を遂げる人もいます。これらは子どものレジリエンス（困難な出来事を経験しても個人を精神的健康へと導く心理的特性。石毛・無藤，パーソナリティ研究，2006）の観点から研究が積み重ねられています。

43 こころに大きな傷を抱えた子どものなかには，「この世界は危険であり，他人は自分を傷つける」といった世界観をもってしまう子どももいます。この世界観は起こりうる危険を予測して，自分の身を守るために必要な考えでもあったため，すぐに変えられるものではありません。それゆえ，安全な場所での生活を確保したとしても，感情のコントロールがうまくいかず，暴言や暴力として表出してしまったりすることがあります。しかし，周囲の大人が，子どもが感じている感情を言語化したり，解決策を共に考えることで，子どもの行動は少しずつ変化していきます。虐待を受けた子どもが傷つきから回復するためには，安心できる生活を日々積み重ねることが必要です。

　近年の研究は，子どものPTSD症状に対してTF-CBT（trauma-focused cognitive behavioral therapy：トラウマフォーカスト認知行動療法）が有効であることを明らかにしています[44]。TF-CBTでは，トラウマに関する心理教育を含め，プログラム全般に行動療法のエクスポージャーの技法が援用されています。こうした心理療法の効果を発揮させるためにも，それを実施する場を安心安全な環境にしておくことが重要といえます。

▶ **学習理論を応用した感情コントロールの支援**｜他者に対する暴言や暴力，物を破壊する等の行動の問題はそれ自体が危険な行為であり，また，子ども自身の孤立感を深めたり，自己評価を下げる要因になるため早急な介入が求められます。これらの行動の問題の背景には，他者の行動を自分に対する攻撃ととらえる認知や，PTSDの再体験症状による影響，自身の感情体験を把握できないことによる混乱等があります。以下では，自身の感情に気づかず，ネガティブな感情に飲み込まれ混乱してしまう子どもに対する，学習理論の応用例を紹介します。

　まず，子どもが自分の感情に気づけるように支援します。子どもがイライラしているときに，大人が「イライラしているようだね」と声をかけることで，今自分が感じている気持ちと「イライラ」の言葉が結びつきます。自分の気持ちに名前がつくと，暴言や暴力等の行動で表さずに，「イライラする」と言葉で表現できるようになり，暴言・暴力が少しずつ消失するきっかけになります。

　子ども自身がイライラしていることに気づいていないときに，大人から子どもにサインを送ること（プロンプト[45]）をあらかじめ約束することもあります。子どもはそのサインを見ることで自分がイライラしていることに気づき，気持ちを鎮める行動をとることができます。さらに，小学生低学年程度の子どもの場合，暴言や暴力ではない方法で自分の感情をコントロールできたときにシールを貼り，あらかじめ決めた枚数に達したらご褒美がもらえる手法を使用することもあります（トークンエコノミー法）。この手法によって，子どもの成功体験や頑張りをすぐに強化することができます。なお，シールを貼る際，大人からの肯定的な声かけなどの強化子も併せて提示することは，子どもの自信をさらに育むうえで重要になります。こうした対応を積み重ねることで，結果的に"他人は自分を傷つける"といった世界観をもつ子どもが，"大人と一緒にいて心地よい"という感覚を少しずつもてるよう

44　Kameoka et al., *European Journal of psychotraumatology*, 2020
45　プロンプトは目標となる行動を生起しやすくさせる方法です。最初はプロンプトを必要としても，徐々にプロンプトなしで行動が生起することを目指します。

になります。

安定した親子関係を構築する心理ケア

　養育者とのかかわり方に困難を抱える子どもと，子どもとのかかわりに不安や悩みを抱えている養育者を対象として，親子のかかわりの安定化を目指すプログラムも開発されています。PCIT（parent-child interaction therapy：親子相互交流療法）は遊戯療法と行動療法に基づいたプログラムです。このプログラムでは，実際に大人と子どもが遊んでいる場面において，セラピストから養育者が直接指示を受けることにより，子どもに肯定的な注目を与えるスキル（子どもの行動に気づいて声をかけたり褒めたりするなど）や，子どもに対して良い指示を出すスキルなどを学びます（**図5-4**）。

図5-4　親子相互交流療法 PCIT
　親（養育者）と子が遊ぶ場面で，セラピストが別室からマジックミラー越しにトランシーバー等で養育者に子どもとの具体的なかかわり方を指示したり，養育者の好ましいかかわりに肯定的な注目を向けることで即時強化する。

▶ **ペアレントトレーニング**｜発達障害や虐待等による行動の問題を抱える子どもたちのなかには，たとえば就寝時間になってもゲームをやめられない等の場面切り替えの悪さや激しい癇癪など対応が難しい行動をとる子どももいます。そうした行動に対して大人は注意や叱責など否定的な注目をしがちです。しかしそれらが積み重なると子どもは自信を失い，大人も疲弊し，親子関係が不安定になってしまいます。学習理論をベースとするペアレントトレーニングは，そうした対応の難しい行動の改善や親子関係の安定を目指し

て，子どもとのかかわりのスキルを養育者が実践しながら身につけるプログラムです[46]。養育者は複数回のプログラム参加を通して，子どもの行動に注目することや，子どもへの肯定的なかかわり，子どもが理解しやすい指示の出し方，環境調整等を学びます。そこで使われる技法には，オペラント条件づけを活用したものや応用行動分析などがあります。個別面接や少人数のグループでプログラムが実施されますが，いずれの場合も養育者が安心して新しいスキルの獲得に取り組めるような配慮が必要です。

3. 今後の展望

多面的な支援

　虐待に関する親子への支援方法は，子どもに対する遊戯療法やさまざまな心理療法による養育者との面接等，これまで紹介した方法以外にも存在します。虐待は心理的な問題だけではなく，社会的，生理的な問題が重層的に絡み合っていることが多く，何か1つの理論や技法で問題が解決することはほとんどありません。実際の虐待に関する相談支援では，理論や技法以前に，まず何よりも安心安全な生活を第一にすることが重要で，その後に一つひとつの問題に向き合っていくことになります。安心安全な生活を送るために，住居や就労等を含めた経済的な安定のための支援や医療やさまざまな公的サービスの利用が必要になることもあり，**多機関で連携して支援にあたる**ことが多いのも虐待に関する支援の特徴です。そのため，他職種に伝わるように心理職としての見立てや介入について説明し，さまざまな職種と協力しながら自分の役割を果たすことが求められます。心理職は親子のかかわりの問題や子どもの行動の問題に介入することが多いですが，行動療法の具体的な手立てはそうした問題の一つひとつに焦点を当て，解決・改善するのに有用な手段になりえます[47]。そして，そうした手段が効果的に機能するためには，適切なアセスメントが重要であることは言うまでもありません。

46　ペアレントトレーニングにはさまざまな種類があり，プログラムの対象者や内容構成がそれぞれ異なります。

47　行動療法のさまざまな技法に関する詳細は，「三田村，はじめてまなぶ行動療法，2017」が参考になります。行動療法の臨床場面での適用については「山上，新訂増補　方法としての行動療法，2016」があります。行動療法のみならず，臨床をするうえでの大切な視点が書かれています。

認知行動療法

1 ──────────────────────────────▶ 理論 》》

行動療法から認知行動療法へ

（石川遥至）

┄┄┄ ステップ1 ┄┄┄┄┄┄┄┄┄┄┄┄┄┄┄┄┄┄┄┄┄┄┄┄┄┄

認知革命

　J.B.ワトソンらに代表される初期の行動主義は，**自然科学としての心理学は観察できるもの（行動）を研究対象とするべき**だと主張しました。当時の行動主義者たちは，思考・欲求・意図といった概念の使用を認めず，人間は環境から与えられる刺激によって受動的に動かされる存在である[1]と考えたのです。こうした，人間のすべての行動を実験室で観察された学習理論によって説明しようとする行動主義の姿勢は，視野が狭く表層的であるといった批判にさらされました[2]。

　"こころ"が科学の対象となった契機は，1950年代におけるコンピュータの発明と，神経ネットワーク・モデルの登場です。これにより，私たちのこころ（脳）の働きをコンピュータになぞらえて研究する認知科学の基礎が築かれました。数学・工学・論理学などの多領域をまたいで生じた，この大きな変化は，認知革命とよばれています。心理学の領域でも，記憶・注意・言語生成といったこころの働き（認知）を明らかにすることを目指す認知心理学が誕生しました。認知心理学では，**入力された情報を私たちがどのように処理して何を出力するのか**という計算論的な視点から，認知の働きをモデル化して検証します。こうして，行動主義が扱おうとしなかった，外界の刺激を受け取ってから反応を起こすまでの内的なプロセスを，実証的に研究することが可能になりました。人間の情報処理過程への関心の高まりは臨床心理学にも影響を与え，やがて**A.T.ベック**による抑うつの**認知理論**と**認知療法**の開発という大きな転機が訪れることになります。

┄┄┄┄┄┄┄┄┄┄┄┄┄┄┄┄┄┄┄┄┄┄┄

1　Gardner, The Mind's New Science: A History of the Cognitive Revolution, 1985（佐伯・海保 監訳，認知革命──知の科学の誕生と展開──，1987）
2　Willis & Giles, *Behav Ther*, 1978

······ ステップ 2 ······

認知を含む行動理論の発展

現在，臨床心理学における"認知"という言葉は，経験した出来事（刺激）が何を意味するのかを解釈し，その後の反応を方向づけるプロセスを指すことが一般的です。認知革命の前後にかけて，学習理論は新行動主義（p.77）の登場をはじめとした発展を迎え，このような心的プロセスを取り入れた理論が提唱されるようになりました。

▶ **S-O-R理論** | 刺激（stimulus：S）と反応（response：R）の直接的な結びつきのみに焦点を当てたワトソンらのS-R理論に対し，アメリカの心理学者であるC.L.ハルとE.C.トールマンは，それらを結びつける生体（organism：O）を仮定し，刺激に対する反応は動機づけや期待といった個体の心的プロセスによって影響されると考えました。たとえばトールマンは，迷路に入れられたネズミは頭のなかで事物の位置に関する地図のような表象（認知地図）を構築していくと考えました。そして，もし迷路のゴールにエサが置かれた場合には，この認知地図をエサの獲得という目標達成のために利用すると主張しました[3]。このように，ある状況（刺激）が，特定の行動（手段）によって目標を達成できると期待させるような"サイン"として働くことで，ある行動を引き起こすようになるという考え方を**サイン−ゲシュタルト説**[4]とよびます。トールマンは，学習がS-R理論のような，刺激への反射的な反応の獲得（迷路では右に曲がるように筋肉を動かす，など）によって説明されるものではなく，刺激がどのような"意味"をもつのかを生体が認知することで成立すると考えたのです。

▶ **社会的学習理論** | 他者からの影響を受けて生じる態度や行動の変化を説明した理論を総称して，社会的学習理論とよびます。このなかで，カナダの心理学者A.バンデューラが提唱した社会的学習理論[5]は，行動の獲得における中核的なプロセスとして認知を位置づけたものでした。従来の学習理論が環境（刺激）を行動の決定要因ととらえたのに対し，彼の社会的学習理論では環境・認知・行動の相互作用によって学習が成立すると考えます。このような学習の例として，他者の行動が強化されている様子を見るだけで自身の行

···················

3　Tolman, *Psychol Rev*, 1948
4　ゲシュタルトはドイツ語で"まとまりのある形"を意味します。この説では，サインとなる刺激・目標・その到達手段としての行動は，独立したばらばらの単位では作用せず，ひとまとまりとして作用することが想定されています。

　5　Bandura, *Social Learning Theory*, 1977

動も同様に変化する（代理強化）という，**観察学習（モデリング）**が挙げられます[6]。バンデューラは，観察学習が"さまざまな刺激のなかからモデルの特定の行動に注意を向ける"，"特定の行動を記憶する"といった認知の働きによって生じると考えました。また，この理論では，行動の変容が生じるうえで重要な認知プロセスとして，結果予期と可能予期を取り上げています。結果予期とは，ある行動がある結果をもたらすだろうという推測です。一方，可能予期は，自身がある結果を得るための行動をうまく遂行できるだろうという推測であり，自己効力感（self-efficacy）ともよばれます。自己効力感が高いほど，困難な状況においても対処行動が生じやすくなります[7]。このように，行動の獲得・生起における認知の重要性を示したことで，バンデューラの社会的学習理論は従来の学習理論に多大なインパクトを与えました。

··········· ステップ3 ···········

不適応な認知へのアプローチの実現

▶ **認知行動療法の誕生** ｜ 1950年代，行動療法は恐怖症や不安症への有効な介入として確立されますが，うつ病をはじめとした，認知的要因（特徴的な考え方・価値観・イメージなど）が行動に大きく影響を及ぼすような問題には適用しにくいという難点を抱えていました[8]。この頃，心理療法にも認知の働きを中核に据えた理論が登場します。最初期に提唱されたものが，アメリカの臨床心理学者A.エリスの論理情動行動療法（rational emotive behavior therapy：REBT）（当初の名称は論理療法）です。次いで，うつ病の認知プロセスに関する研究から，アメリカの精神科医A.T.ベックが認知療法（cognitive therapy）を確立しました[9]。両者の共通点は，刺激と反応

6　J.ダラードとN.E.ミラーが提唱した初期の社会的学習理論では，このような他者の観察を通した行動の変化を模倣学習とよび，オペラント条件づけに基づくもの（他者の行動を模倣して自身が強化子を得た場合に学習が生じる）として説明していました（Dollard & Miller, *Social Learning and Imitation*, 1945）。

7　社会的学習理論では，自己効力感の高さは行動の達成経験・代理的経験（他者の行動の様子を見る）・言語的説得・情動的喚起（生理的な緊張）によって変動すると想定されています。

8　熊野，新世代の認知行動療法，2012

9　エリスとベックは，もともと精神分析のトレーニングを積んで治療にあたっていましたが，そのアプローチに限界を感じ，それぞれに認知行動療法の基礎を築きました。彼らの主張に共通するのは，症状の原因を求めて過去の体験を掘り下げることよりも，今ここで患者のなかに生じている認知（思考や信念）に焦点を当て，システマティックに介入をおこなうべきだという点です（Beck et al., *Cognitive therapy of depression*, 1979（坂野ら 訳，新版 うつ病の認知療法，2007）; Ellis, *How to make yourself happy and remarkably less disturbable*, 1999（齊藤 訳，現実は厳しい。でも幸せにはなれる，2018））。

を媒介するものとして認知を位置づけたことです。つまり，ネガティブな経験（刺激）はネガティブな反応の直接的な原因ではなく，その経験に対して何らかのパターン化された認知プロセスが生じることで，感情（抑うつや不安など）・身体（筋肉のこわばりや発汗など）・行動（回避など）的反応が生じると考えたのです。これにより，反応をコントロールするうえで，行動療法のように刺激（環境）の制御に力点をおくのみならず，刺激に対する個人の受け止め方にも焦点が当てられるようになりました。

　その後，ストレス事態への対処可能感[10]，ネガティブな出来事の原因帰属[11]，ストレッサーの脅威度についての認知的評価[12]など，不適応的な反応の背後にあると考えられるさまざまな認知プロセスがモデル化されていきました。こうした認知プロセスを制御可能なものとしてとらえ，積極的に変容させようとするさまざまな介入の総称が認知行動療法（cognitive behavioral therapy：CBT）です[13]。なお，後述のように，現在では行動療法を第一世代の認知行動療法として位置づけ，不適応的な認知プロセスの変容（認知的再体制化）と問題行動・反応（感情・身体反応）の改善を目的とする認知・行動的アプローチ全般を認知行動療法とよぶこともあります。

▶ **認知行動療法の強み**｜認知行動療法は，認知・感情・行動の問題を包括的に扱うことが可能です。そのため認知行動療法の適用対象は広く，子どもから高齢者に至るまで，うつ病・不安症・PTSD・パーソナリティ症・依存症・統合失調症・慢性疼痛・双極症・病気不安症[14]・醜形恐怖症[15]・摂食症・問題行動などをターゲットとした介入がおこなわれています[16]。また，認知行動療法は最初期から効果の検証を重ねており[17]，心理療法のゴール

....

10　M.E.P.セリグマンは，対処不能なストレス事態を繰り返し経験すると自分の行動でストレス事態を回避することはできないという認知が生じ，対処可能な状況でもその努力をあきらめるようになるという学習性無力感理論を提唱しました（Seligman, *Helplessness: On depression, development, and death*, 1975（平井・木村 監訳，うつ病の行動学，1985））。

11　L.Y.エイブラムソンらは学習性無力感理論を発展させ，ストレス事態に対処できない原因は自分の能力の低さにあると考える（内的・安定的・全体的な原因帰属）ことが無力感を招くという改訂学習性無力感理論を提唱しました（Abramson et al., *J Abnorm Psychol*, 1978）。

12　R.S.ラザルスとS.フォークマンの提唱したトランスアクショナルモデルでは，ストレッサーがどの程度の脅威か，またどのような対処行動（コーピング）が可能かという認知的評価によって，ストレス反応の強度や持続期間が変化することが想定されています（Lazarus & Folkman, *Stress, appraisal, and coping*, 1984（本明・春木・織田 監訳，ストレスの心理学，1991））。

13　坂野，認知行動療法，1995

14　以前は心気症とよばれた，自身が重い病にかかっているのではないかという強い不安が持続する疾患です。

15　自身のささいな身体的特徴を重大な外見上の欠点だと考えて苦痛を感じる疾患で，身体醜形症ともよばれます。

　16　Hofmann, *Cognit Ther Res*, 2012

ド・スタンダード（標準形）とも称されます[18]。さまざまな症状を対象としてランダム化比較試験をおこなった実証研究に関するメタ分析では、認知行動療法が健康に関する生活の質を中程度の効果量で高めることが示されています[19]。

▶ **認知行動療法の三世代** ｜ 本章で取り上げるもの以外にも、これまでに認知と行動に働きかける多種多様な技法および介入プログラムが提唱され、認知行動療法として位置づけられてきました。こうした技法・プログラムは大きく3つの世代に分けることができます[8]。行動療法が第一世代（1950年代〜）、認知療法を中心とする、認知の問題の修正を目的とした介入が第二世代（1970年代〜）です。そして、**マインドフルネス**と**アクセプタンス**を中核とする介入技法が第三世代とされます[20] 第7章 。第2節では、認知の変容に主眼をおいた第二世代の認知行動療法を中心に解説します。

2 認知行動療法の理論

≫ 理論 ≫

（石川遥至）

⋯⋯⋯ ステップ1 ⋯⋯⋯

認知行動療法の基本モデル

　現在おこなわれている認知行動療法では、これまでに提唱されてきた技法から対象となる症状に適したものを組み合わせて治療に用います。個別の技法・プログラムに触れる前に、ステップ1では認知行動療法の基本モデル[21]を解説します（**図6-1**）。この基本モデルは、個人が人間関係・仕事・文化といった環境から影響を受け、それらに影響を及ぼしているという環境と個人の相互作用が存在し、同時に個人内でも、認知・感情・身体反応・行動の相互作用が存在していることを示しています。「友人を怒鳴ってしまったDさん」という例を、このモデルに沿って考えてみましょう。

⋯⋯⋯⋯⋯⋯⋯⋯⋯

17 アメリカ心理学会（APA）では、症状・疾患ごとに推奨される認知行動療法の技法とそのエビデンスをまとめて公開しています（https://div12.org/treatments/）。

18 David et al., *Front Psychiatry*, 2018

19 Fordham et al., *Psychol Med*, 2021

20 マインドフルネスは、認知の内容の修正を目指さない点で第二世代の認知行動療法と大きく異なりますが、"行動や感情に対する認知の影響力を変化させる（熊野，新世代の認知行動療法，2012，p. 22）"という形で不適応的な認知・行動にアプローチしている点で、認知行動療法に位置づけることができます。

21 Padesky & Mooney, *International Cognitive Therapy Newsletter*, 1990

　ある日，Ｄさんは友人から心ない言葉を浴びせられました。Ｄさんは「あんなことを言うなんて許せない」と思い，間もなく怒りの感情が生じ，身体が熱くなって心拍数が上がり，カッとなったまま友人を怒鳴りつけるという行動をとりました（個人内の相互作用）。すると友人も強い言葉を返し，互いにヒートアップして大ゲンカになってしまいました（環境と個人の相互作用）。認知行動療法の枠組みで重要な点は，**これらの領域のいずれかが変化すれば，その他の領域にも影響を与える可能性がある**ということです。もしＤさんが怒鳴る前に席を外して深呼吸したり，友人の言葉を冷静に振り返ったりしていれば，身体や気持ちは落ち着きを取り戻し，友人と穏やかなやりとりができたかもしれません。このように，環境・感情・身体反応といった領域に比べて，認知・行動はある程度のコントロールが可能な領域です。そこで，認知行動療法は認知・行動を直接的なターゲットとして介入することにより，不適応的な感情・身体反応（症状）の改善を目指します。

　現在の認知行動療法では，基本モデルに照らし合わせてクライエントの抱える困難を整理していくアセスメント（**ケース・フォーミュレーション**，p.26)[22]や問題・症状に関する心理教育をおこなったうえで，治療の目標を立て，認知と行動に焦点を当てた介入を進めていきます。うつ病に対する認知行動療法では，面接を中心とした1回あたり30分以上のセッションを週1回，計16回以上実施することが原則です[23]。介入は一般的に個人面接としておこなわれますが，集団認知行動療法や家族を対象とした認知行動療法なども実施されています。

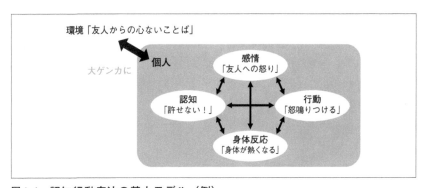

図6-1　認知行動療法の基本モデル（例）

....

22　基本モデルに沿ったケース・フォーミュレーションの実際については，伊藤，認知療法・認知行動療法カウンセリング初級ワークショップ，2005などを参照してください。

23　厚生労働省，うつ病の認知療法・認知行動療法（治療者用マニュアル），https://www.mhlw.go.jp/bunya/shougaihoken/kokoro/dl/01.pdf

········ ステップ 2 ········

認知行動療法の主要な理論

　次に，ステップ1で紹介した基本モデルの基礎となった，これまでに確立されてきたおもな認知行動療法のプログラム・技法を概観します。認知行動療法の初期に提唱されたものとして，エリス，ベック，D.マイケンバウムの理論が挙げられます。

▶ **論理情動行動療法**｜エリスの提唱した論理情動行動療法では，出来事（activating event：A）－信念（belief：B）－結果（consequence：C）というABC理論に基づいて，感情や行動の問題をとらえます。また，論ばく（dispute：D）という方法によって効果的な人生観（effective philosophy：E）に至ることを目指すため，これらも含めて論理情動行動療法のモデルをABCDE理論とよぶこともあります（**図6-2**）。

　この理論における信念は，幼少期からの家族や社会的教育の影響によって形成されるものであり，合理的（現実的・理性的）なものと不合理（非現実的・非理性的）なものに分けられます。合理的な信念は，自分にとって重要な目標を達成する助けとなるような個人の認知です。一方，不合理な信念は，目標達成を妨害し，自滅的な感情や行動に駆り立てるような，評価的・完全主義的で柔軟性のない認知です。これは，「自分はいつも必ず○○ねばならない」「他者や世界は○○であるのが当然だ」などの，自他へ向けられ

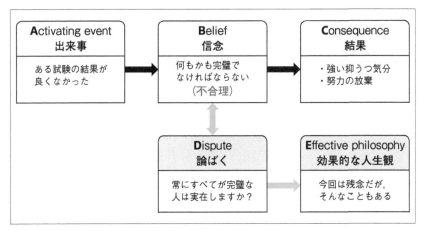

図6-2　エリスのABC（DE）理論

た要求の形をとります[24]。エリスはその典型的な例として「周囲から愛され，評価されなければいけない（受容欲求）」「すべての面において絶対に有能で適切でなければ，不完全で無価値な人間だ（自己期待）」などを挙げ[25]，このような**柔軟性のない不合理な信念が神経症を引き起こす**と考えました。

　論理情動行動療法の中核的技法は，不合理な信念に対する論ばく（自身の抱える信念が非現実的で役に立たないものであることに気づかせるような問いかけ）です。具体的には，クライエントに対して，「なぜ○○でなければならないのか？」「○○でないことが，どうして他の悪い結果や評価につながるのか？」「その要求は必ず満たされなくてはならないのか？」といった質問を徹底的に重ねていきます。こうした問いかけによって，不合理な信念に客観的な根拠がなく，生きるうえで不可欠でもなく，利益をもたらしてもいないということをクライエントに気づかせ，この信念に代わるものとして，自滅的な感情・行動に陥らない，**効果的な人生観**（新たな合理的信念）の獲得を促していきます。メタ分析からは，論理情動行動療法が行動療法や**支持的精神療法**[26]などと比べて感情・行動・社会面の問題および不合理な信念を大きく改善し，その差に中程度の効果量がみられたことが示されています[27]。

▶ **認知療法**｜ベックはうつ病患者に対する臨床観察と実験的検証から，自動思考・スキーマ・体系的な推論の誤り（誤った情報処理）という3つの概念を含む，うつ病の認知理論を提唱しました[28]（図6-3）。

　自動思考とは，ある出来事をきっかけとして自動的に意識に上がってくる（しかし自覚されにくい）思考・イメージ・記憶です。ベックは，うつ病患者の自動思考に"自分自身"，"自分を取り巻く環境"，"自分の将来"のそれぞれに対する否定的な解釈（認知の三徴）がみられることを指摘しました。自動思考の内容を方向づけるのは，**スキーマ**[29]とよばれる，個人に特有の根源的な信念・態度です。抑うつ傾向の高い人では，抑うつスキーマという非機能的なスキーマが特定の出来事によって活性化することで，出来事を選択的にネガティブなものとしてとらえる認知プロセスである，**体系的な推論の誤り**[30]が働きます。推論の誤りは，現実に対する客観性・論理性を欠いた解釈を招くため，認知の歪みともよばれます。ベックの提唱したうつ病の認知

24　Ellis, In *Cognition and Psychotherapy*, 1985
25　Ellis, *Reason and Emotion in Psychotherapy*, 1994（野口 訳，理性感情行動療法，1999）
26　クライエントのパーソナリティや認知の変容を促さずに，心理教育や説得などを通して苦痛や症状を緩和することを目指す心理療法です。
27　David et al., *J Clin Psychol*, 2018
28　Beck et al., *Cognitive therapy of depression*, 1979

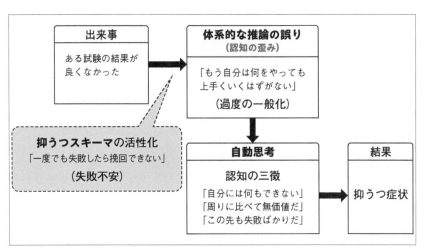

図6-3　ベックの抑うつの認知理論

理論は，自覚しにくい深層レベルにおける抑うつスキーマの活性化から推論の誤りを通じてつくられた抑うつ的な自動思考が，（現実を歪曲しているにもかかわらず）客観的な事実であるかのように認識され，抑うつ気分を悪化させるというものです。

　認知療法では，自動思考の自覚・認知の歪みの修正・スキーマの変容をねらいとしたさまざまな行動的技法[31]・認知的技法が用いられます。行動的技法の1つとして，**活動スケジュール**の作成が挙げられます。1時間刻みなどでその日の活動スケジュールを立て，計画したとおりに行動することで，抑うつ症状による活動量低下や体験の回避から抜け出すことをねらいとします[32]。そして認知的技法とは，自身に生じている非機能的な認知に気づき（**セルフモニタリング**），その現実性や妥当性を吟味したうえで，より機能的

29　スキーマはもともと"過去の経験から形成される，ある事象についての体系化された知識"を指す概念であり，認知心理学者F.C.バートレットによって提唱されました。発達心理学者J.ピアジェは，この概念をシェマ（ある活動の実行に関する系統化された認知構造）として認知の発達理論に組み込みました。ベックは，ピアジェらとの交流のなかで，自身の抱いていた認知構造の概念をスキーマとよぶようになったと述べています（Weishaar, *Aaron Beck*, 1993（大野 監訳，アーロン・T・ベック　認知療法の成立と展開，2009））。

30　推論の誤りの例として，「恣意的な推論」（根拠なしに，または結論とは真逆の根拠があるのに特定の結論を出す），「選択的な抽象化」（出来事のネガティブな一部分にのみ焦点を合わせて他の部分を無視する），「過度の一般化」（少数の事例から一般的なルールを見出し，他の状況にも当てはめる）などがあります。

31　認知療法における行動的技法のねらいは，単に特定の行動を習得させることではなく，行動の変容を通して否定的な認知の妥当性に疑問をもち，修正していくよう促すことにあります（Beck et al., *Cognitive therapy of depression*, 1979）。

な解釈や反応に置き換えることをねらいとしたものです。非機能的認知記録表を用いた**認知再構成法**がよく知られています。偏りのある認知の変容に焦点を当てた認知療法は，うつ病[33]のほか，不安症や摂食症といったさまざまな疾患にも適用されています[34]。

▶ **ストレス免疫訓練（stress inoculation training）** ｜ アメリカ出身の心理学者マイケンバウムは，こころのなかで生じる言葉やイメージが行動に影響を及ぼすことに着目し，自己教示によって行動変容を促す技法を開発しました。これを発展させ，1970年代に，軽いストレッサーに対処する経験によってストレスへの抵抗力を高めることをねらいとした，ストレス免疫訓練を提唱しました。このプログラムは，①ストレスに対する普段の認知・行動を把握する段階，②ストレスへの認知的・行動的な対処方略を獲得する段階，③獲得した対処方略を日常場面で有効に活用できるよう練習する段階から構成されます。対処方略としては，リラクセーション法，認知療法の認知的技法，ストレスへの対処を準備するための**自己教示訓練**[35]などが用いられます。ストレス免疫訓練は，日常レベルのストレスだけでなく，PTSDなど，より重篤な症状に対しても一定の有効性が示されています[36]。

----- ステップ3 -----

認知行動療法の発展

　1970年代から現在に至るまで，認知・行動へのアプローチを含むさまざまな介入プログラムが提唱されてきました。ステップ3では，その代表的なものをいくつか取り上げます（**表6-1**）。

32　たとえば，「どうせ自分には何もうまくできない」という思考にとらわれている人がスケジュールどおりの生活をすることで，計画どおりに何かを達成できたり，活動中は抑うつ気分が和らぐことに気づいたりします。この気づきが自身の思考を見直すきっかけになると想定されています。

33　アメリカ国立精神衛生研究所による研究は，うつ病に対する16週の認知療法・対人関係療法・薬物療法などの効果を比較し，介入から18か月後のフォローアップにおいて，認知療法をおこなったグループの再発率（39%）が，対人関係療法（56%），薬物療法（45%），プラシーボ群（42%）と比べて低いことを示しました（Shea et al., *Arch Gen Psychiatry*, 1992）。

34　下山 編，認知行動療法，2007 など。

35　自己教示とは，特定の態度や考え方などを自分に言い聞かせることです。ストレス免疫訓練での自己教示の例として，「私はこれを処理するプランを考えることができる」，「元気を出せ。私はこの挑戦を受けて立つことができる」などがあります（マイケンバウム（上里 監訳），ストレス免疫訓練，1989）。

36　女性のPTSD患者を対象として介入効果を検討した研究では，持続エクスポージャーの効果には劣るものの，ストレス免疫訓練が非介入条件と比べて症状の改善をもたらすことが示されました（Foa et al., *J Consult Clin Psychol*, 1999）。

表6-1 おもな認知行動療法のプログラム

プログラム名 （提唱者）	介入ターゲット	代表的な技法	おもな適用対象
論理情動行動療法 （A.エリス）	不合理な信念	論ばく	心理社会的不適応
認知療法 （A.ベック）	認知の歪み・ 抑うつスキーマ	認知再構成法	うつ病・不安症・ 摂食症など
ストレス免疫訓練 （D.マイケンバウム）	ストレスへの 不適切な対処	自己教示訓練	ストレス・PTSD
行動活性化療法 （N.S.ジェイコブソンら）	行動の不活性・ 回避行動	活動スケジュール	うつ病
問題解決療法 （T.J.ズリラら）	問題解決スキルの 不足	問題解決スキルの 訓練	うつ病・不安症
EMDR （F.シャピロ）	トラウマ記憶に よる苦痛	眼球運動・両側性 刺激による脱感作	PTSD
スキーマ療法 （J.E.ヤング）	早期不適応的 スキーマ	スキーマの変容を ねらいとした 認知・行動・ 体験的技法	パーソナリティ症・ PTSD
メタ認知療法 （A.ウェルズ）	メタ認知的信念・ CAS	メタ認知的 信念への論ばく・ 注意訓練	うつ病・不安症

行動活性化療法 ｜ アメリカの心理学者P.M.レーウィンソンらは，行動に対する強化子が得られにくく，あるいは罰が与えられやすい状況がうつ病を引き起こしうると考え[37]，強化子を得られるような楽しい活動を増やす**行動活性化**を提唱しました[38]。その後，行動活性化は認知療法のなかで認知再体制化を促す一技法として位置づけられるようになります。しかし，1990年代のアメリカの心理学者N.S.ジェイコブソンらの研究[39]を契機に，行動の変容そのものの重要性が見直され，クライエントを活動的にすることを目標とする独立した技法として，行動活性化療法[40]が提唱されました。

---

37 Lewinsohn et al., *Psychotherapy*, 1980
38 Lewinsohn et al., *In The behavioral management of anxiety, depression and pain*, 1976
39 ジェイコブソンらは認知療法の要素分析として，150名のうつ病患者を，行動活性化のみの群，行動活性化＋自動思考の修正群，この2つに認知の歪みの修正を加えた完全版の認知療法群に分けて効果を比較しました。この結果，介入前後と終了から6か月後の時点で，抑うつ症状と再発率には群間の差がみられず，行動活性化が単体で少なくとも認知療法全体と同等の治療効果をもつことが示されました（Jacobson et al., *J Consult Clin Psychol*, 1996）。行動活性化療法を対象としたメタ分析でも，うつ病に対して認知療法と同等の効果をもつことが示されています（Mazzucchelli et al., *Clin Psychol-Sci Pr*, 2009）
40 Martell et al., *Depression in Context*, 2001（熊野・鈴木 監訳，うつ病の行動活性化療法，2011）

　行動活性化療法は，"行動を変えれば気分が変わる"という立場から，正の強化子を得られる行動の増加と回避行動の減少を目指します。まず，機能分析（p.88）や活動記録表を用いたセルフモニタリングにより，不快な出来事の後に生じる抑うつ的な思考・感情反応と，その反応を取り除こうとして普段おこなっている回避行動を特定させます。そして，回避行動が長期的な抑うつの持続・悪化をもたらしていることを説明し，これを効果的な対処行動（その状況で正の強化子を得やすい行動）に置き換えていきます。こうしたアプローチの結果として認知再体制化が促されることは想定されますが，あくまで行動の変容を介入の焦点とすることが行動活性化療法の特徴です。

▶ **問題解決療法** | 1970年代に，アメリカの心理学者T.J.ズリラらは，行動活性化の視点から，困難な状況にある人々に対し，その改善に役立つ問題解決行動を訓練することの重要性に着目し[41]，問題解決療法を提唱しました。彼らは，社会的場面での問題解決プロセスが，**問題の定位**（問題や自身の解決能力に関する認知の傾向）と**問題解決スタイル**（困難な状況を改善するための認知・行動的活動）から構成されると考えました。問題解決療法では，自己効力感を高めるエクササイズや論ばくなどを用いて解決行動を抑制するような問題の定位を修正し，問題解決スキル（問題の明確化・機能的な解決策の産出・適切な解決策の選択・解決策の実行と評定）を訓練した後，これを実際の社会的場面に般化させます[42]。メタ分析において，うつ病に対する問題解決療法は，他の認知行動療法と同等の安定した効果をもつことが示されています[43]。

▶ **EMDR** | 1989年，アメリカの臨床心理学者F.シャピロは，トラウマ記憶を想起しながら一定のリズムで左右に眼球を動かすことで不安などが低減したことを報告しました[44]。その後，研究が重ねられ，PTSDに対する介入として**眼球運動による脱感作と再処理**（eye movement desensitization and reprocessing：EMDR）[45]が確立されました。手続きとしては，まずトラウマ記憶に関する否定的な認知（「私は無力だ」など）や身体感覚に意識を向けながら，セラピストが左右に振る指を目で追わせ，浮かんだ感覚・イメージやその変化を尋ねます。この手順を繰り返し，否定的な認知が十分に弱まったところで，肯定的な認知（「私は強い」など）の植え付けをおこないます。

41　D'Zurilla & Goldfried, *J Abnorm Psychol*, 1971
42　Nezu et al., In *Cognitive behavior therapy: Applying empirically supported techniques in your practice*, 2003
43　Barth et al., *PLoS Med*, 2013
44　Shapiro, *J Trauma Stress*, 1989

EMDRは2013年に，PTSDに対して推奨される治療法[46]としてWHOのガイドラインに掲載され，APAのガイドラインでは「条件付き推奨」[47]とされています。

▶ **スキーマ療法** | ベックの認知療法は，うつや不安の改善に効果的です。ただし，クライエントが自身の問題を明確化できること，認知の歪みを自覚して客観視できることが前提です。これらが困難な疾患（パーソナリティ症など）に対しては十分な効果を発揮しないという指摘もあります[48]。アメリカの心理学者J.E.ヤングは，修正が困難な認知の歪みや不適応的な行動が，認知の深層にある**早期不適応的スキーマ**[49]によって生み出されると考え，その緩和を目的としたスキーマ療法を開発しました。特徴的な技法として，不適応的なスキーマと機能的なスキーマの立場でおこなうディスカッション・不適応的なスキーマが活性化されそうになった時に見る反証カード（スキーマフラッシュカード）の作成・スキーマが活性化した場面に対するイメージ書き直し（p.89）などが挙げられます。これらに加えて，認知的技法（スキーマの妥当性の検証など）や行動的技法（SST，エクスポージャーなど）も併用されます。スキーマ療法は，ボーダーラインパーソナリティ症をはじめとしたパーソナリティ症，PTSDなどに対する有効性が示唆されています[50]。

▶ **メタ認知療法** | イギリスの臨床心理学者A.ウェルズは，自身が抱く脅威や心配に注意を向け続けることで引き起こされる注意のバイアス・反すう[51]・回避や思考抑制などからなる反応パターンである**認知注意症候群**

---

45 当初この技法の名称は，眼球運動による脱感作（eye movement desensitization: EMD）でした。シャピロは，公園を歩きながら視線を動かしていると不快な記憶に関するネガティブな感情が軽減されたことに気づき，EMDの着想を得たそうです（Shapiro, *Eye Movement Desensitization and Reprocessing: Basic principles, protocols, and procedures*, 2nd ed., 2001（市井 監訳，EMDR 外傷記憶を処理する心理療法，2004））。のちに，トラウマ記憶と速い眼球運動の対呈示による脱感作に加えて，トラウマ記憶の再処理（ネガティブな感情や身体感覚が取り除かれ，適応的な記憶ネットワークに組み込まれること）の重要性が着目され，EMDRと改称されました。なお，眼球運動がもたらす作用をはじめとして，EMDRの効果メカニズムはいまだ十分に明らかになっていません。

46 解離症や一部のパーソナリティ症，統合失調症などの徴候がみられるクライエントに対しては，EMDRの適用は推奨されません。

47 https://www.apa.org/ptsd-guideline/treatments/index#（2022年2月4日時点）

48 McGinn & Young, In *Frontiers of cognitive therapy*, 1996

49 早期不適応的スキーマは，幼少期の不条理な体験をもとに形成・精緻化されていく自滅的な認知・感情のパターンであり，5つの領域（断絶と拒絶・自律性と行動の損傷・他者への追従・過剰警戒と抑制・制約の欠如）にわたる計18種類が想定されています（Young et al., *Schema therapy: A practitioner's guide*, 2003（伊藤 監訳，スキーマ療法―パーソナリティの問題に対する統合的認知行動療法アプローチ―，2008））。

50 Masley et al., *Cogn Behav Ther*, 2012

51 反すうとは，過去に経験した嫌な出来事の原因などについて繰り返し考え込んでしまうことをいいます（p.178参照）。

（cognitive attentional syndrome：CAS）が，うつ病や不安症の中核であるというモデルを提唱しました。CASの状態では，環境や自身に関する情報を自動的に処理する過程（下位レベルの処理）において，脅威に関連する情報を選択的に取り入れるバイアスや脅威に関する侵入思考（意図せず意識に浮かんでくる思考）が生じます。これにより，ある出来事に対して一時的に生じたネガティブな認知や感情が持続してしまいます。さらに，CASの維持にかかわると想定されるのが**メタ認知的信念**[52]で，CASに対する肯定的信念（心配や反すうをすることは自分の役に立つ，など）と否定的信念（心配や反すうは自分では制御できない，など）に分けられます。

　メタ認知療法（metacognitive therapy：MCT）[53]は，メタ認知的信念と下位レベルの処理に介入することでCASを抜け出し，思考にとらわれずに経験に注意を向ける状態（**ディタッチト・マインドフルネス**[54]）を目指します。肯定的・否定的なメタ認知的信念に対しては，論ばくやエクスポージャーなどを用いた妥当性の検証をおこない，変容を促していきます。そして下位レベルの処理をターゲットとした技法には，聴覚刺激を使った注意コントロールの練習（**注意訓練**（attention training technique：ATT））があります。この訓練を通して，ある対象に注意を向けたり，柔軟に向け替えたりするスキルを身につけることで，CASから抜け出しやすくなると考えられます。メタ分析からは，メタ認知療法が抑うつ・不安症状の改善をもたらすことや，行動活性化療法や他の認知行動療法と比べて高い効果をもつ可能性が示されています[55]。

近年の動向

▶ **統一プロトコル** ｜ 従来の認知行動療法のプログラムは，おもに特定の疾患や症状をターゲットとして開発され，効果の検証がおこなわれてきました。しかし，これらのプログラムに含まれる技法には少なからず重なりがあり，プログラムの選択基準が不明瞭であることも指摘されてきました。そこで，2010年にアメリカの心理学者D.バーロウらは，感情にまつわる困難を主症

---

52 メタ認知とは，自身の認知を監視・制御・評価するような認知の働きを指します（今井・今井，心身医学，2011）。
53 Wells, *J Rat-Emo Cognitive-Behav Ther*, 2005
54 ディタッチト・マインドフルネスは，距離をおいた視点から自身の心的体験を観察し，特定の体験に縛りつけられていない状態を指します。思考を単なる頭のなかの出来事として他の物事と切り分ける点が強調され，マインドフルネス（第7章）とは一部重なるものの異なる概念として提唱されています（詳細は，熊野，新世代の認知行動療法，2012を参照してください）。
55 Normann & Morina, *Front Psychol*, 2018

状とする障害全般を適用対象とする，不安とうつの統一プロトコル（unified protocol：UP）を提唱し，同一プログラムによる全般性不安症・社交不安症・パニック症・強迫症・PTSD・うつ病の症状改善を報告しました[56]。日本でもUPの検証が始まっています[57]。

▶ **遠隔の認知行動療法**｜認知行動療法の需要の拡大[58]や，近年の新型感染症による対面機会の制限などから，ビデオ通話やメール，コンピュータ・プログラム，音声・映像資料などを用いた遠隔認知行動療法への注目が集まっています[59]。一例として，パニック症に対する遠隔認知行動療法は，オンライン教材とメールでの質疑応答の併用・ワークブックでの自習・ビデオ通話での面接といった種類にかかわらず，対面での認知行動療法と同等の効果をもつことが示されています[60]。

③ 認知行動療法に基づく臨床現場でのアプローチ　〉〉実践

（佐藤秀樹）

…… 1. はじめに

　筆者は福島県立医科大学医学部災害こころの医学講座に所属し，大規模災害の影響を受けた方への心理社会的支援[61]をおこなっています。具体的には，2011年の東日本大震災および福島第一原子力発電所の事故の被害に遭われた方や，新型コロナウイルス感染症（COVID-19）禍[62]における医療従事者への支援をおこなっています。現在の職に就くまでは，おもに精神科の病院やクリニックといった医療機関で，個別・集団形式の心理療法をおこな

56　Ellard et al., *Cogn Behav Pract*, 2010

57　https://cbt.ncnp.go.jp/research_top_detail.php?@uid=1BDTHSKwARkv5i0d

58　日本では2010年度から認知行動療法が保険の適用対象となり，うつ病をはじめとした精神疾患の治療の主要な選択肢の一つとなっています。2016～2017年にかけて実施された調査では，全国の精神科診療所の6割以上で，クライエントから認知行動療法の要望があったことが報告されました（http://ftakalab.jp/?page_id=10）。

59　2019年以降，*Journal of Clinical Psychology*"や"認知行動療法研究"など，国内外のさまざまな学術雑誌で遠隔心理療法の特集が組まれました。オーストラリアではCOVID-19の拡大前後で，月あたりの遠隔認知行動療法の利用者が5倍以上になったことも報告されています（Mahoney et al., *J Affect Disord*, 2021）。

60　Efton & Wootton, *J Anxiety Disord*, 2021

61　広く言えば，こころや身体に関する支援またはケアを指します。

62　COVID-19禍は，CBRNE（chemical, biological, radiological, nuclear, high-yield explosives：化学・生物・放射線物質・核・高性能爆発物）災害のなかの"生物"のカテゴリーに該当するため，災害の1つとしてとらえることができます。

ってきました。一方で，医療機関で研鑽を重ねるうちに，地域や病院の規模によって受けられる治療やケアの選択肢が異なるといった医療の地域格差の問題[63]から，「地方で心理社会的支援をおこなうことで地域の医療サービスの拡充に貢献したい」と思うようになりました。これまでさまざまな領域で支援をおこなってきましたが，認知行動療法に基づく支援をおこなってきたという点では一貫しています。

　心理療法というと"医療機関の面接室の中でおこなわれるもの"とイメージする方が多いかもしれませんが，心理療法が活用される分野は多岐にわたります。なかでも認知行動療法は，保健医療分野だけでなく，福祉，教育，司法・犯罪，産業・労働など多くの分野で，心理療法のスタンダードになるような大きな広がりをみせています[64]。本節では，筆者が現在またはこれまでおこなってきた，認知行動療法が活用されるさまざまな臨床領域（**図6-4**）について紹介します。

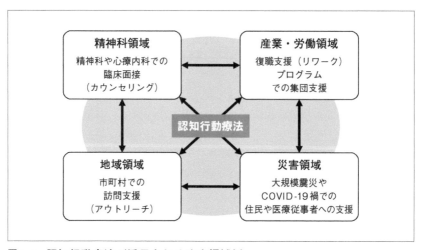

図6-4　認知行動療法が活用される臨床領域例

　　63　厚生労働省，令和元年度（2019年度）医療費の地域差分析，2021
　　64　坂野 監，60のケースから学ぶ認知行動療法，2012

……… 2. 研究・アプローチの紹介 ………

認知行動療法が活用される臨床領域例

▶ **精神科領域** ｜ 認知行動療法がもっとも活用されている領域は，精神科や心療内科での臨床面接（カウンセリング）になると思います。一般的に，臨床面接は，患者の生活上の問題や悩みなどに焦点を当て，問題の解決や生活への適応を高めることを目的としておこなわれます。

　認知行動療法では，うつ病◀第10章 や不安症◀第11章 などの患者に対して，協働的実証主義とケース・フォーミュレーション◀第2章 に基づく支援をおこないます。協働的実証主義とは，患者と治療者が協働しながら，患者の生活上の問題や悩み，さらには考え方や振る舞い方などを実証的に検証するという立場です。また，ケース・フォーミュレーションとは，臨床面接や心理検査などで得た情報を整理して，主訴やそれに関連する生活上の問題が維持・増悪している悪循環を見立てていくことを指します。認知行動療法では，患者と治療者が協働的な関係を築いたうえで，ケース・フォーミュレーションや介入効果を実証的に検証しながら支援をおこなうことが重視されます。

　たとえば，うつ病によくみられる症状として**反すう**があります[65]。これまでかかわってきた患者のなかでも，「あのとき，なんで自分が失敗してしまったのかを何度も考えてしまうんです」などと話す方が多く見受けられます。こうしたケースでは，まず，反すうが生じる状況や反すうによって得られる結果を分析します。そして，反すう思考の具体化，反すうによるメリットとデメリットの比較検討，反すうの代わりになる行動や思考の検討，行動活性化（p.105）などをおこなうことで，反すうの低減やそれによるうつ症状の改善を目指していきます。これは**反すう焦点化認知行動療法**とよばれ，反すうやうつ病に対する治療有効性が示されています[66]。ある疾患や症状に特化した認知行動療法はほかにも開発されており，さまざまな介入技法を組み合わせながら支援をおこなっていきます。

▶ **産業・労働領域** ｜ 近年では，精神疾患による休職者数の増加や再発率の高さなど，職場でのメンタルヘルスは大きな問題となっています。こうした問題に対し，職場復帰支援や再発予防を目的とした**復職支援（リワーク）**のプログラムの一環として，集団認知行動療法がおこなわれることがあります。

65　反すうはうつ病の発症や長期化に影響を及ぼすことが報告されています（Nolen-Hoeksema et al., *Perspect Psychol Sci*, 2008）。

66　Watkins, *Rumination-Focused Cognitive-Behavioral Therapy for Depression*, 2016

著者も，医療機関での復職支援プログラムとして，1グループにつき3名から6名ほどの患者を対象にした集団認知行動療法をおこなってきました。復職支援プログラムに参加する患者は，職場での悩みは人それぞれですが，復職という共通の目標をもっています。そのため，集団形式で認知行動療法をおこなうことは，ほかの参加者の考え方や振る舞い方などを参考にしやすいことや，参加者同士のフィードバックが得られやすいといった利点があります。また，患者一人ひとりを対象にした治療や臨床面接とは異なり，患者一人当たりの時間や費用も削減できるため，多くの医療機関などで導入されています。 第8章

▶ **地域領域**｜前述のとおり，著者は東日本大震災および福島第一原子力発電所の事故の被害に遭われた方への支援をおこなっています。具体的には，福島県が福島県立医科大学に委託して毎年実施している県民健康調査「こころの健康度・生活習慣に関する調査」[67]の結果から，健康問題のリスクが高い住民に電話による支援をおこなっています[68]。また，市町村の職員や保健師などとも連携をとりながら**訪問支援（アウトリーチ）**もおこなっています。

　地域のなかでおこなわれる心身の健康に悩みを抱える方への心理社会的支援は，包括的地域生活支援[69]の1つに位置づけられます。地域のなかでの支援は，医療機関とは異なり，面接室などで認知行動療法を継続的におこなうのではなく，より短い時間や期間での支援が求められます。そのため，市町村の職員や保健師などの多職種と連携をとりながら，支援の見立てや方針を協働で検討・共有したり，**コンサルテーション**[70]をおこなったりします。認知行動療法は，"無意識"といった検証することが困難な概念や，それに対する介入を重視するのではなく，生活場面での悩みや困難を具体化したうえで実証に基づく介入をおこなっていきます。そのため，さまざまな専門性をもつ者や支援を受ける者にとって，問題や介入技法の理解が得られやすく，見立てや治療方針が共有されやすいという利点があります。このためか，市町村の職員や保健師などを対象に認知行動療法の研修を依頼されることも多

67　東日本大震災および福島第一原子力発電所事故の体験やこれらの災害による避難生活により，多くの方が不安やストレスを抱えていることから，県民のこころや身体の健康状態と生活習慣などを正しく把握し，一人ひとりに寄り添った保健・医療・福祉に係る適切なケアを提供することを目的に開始されました。この調査は，2011年時に避難区域等に指定された市町村の住民約20万人を対象に実施されています。

68　Yasumura et al., *J Epidemiol*, 2012

69　精神疾患などを抱えた人が住み慣れた場所で安心して生活できるように，多職種で構成されるチームで支援をおこなうこと。

70　さまざまな専門性をもつ複数の者が，支援を受けている者の問題について検討することで，よりよい支援をおこなうこと。

いです。

▶ **災害領域**｜世界保健機関が2020年1月30日に緊急事態を宣言して以降，COVID-19は世界中で甚大な影響を及ぼしました。なかでも，医療機関でCOVID-19の感染者集団（クラスター）が発生すると，そこで働く医療従事者は大きなストレスを経験することになりました。

　福島県では，筆者らが所属する講座スタッフが中心となって「こころのケアチーム」を結成し，クラスターが発生した医療機関の職員などを対象に外部支援をおこなってきました[71]。具体的には，医療従事者自身の心身の健康を守るために，クラスターが発生した1〜2週間以内に**心理教育**とうつ症状の**スクリーニング**[72]をおこない，うつ病や自殺リスクの高い者には対面もしくは遠隔で個別支援をおこないました。個別支援は多くの職員を対象に心身の健康状態や業務の内容を確認することを目的としたため，1回の個別支援で終了することが多かったのですが，より専門的な支援が必要と判断された場合には継続支援や精神科などへの**リファー**[73]をおこないました。クラスター発生後の心理社会的支援では，心身の健康状態をすばやくスクリーニングし，混乱する気持ちを一緒に整理しながら，うつの発症や重症化，さらには自殺を予防することが重要です。そのため，認知行動療法に基づいて医療従事者の悩みを一緒に整理し，日常生活場面でおこなうことができる具体的な対処法を検討するように心がけました。大規模災害や事故などの発生直後の心理社会的支援はサイコロジカル・ファーストエイド（Psychological first aid：PFA，心理的応急処置）とよばれ，支援マニュアルも作成されています[74, 75]。

3. 今後の展望

現状の課題と今後の展望

　このように，認知行動療法は，精神科領域での支援だけでなく，産業・労働，地域，災害の領域でも適応することができる実証的な心理療法です。その一方で，医療機関でおこなうような個別・集団での支援だけでなく，より

71　前田，コロナ禍における医療・介護従事者への心のケア：支援の現場から，2021
72　疾患の罹患が疑われる者や健康問題のハイリスク者を把握するためにおこなわれる検査のこと。
73　支援を受ける者にとってより適切な専門機関を紹介し，支援の引き継ぎを依頼すること。
74　アメリカ国立子どもトラウマティックストレス・ネットワーク，アメリカ国立PTSDセンター，兵庫県こころのケアセンター（訳），サイコロジカル・ファーストエイド 実施の手引き第2版 2009
75　WHO, *Psychological first aid: Guide for field workers*,（独）国立精神・神経医療研究センター訳，心理的応急処置（サイコロジカル・ファーストエイド：PFA）フィールド・ガイド，2012

広い組織や集団に対して，いかに有効かつ機能的な支援システムを構築するか，そのなかで認知行動療法をどのように活用すべきかについては十分な検討がなされていません。

　また，1人の専門家だけで質の高い心理社会的支援や研究をおこなうことはできません。医療の地域格差を是正するためにも，認知行動療法に限らず，地域で専門的な治療や支援を提供することができる人材の育成が大きな課題です。そのため，地域の医療機関に通院する患者や自治体での支援を受けている方を対象とした心理社会的支援だけでなく，さまざまな専門家と協働して**臨床研究**[76]をおこなうことで，支援の質や有効性を高めていく必要があります。さらには，これらの取り組みを通して人材を育成する体制を構築することが重要です。

76　新しい薬剤，診断法，予防法，治療・支援法などの有効性や安全性を検証することを目的とした研究。

マインドフルネス

マインドフルネスとは

（髙橋　徹）

ステップ1

マインドフルネスの定義と構成要素

　マインドフルネスの実証研究の草分けであるマサチューセッツ大学医学部のJ.カバット-ジン[1]は，マインドフルネスを「意図的に，瞬間瞬間の体験に対して，評価判断することなく，注意を向けることによって現れる気づき」と定義しました[2]。

　この定義には，「意図的に，瞬間瞬間の体験に対して……注意を向けることによって現れる気づき」という注意制御の要素と，「評価判断することなく」という心理的態度の2つの要素が含まれています。このように，マインドフルネスは"気づき"と"受容（的な態度）"の2つの要素から成る，ということが臨床心理学における一般的な理解となっています。

　私たちは，目の前の体験から注意がそれて，考えにとらわれることで，現実が見えなくなり，後悔して落ち込んだり，嫌な未来を想像して不安になったりすることがあります。マインドフルネスはその状態にハッと気づいて，目の前の現実に戻ってくることを可能にします。そのときに，思考や感情，それに伴う身体感覚に対して受容的な態度でいることで，それらの体験が自然に弱まり消えていくことを経験します。この経験を重ねて，どのような体験も一過性のものであると知ることで，思考や感情にとらわれ過ぎないようになり，より自由に行動を選択できるようになります。

1　カバット-ジンは，マサチューセッツ工科大学（MIT）の学生であったときに瞑想を知り，大学院生であった22歳のときに，自分でも実践を始めたといいます。その後，MITで分子生物学の分野で博士号を取得しましたが，瞑想実践を経て，瞑想やヨーガを西洋の一般の人々に紹介する意義を確信し，1979年にマサチューセッツ大学医学部にマインドフルネスを応用したストレス低減クリニックを立ち上げました（越川・石川, *Cancer Board Square*, 2018）。

2　Kabat-Zinn, *Clin Psychol-Sci Pr*, 2003

······· ステップ 2 ·······

マインドフルネスの起源・歴史

　マインドフルネスの起源は，生まれる，老いる，病気になる，死ぬといった人生の避けられない苦しみを乗り越えるために，紀元前6世紀に，古代インドの仏教の開祖であるゴータマ・ブッダが発見したこころの訓練法にあります。この瞑想法では，パーリ語[3]で「こころをとどめておくこと」や「注意を振り向ける心作用」を意味するsati（サティ：念）を訓練します。19世紀末に，イギリスのパーリ語研究者R.デービッズが，このsatiに意味が近かったマインドフルネス（mindfulness）を英訳としてあてました。

　仏教の実践においては，ありのままの体験にこころをとどめ，気づき続けることで，"すべての現象は移り変わる"という無常の真理にたどり着きます。自己を構成する思考や感情，感覚もすべて移り変わることを知ることで，固定的な自己は実在しないこと（無我）を理解し，現象や自己に執着する苦しみから解放されるとされています。

▶ **マインドフルネス・ストレス低減法** ｜ カバット‐ジンは，1979年よりマインドフルネスを応用したストレス低減プログラムを開発・適用し，マインドフルネス・ストレス低減法（mindfulness-based stress reduction：MBSR）というマインドフルネスの標準的な集団介入プログラムに発展させました。このMBSRの意義は大きく2つ挙げられます。1つめは，生理学的な原因が不明である慢性疼痛等の問題に対して，身体への気づきや受容的態度の訓練が有効であることを示したことです。このことは，身体的な問題とされていた疾病を心身相関[4]的に理解可能なことを示唆しました。2つめは，再現可能な標準プログラムであることです。このプログラムの標準化は，介入効果のエビデンスを積み重ねやすくしました。つまりMBSRは，人生の苦しみを乗り越えるための実践を編み出してきた東洋の知恵と，客観的に効果を検証する西洋の科学的な方法論を融合させたプログラムであるのです。

▶ **マインドフルネスを用いた心理療法の広がり** ｜ MBSRにヒントを得て，1990年代に，うつ病の再発予防のための介入プログラムとしてマインドフルネス認知療法（mindfulness-based cognitive therapy：MBCT）が開発されました。うつ病は再発率が高く，その予防が大きな課題です。Z.シーガ

　3　初期仏教の経典で使用された言語。
　4　心身相関とは，こころと身体は常に互いに密接な関係にあり，身体の状態が精神のあり方に影響を与え，逆に精神のあり方が身体の状態に影響を与える現象を意味する用語です（白倉，In脳とこころのプライマリケア3，こころと身体の相互作用，2013）。

ルらは，うつ病の治療効果が確認されていた認知療法の"効果維持版"を開発中に，うつ病再発のリスク因子と考えられる**認知的反応性**[5]に対して，マインドフルネスの練習が効果的であることを見いだしました。その結果開発されたプログラムが，マインドフルネスに認知療法の要素を加えたMBCTです。MBCTは，大規模な臨床試験によって，3回以上のうつ病の再発を繰り返している患者に対して，薬物療法よりも再発予防効果があることが確認されています[6]。

その他にも，**弁証法的行動療法**やアクセプタンス＆コミットメント・セラピー（ACT）など，マインドフルネスを応用した心理療法が1980〜1990年代にかけて開発され，2000年代以降広がりをみせていきました。問題となる思考や感情，行動自体を減らすという従来の認知行動療法の枠組みに対して，マインドフルネスによって思考や感情の影響力を下げるというアプローチをとる心理療法が第3世代の認知行動療法として注目されるようになりました。

----- ステップ3 -----

マインドフルネスの実践方法

▶ **マインドフルネス瞑想** ｜マインドフルネスを訓練するマインドフルネス瞑想[7]は，集中瞑想（focused attention meditation）と観察瞑想（open monitoring meditation）という2種類の瞑想からなります[8]。集中瞑想は，呼吸などの特定の対象に注意を集中し続ける瞑想法です。集中瞑想中に，注意がそれて別の考えに飲み込まれていることに気づいたら，集中していた対象に注意を戻します。一方で観察瞑想は，特定の注意の対象を設けずに，あらゆる体験を評価判断せずに観察する瞑想法です。MBSRやMBCTなどの標準的なマインドフルネス介入では，どちらの瞑想もおこないますが，特に観察瞑想を重視します。これは，観察瞑想では特にマインドフルネスの受容の要素が訓練されるためです。

5 ネガティブな感情が生じたときに，非機能的な認知が生じやすい傾向。
6 Teasdale et al., *J Consult Clin Psych*, 2000
7 瞑想は，リラックスなど特定の精神状態を実現するためのさまざまな実践法一般を指す言葉ですが，特にマインドフルネスを実現するための方法をマインドフルネス瞑想とよびます。また，マインドフルネスを実現する方法自体も，マインドフルネスという言葉で指し示される場合があるので，注意が必要です。
8 Lutz et al., *Trends Cogn Sci*, 2008。後者の観察瞑想のみをマインドフルネス瞑想とよぶ文献もありますが，本書では，集中瞑想と合わせて，マインドフルネス瞑想とよぶことにします。

具体的な実践法

　具体的なマインドフルネス瞑想の実践法を，MBSRとMBCTでよく使われるものを中心に紹介します。各方法には，集中瞑想と観察瞑想の2つの要素が含まれます。

▶ **ボディスキャン**｜自分の足先から頭まで順番に注意を向けていき，身体感覚を観察する練習です。仰向けの状態でおこなわれることが多いものの，座位など他の姿勢でおこなっても問題ありません。最初は身体の特定の部位に注意を集中する能力や，別の身体部位に注意を転換する能力を訓練し，最後には全身に注意を広げる練習をおこないます。また練習全体を通じて，好奇心をもって，オープンで受容的な態度で身体感覚を観察するように心がけます。

▶ **静坐瞑想**｜静坐瞑想ではまず，呼吸に伴って変化する身体の感覚に注意を向けます。注意がそれたら，何に注意がそれたかを確認し，呼吸に伴う身体の感覚に注意を戻します。これを繰り返すことで，注意がそれたことに気づく力とともに，身体感覚を観察し続ける集中力を訓練します。練習が進むにつれて，身体全体の感覚や，音，思考へと注意の対象や範囲を広げていきます（図7-1）。注意の範囲を広げることで，さまざまな刺激とそこから生じる自身の反応（「嫌な感覚だ」といった評価判断など）に早く気づくことができます。この気づきによって，さらなる反応（反射的に練習をやめてしまう回避行動など）を起こさないような選択をすることが可能となります。

▶ **その他の実践法**｜ヨーガ瞑想や歩く瞑想では，動きに伴う身体感覚に加えて，さまざまな刺激に反応して生じる感情や思考に気づく練習をします。ヨーガ瞑想では，ポーズをとるにあたって痛みや疲労が出てくることがあり，不快な体験に対する受容を訓練することもできます。

　これらの瞑想法に加えて，日常生活のなかでも感覚に気づいていく練習をおこないます。たとえば，日常的におこなう動作（家事，食事，入浴，歯磨きなど）のなかから，感覚に気づきながらおこなう活動を選んでもらい，体験に自覚的である時間を増やしていきます。

図7-1 集中瞑想と観察瞑想の方法（静坐瞑想）
背筋を伸ばして快適な姿勢で床か椅子に座る。呼吸を対象とした集中瞑想では，呼吸をおこなっているとき の身体の感覚（たとえばお腹が膨らんだり縮んだりする様子）に注意を向け，その様子を十分に感じるよう にする。呼吸以外のことに注意がそれたら，そのことに気づく。このとき，何かに注意がそれても，良いと も悪いとも判断せず，ただ注意がそれたことを認めるようにする。注意を呼吸の感覚に戻し，また十分に呼 吸を感じるようにする。この一連のサイクルを繰り返し練習する。観察瞑想では，注意を広げて，身体全体 の感覚や，音，思考など，意識にのぼるあらゆるものに気づいていく。

2

> 理論

マインドフルネスの効果とメカニズム

（髙橋 徹）

..... ステップ1 .....

マインドフルネスを用いた心理療法とその効果

▶ **MBSRとMBCT** ｜ MBSRは，おもにストレスに起因する心身相関的な問 題に対して効果的である一方，MBCTはうつ病をはじめ，不安症などさま ざまな精神疾患に対して効果が特に確認されています。本ステップでは，2 つのプログラムの具体的な内容と介入効果のエビデンスを紹介します。

①**プログラムの内容**：MBSRとMBCTはどちらも集団で実施され（それ ぞれ10～30人，10～15人程度），毎週1回2～3時間のセッションを8回お こなうのが一般的です（**表7-1**）。セッションでは，インストラクターがマイ ンドフルネス瞑想の方法を教示することに加えて，瞑想中や日常生活のなか でどのような体験に気づいたかを全員で共有する時間が設けられます。この 時間を通して，インストラクターは参加者の体験を把握します。また参加者 も，自分と同じ，あるいは異なる体験をしている他者の話を聞くことによっ

表7-1　マインドフルネス認知療法のプログラム内容

セッション	タイトル	テーマ
1回目	気づきと自動操縦	食事中の身体感覚などの日常的な経験に対して意図的に注意を向けることで，自動操縦状態（無意識に行動，反応している状態）から抜け出す
2回目	頭のなかで生きている	概念的に頭で物事を理解するのではなく，身体感覚に気づき，"体験的に"理解することを学ぶ
3回目	散らかったこころをまとめる	呼吸と身体を用いて，あちこちに移ろうこころを寄せ集めて落ち着かせ，現在へと意図的に"戻ってくる"
4回目	嫌悪感を認める	"嫌悪"，すなわち嫌な気持ちや感覚への習慣的なこころの反応を体験的に調べる。マインドフルネスによって，より広い視点から，普段と異なる方法（beingモード，p.123）で経験とかかわることで，現在にとどまる
5回目	そのままでいる	すべての体験を評価判断したり変化させたりしようとするのではなく，ありのままを受容する態度を意図的にもつことで，嫌な気持ちや感覚と新たな関係をもつ
6回目	思考は現実ではない	今までとは異なる思考との関係をつくる。ネガティブな気分をこころの移りゆく状態として，ネガティブな思考をそうしたこころの状態がつくり出したものとしてとらえる。思考は思考に過ぎないことを知る
7回目	自分を大切にする方法	ネガティブな気分に直面した際，自分を大切にする行動をとる。自分のうつ症状悪化のパターンを理解し，喜びや達成感を得る，あるいはマインドフルネスにつながるような行動をおこなう
8回目	新たな学びの継続と広がり	マインドフルネスな新しい生活の仕方の計画を立てる

（Segal et al., 2013 をもとに作成）

て，自分の悩みや苦しみを受容できるようになったり，これまで気づいていなかったことに気づけるようになることがあります。

　②介入効果のエビデンス：MBSRとMBCTを代表とするマインドフルネスに基づいた介入は，特別な介入を受けなかった群（passive control）と比較すると，うつや不安，痛みの問題に対して，中程度以上の効果が示されています。他の心理療法などを用いた介入群（active control）と比較しても，うつ症状に対してより優れた効果（中程度の効果量）が確認されています。ただし，すでに有効性が示されている治療法（認知行動療法と抗うつ薬）と，マインドフルネスに基づく介入との差はほぼありません[9]。この結果は，うつや不安，痛みの問題に対しては，マインドフルネスに基づく介入は認知行動療法と並ぶ治療選択肢であることを示唆しています。

弁証法的行動療法

　DBT（dialectical behavior therapy：弁証法的行動療法）とは，アメリカ

　　9　Goldberg et al., *Perspect Psychol Sci*, 2022

の心理学者M.M.リネハンによって開発された境界性パーソナリティ障害の治療プログラムです[10]。DBTは，行動変容を促す行動療法の原理と，徹底的に受容する禅の原理という2つの原理を，単一の治療体系として弁証法[11]的に統合した療法です[12,13]。

DBTでは，境界性パーソナリティ障害は，感情的脆弱性[14]という生物学的傾向と，非承認的な環境という社会的な要因の相互作用によって生じていると考えます。そのため，感情調節機能不全を回復していくためのスキル訓練をはじめとする"問題解決"と，セラピストやクライエント自身による"承認（validation）"という，2つの戦略を軸とした治療がおこなわれます。マインドフルネスは，感情を調節し行動を変容する問題解決戦略と，体験を認めて受け入れる承認戦略のどちらにも役立つコアスキルとして重要視されています。標準的なDBTでは，週1回おこなわれるスキルトレーニンググループに加えて，週1回の個人療法，スキルの般化を促すための電話相談等を含めた包括的なプログラムが実施されます。システマティックレビューから，DBTは境界性パーソナリティ障害の自殺関連行動を減らすことが示されており[15]，最近では摂食障害，薬物依存，PTSDなど，感情調節機能不全に関連する疾患に適用が広がってきています。

アクセプタンス&コミットメント・セラピー

行動療法の系譜から発展してきたアクセプタンス&コミットメント・セラピー（ACT）も，マインドフルネスを重要なスキルとして位置づけている療法です。ACTは，自分の価値の方向性に沿った行動にコミットできるよ

10　リネハンは，DSMに挙げられている境界性パーソナリティ障害の9つの診断基準を，（1）感情の調節機能不全（抑うつ・不安・怒りの問題），（2）対人関係の調節機能不全（見捨てられないようにする過剰な努力），（3）行動の調節機能不全（自殺・自傷行為），（4）認知的調節機能不全（離人症状，解離・妄想），（5）自己の機能不全（自己感覚がない，空虚感）に整理し，それぞれの機能不全に対応するスキル訓練をDBTの中に組み込みました。

11　弁証法とは，G.W.Fヘーゲルでは，正（テーゼ），反（アンチテーゼ），合（ジンテーゼ）の3段階で進む精神の自己実現の過程とされ，合は前2者を自己のうちに止揚（アウフヘーベン＝それを解消しつつ，高めて保存）することとされています（山川 世界史小辞典 改訂新版，2004）

12　Linehan, *Cognitive-Behavioral Treatment of Borderline Personality Disorder*, 1993.

13　境界性パーソナリティ障害の患者は，自傷を含め多くの問題行動を示すため，行動の変容が必要である一方で，心理職から変化を求められると，自分のことを認めてもらえないと感じ，治療がうまく進まない可能性が考えられました。そこでリネハンは，変化を促す技法である行動療法とは逆の受容の技法が必要であると考え，禅の思想にたどり着きました（遊佐，In こころのりんしょう à·la·carte, 2007）。

14　その特徴として，ネガティブな情動を喚起する刺激への感受性の高さ，情動の激しさ，情動が元のベースラインに戻るまでに時間がかかることなどが挙げられています（Linehan, *Cognitive-Behavioral Treatment of Borderline Personality Disorder*, 1993）。

15　Panos et al., *Res Soc Work Pract*, 2014

うになるために，不快な私的出来事（外からは見えない思考や感情などの内的体験）にとらわれないマインドフルネスの状態を目指します。たとえば，人と対話することに価値をおいているにもかかわらず，「うまく会話できないんじゃないか」と心配して不安を感じて行動が制限されている人は，認知的フュージョン（思考と現実を混同すること）と体験の回避（望まない体験を避けること）が生じているととらえられます。脱フュージョン[16]やアクセプタンス[17]を促す体験的な技法[18]によって，思考や感情に左右されずに，行動を起こせるようになることを目指していきます。

————— ステップ2 —————

マインドフルネスの心理学的メカニズム

　マインドフルネス介入によるうつや不安などの症状の改善は，どのような心理的な変数で説明できるのかを検証する研究が多くなされてきました。検討されてきたおもな変数は，**脱中心化**と**セルフコンパッション**です。

▶ **脱中心化** | 脱中心化とは，"思考や感情を，一過性のこころのなかの出来事として観察する能力"と定義され[19]，マインドフルネス介入の作用機序を説明する変数として着目されてきました。過去の後悔や未来の失敗を想像しぐるぐると考え（反すう[20]や心配），気分の落ち込みや不安を増幅させているとき，私たちはその思考やイメージをまるで今現実に起こっていることのように捉えていることがあります。マインドフルネスによって，このような"思考と同一化している状態"に気づいて抜け出し，思考から距離をおいて体験を眺める[21]ことで，脱中心化ができるようになっていき，感情と思考の悪循環を断ち切ることができます。

　MBCTにおいても，脱中心化はうつ病の再発率低下につながる重要な要因とされています。うつ病経験者は，抑うつ感情が生じると，抑うつ的な情報処理が活性化しやすい（**認知的反応性**が高い）傾向があることが示唆されています[22]。そして，**認知的反応性**が高い人ほど，うつ病の再発率が高いこ

16　思考から距離をおいて，思考と現実を混同した状態から抜け出すこと。
17　自分の思考や感情などの体験をあるがままの状態にしておくこと。
18　たとえば脱フュージョンには，何か思考が生じたら，「〜と思った」と付け加えることで思考から距離をおく技法があります。またアクセプタンスには，感情を具体的な形をもったものとして想像させ，それがどのような形かを観察するように促すことで回避を抑制する技法があります。
19　Fresco et al., *Behav Ther*, 2007
20　反すうとは，自己，自身の感情，個人的な懸念と心を乱される経験についての反復的かつ持続的なネガティブ思考を指します。p.178参照。
　21　このプロセスは，ACTにおける脱フュージョンと同様です。

とも示されています。MBCTでは，マインドフルネス瞑想を通して，"どのような感覚が生じても，それを判断したり変化させたりしようとすることなく，受け入れられる"こころのモード（beingモード）を訓練し，脱中心化を目指します。このような脱中心化が，認知的反応性の低減につながると考えられています。

▶ **セルフコンパッション** │ また，近年注目されている変数として，セルフコンパッションがあります。セルフコンパッションとは，自身の苦しみを認め，回避することなく，思いやりをもってその苦しみを和らげようとする願望や動機，態度を意味します。セルフコンパッションが低い人ほど，うつ症状が強いことが示されています[23]。MBCTでは，自身のネガティブな思考や感情を認めて，思いやりをもって観察する態度を養います。そのため，MBCTはセルフコンパッションの向上も介して，うつ症状への効果をもたらしているのではないかという仮説が提案されました。実際に，セルフコンパッションの向上がMBCTのうつ症状に対する効果を部分的に説明することが示されています[24]。

········ ステップ3 ········

マインドフルネスの認知神経科学的メカニズム

うつ病や不安症などの精神疾患の神経基盤が研究されるなか，それらの疾患への有効性が示されたマインドフルネスは，脳の機能や構造を変容させているのではないかという関心のもと，認知神経科学的研究も多くなされてきました。それらの研究が整理され，マインドフルネス瞑想は，①注意制御，②感情調節，③自己への気づきの3つと関連する脳領域に変化をもたらすと説明されています[25]。

▶ **注意制御** │ マインドフルネス瞑想中には，前部帯状皮質や外側前頭前皮質など，注意制御にかかわる脳部位が活性化します（**図7-2**）。これは，意図的に現在の体験に注意を向けることと関係していると考えられます。うつ病や不安症では，注意制御がうまくできなくなることが知られています（集中力の減退など）。そのため，マインドフルネス瞑想は注意制御にかかわる脳機

22 MBCT開発者の一人のJ.D.ティーズデールは，うつ病の再発メカニズムを説明するために，抑うつ的処理活性仮説（p.178）を提案しました。
23 Neff, *Self Identity*, 2003
24 Kuyken et al., *Behav Res Ther*, 2010
25 Tang et al., *Nat Rev Neurosci*, 2015

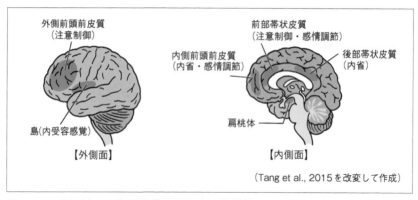

図7-2　マインドフルネス瞑想と関連する脳領域

マインドフルネス瞑想によって機能や構造が変化する可能性が示唆されている脳領域とその機能を示した。"注意制御"と関係する部位として外側前頭前皮質・前部帯状皮質、"感情調節"と関係する部位として前部帯状皮質・内側前頭前皮質・扁桃体、"自己への気づき"と関係する部位として島・内側前頭前皮質・後部帯状皮質がある。島は外側からは見えず、前頭葉と側頭葉の間の内奥にある。

能を改善することで、うつ病や不安症を改善している可能性があります。

　また、長期間瞑想を実践している人は、そうでない人に比べて、前部帯状皮質が分厚いという脳構造の違いも示されています[26]。逆に、うつ病において症状が重い人ほど、前部帯状皮質が小さい傾向にあります[27]。継続的な瞑想実践は、注意制御にかかわる脳部位の構造も変えて、うつ症状の低減や予防につながっている可能性があります。

▶ **感情調節**｜うつ病や不安症では、ネガティブな感情とかかわる扁桃体の過活動がみられます。これに対し、MBSRは、扁桃体の過活動を弱めることが示されています[28]。この介入効果は、前頭前野の感情調節にかかわる部位の活動が高まり、扁桃体の活動を抑制するために生じると考えられます。ただしこのような脳活動は、比較的短期間マインドフルネス瞑想を実践した人にみられるものであり、より長期の実践者では異なる脳活動が生じることが示されています。

　1週間だけマインドフルネス瞑想を練習した初心者と、瞑想経験時間が長い（1,000時間以上）熟達者を対象に、感情を喚起する画像をマインドフルネスな状態で見たときと、通常の状態で見たときの主観的な体験と脳活動を調べた研究があります[29]。まず主観的な報告では、初心者も熟達者も、通常

26　Fox et al., *Neurosci Biobehav Rev*, 2014

27　Sprengelmeyer et al., *J Affect Disord*, 2011

28　Goldin & Gross, *Emotion*, 2010

29　Taylor et al., *NeuroImage*, 2011

時に比べて，マインドフルネスな状態で画像を見たときには，感情の強さは下がっており，どちらも感情調節ができているようでした。しかしその際の脳活動は，初心者と熟達者で全く異なっていました。初心者では，通常時に比べてマインドフルネスな状態のときには，感情の抑制を担うとされる内側前頭前野の活動は高まり，扁桃体の活動は低下していました。一方で熟達者では，通常時に比べてマインドフルネスな状態のときには，内側前頭前野の活動は低下し，扁桃体の活動には変化はみられませんでした。これらの結果から，感情調節中に，初心者は内側前頭前野によって扁桃体が抑制されているのに対して，熟達者は，生じた感情を抑えようとせずにそのままにしておくことで，扁桃体が抑制されないという異なるメカニズムが働いていることが示唆されます。

▶ **自己への気づき**｜マインドフルネス瞑想中には，デフォルトモードネットワーク（default mode network：DMN）[30] の核の1つである後部帯状皮質の活動が低下します[31]。DMNは，目の前のことから注意がそれ，考えごとをしている状態[32]や反すう，自己言及処理（自分の性格を考えるなど）とかかわるとされています。うつ病患者では，反すうや過剰な自己言及処理がみられ，脳活動においても，安静時のDMNが健常者と比較して活発に活動していることが報告されています[33]。一方で，概念的な自己ではなく身体に注意を向けるマインドフルネス瞑想中には，島（insula）が活性化することが示されています。島はさまざまな機能を担う部位ですが，身体内部の状態の知覚（内受容感覚）にかかわることがよく知られています。うつ病は内受容感覚の異常が示唆されており，うつ症状が強い人ほど，島の灰白質容量が小さいことが報告されています[27]。これらのことからマインドフルネス瞑想は，自己意識とかかわる脳機能・構造の異常に影響を与えることで，うつ病を改善している可能性が考えられます。

30　私たちが何もしていない安静時にも，内側前頭前皮質と後部帯状皮質などの複数の脳部位は協調して活動しており，それらの部位はデフォルトモードネットワークとよばれています。
31　Fox et al., *Neurosci Biobehav Rev*, 2016
32　マインドワンダリング（mind-wandering）や刺激独立思考（stimulus-independent thought）などとさまざまな概念名で研究されてきた現象です。
33　レビューとして吉村，臨床精神医学，2022

マインドフルネスを用いた治療の実際

（杉山風輝子）

1. はじめに

マインドフルネスとの出会い

　筆者は**第三世代の認知行動療法**を専門として，おもに精神科や心療内科のクリニックにて，疾患を治療するためのカウンセリングや小集団療法を担当してきました。

　大学の講義で一番人気の科目だった「行動療法」を受講したら，自分の困りごとを解決するためのヒントがたくさん紹介されており，とても衝撃を受けたことを覚えています。当時は，自分のことで精一杯でしたから，他人を支援することにはあまり興味をもてませんでしたが，自分を変えたいというモチベーションでマインドフルネスをはじめとした第三世代の認知行動療法を積極的に学びました。特に，マインドフルネスは大変奥深く，一朝一夕には理解できませんでした。しかし，継続して練習するにつれて，主観的には日々の生活がとても楽になりました。そのような個人的な体験とたくさんの実証研究の結果から，マインドフルネスは，疾患のある方はもちろんのこと，病院に行くほどではないけれど困っている，さまざまな性別や年齢の方にとって，きっと役に立つものに違いないと考えています。

2. 研究・アプローチの紹介

マインドフルネス療法の導入から実践まで

　本節では，私が実際におこなっている8週間のマインドフルネス・グループ療法の流れを一例として紹介したいと思います。

▶ **準備とインフォームド・コンセント**｜マインドフルネスを学ぶうえで重要なことの1つに，**体験や実践を通して学ぶ**ということがあります。たとえば，うつ病と診断され8週間以上の薬物療法をおこなっても回復しなかった患者を対象に，8週間のMBCTを受ける群と，8週間にわたりマインドフルネスの講義のみを受ける群とで，マインドフルネスの効果を比較した研究があります[34]。マインドフルネスの講義のみを受けた群に比べて，MBCTを受

けた群のほうが，抑うつ症状が回復する程度が大きく，その差は治療を開始してから時間がたつほど大きくなっていきました。この研究結果は，知識のうえで理屈を理解するだけでは，マインドフルなこころの状態を体験的に理解することは難しく，その効果も生じにくいということを示唆します。マインドフルネスとは，本質的に言葉による概念的な操作から離れることが含まれているために，体験的な理解のうえで効果を有するものであることが知られています。

このような性質をもつマインドフルネスを指導することは，他の臨床メソッドや対人援助方法論とさまざまな側面で区別されます。その1つに指導者自身の深いマインドフルネスの経験が求められることがあります[35]。つまり，マインドフルネスによる治療をおこなおうと考えたときに，最も重要で優先的におこなうべき準備は，治療者本人が，マインドフルネスの練習に取り組み，マインドフルなこころの状態を体得することです。体験することがマインドフルネスの本質であるからです[36]。

治療者の準備ができたら，参加を希望するクライエントに事前に面談をおこない，アセスメントとインフォームド・コンセントをおこなっていきます。アセスメントに重要なポイントは，**①練習ができる状態か**[37]，**②危険はないか**の2点です。クライエントの症状やその程度によって，症状が重篤で練習することが難しい場合[38]や，クライエント本人に練習をおこなうモチベーションがない場合には，マインドフルネス療法の効果をあまり期待できないかもしれません。ですから，必ずクライエント本人に，どの程度，練習に時間を割くことができるかを確認する必要があります。また，妄想などの症状が表出するおそれがある場合は，長時間の瞑想等により症状が悪化する可能性があることが報告されています。そのため，マインドフルネスによる治療をおこなうための方法として瞑想の練習を導入する場合には慎重になる必要があります[39]。さらに，ネガティブな体験への対処方略として，思考や感情を抑制する習慣のある人は，自分の体験していることに注意を向けることによって，一時的にその体験を強く感じる場合があります[40]。こうした一時

---

[35] Crane et al., *Mindfulness*, 2012

[36] マインドフルネスを学ぶことは，新しい言葉を覚えることにとても似ています。言葉についての知識を得ることと，言葉を実際に使えるようになることとは異なるように，マインドフルネスも知識を得るだけでは不十分で，実践をおこなうことで獲得されますが，実践を止めればその力は衰えていきます。

[37] 練習には，さまざまな方法がありますが，MBSRやMBCTなどの標準的なマインドフルネスの集団による心理療法では，通常，1日40〜60分，週に6日以上の自宅での練習とその記録が求められます。習慣にアプローチすることが主要な課題であるためです。

[38] 統合失調症，認知症，妄想症，強迫症などがあります。

[39] Lomas et al., *Mindfulness*, 2015

的な反応については，そのまま練習を続けていくことで収まる傾向にあることがわかっています[41]。ただし，そのような反応は本人にとっては大きな苦痛を伴う可能性があります。そのため，あらかじめクライエント本人にそのようなことがあり得ることも説明し，参加の意思を確認します。フラッシュバック等の症状を有していたり，直近でトラウマとなるような出来事を経験している場合など，一時的に強いネガティブな反応が生じる可能性がきわめて高いことがあらかじめわかっている場合には，安全な場所のイメージ法[42]や呼吸法などのトレーニングをおこなうといった事前準備のセッションを設けることや，練習の前後で個別に面談の時間をとること，治療を進めるスピードを緩めること，そして場合によっては治療の中断を決断することなど，個別の工夫や十分なケアが必要となります。まとめると，マインドフルネスを導入する際には，**ある程度状態が安定している方を対象とするほうがよく，マインドフルネスが目指していることやそのために必要な時間や労力，マインドフルネスによる治療のデメリットも含め，十分に説明をし，同意を得る作業をおこなうことが大切です。**

▶ **実践と効果**｜マインドフルネス・グループ療法では，マインドフルネスの練習を一緒におこない，その体験について話し合いながら進めていきます。マインドフルネスの練習には，**瞑想**をはじめとして，さまざまな方法があります。このような練習によって，習慣化されている思考，行動，感情，そして身体反応などのパターンやそれらの結びつきに気づき，すべての体験が一過性であることを知ることで，体験を受容するという新たな向き合い方を学ぶことができるようになります。そしてこの学びを通じて，症状を引き起こしている習慣的で自動的な反応をただ繰り返すのではなく，人生の幅広い領域で対応できるような思考の柔軟性や，新たな行動レパートリーを獲得していくことが，マインドフルネスの目的です[43]。

　次に，グループ療法に参加されたクライエントの多くが共通して報告することを，時系列に沿って紹介します。

　1〜2週目：マインドフルネスについて，その定義や特徴が書かれたプリントを用いて共有した後，実際にマインドフルネスの練習を一緒におこなって，その体験について話し合います。この段階では，多くのクライエントが

....

40　PTSD（post traumatic stress disorder：心的外傷後ストレス症），薬物やアルコールなどの物質使用症，パーソナリティ症，神経発達症（発達障害）等の既往がある場合には特に注意が必要です。

41　Hölzel et al., *Perspectives on psychological science*, 2011

42　苦痛を伴う記憶から一時的に離れ安全を図るための方法で，クライエント本人にとって安全だと感じる場面をイメージし，いつでもそのイメージに意識を向けられるように繰り返し練習します。

43　熊野，新世代の認知行動療法，2012

練習をおこなうことの難しさについて語ります[44]。治療者は，それぞれの困惑や大変さについて十分に共感を示しながらも，「眠ってはいけない／集中しなければならない」「正しくおこなえば何か素晴らしい体験をするに違いない」など，クライエントが知らず知らずのうちにありのままの体験を否定して特別な状態を目指しはじめていないかについて，問いかけるようにします。そうすることで，習慣的で自動的な反応（ここでは，ありのままの体験を否定して特別な状態を目指すこと）が生じていることに，クライエントが自ら気がつけるようになることを支援します。

3〜4週目：日常生活をどのようにマインドフルに過ごすかについて，話し合います。この段階では，段々とさまざまな場面で思考や感情に気がつくことができるようになるクライエントもいる一方で，気づいたけれどそれを受容できずに回避してしまったり，表面的で大雑把にしか気づけない場合もあります[45]。治療者は，クライエントの気づくことのできる範囲を少しずつ広げ，気づいたものに反応せずに受容する選択肢があることについて繰り返し伝えていきます。

5〜6週目：40〜50分ほどの長い瞑想を体験したり，これまで繰り返してきた問題をつくっている悪循環について整理して，クライエントどうしで話し合ったりします。この頃には，多くのクライエントは生活のいろいろな場面で自分の体験に気づくことができるようになってきます。他方で，それまであまり目を向けてこなかったものにも気がつくようになって，驚いたり戸惑ったりすることがあります[46]。人によっては，この段階にきて，改めて，気づいて受容することの難しさを報告する方もいます。

7〜8週目：プログラムが終わった後の生活や，どのように自分で自分をケアしていくかについて話し合います。この頃には，自分が繰り返してきた習慣的な反応とマインドフルに向き合う方法との違いを理解できるようになり，そのなかで穏やかさや安心感等の実感を報告される方が多いです。実際，不安や抑うつ症状のある方を対象とした研究では，8週間のプログラム終了後におけるうつ症状や不安になりやすさの程度が有意に改善したことが

44　練習の途中で眠気が襲ってくること，ひっきりなしに雑念が浮かび，なかなか今この瞬間に注意を向け続けていられないこと，自分のおこなっている練習が正しいかが気になること，忙しい毎日のなかで練習時間を確保することが難しいことなどです。

45　自分が考えたことについてはすぐに気づけるけれど，そのときの感情や身体の状態にはあまり気づけないという場合や，考えに気づくや否や「こんなふうに考えるべきではない」と，その考えに飲み込まれてしまう場合などがあります。

46　日常生活の小さな出来事で喜びを感じていることに気づく場合もあれば，自分では"気にしない"ようにしていたことのなかに怒りや傷つき体験があることに気づく場合などがあります。

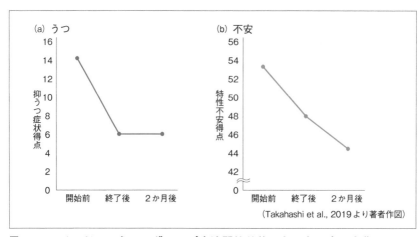

(Takahashi et al., 2019 より著者作図)

図7-3　マインドフルネス・グループ療法開始前後のうつと不安の変化
（a）縦軸は抑うつ症状を測る質問票の1つである BDI-Ⅱの得点で，高ければ高いほど抑うつ症状が重篤であることを示す。（b）縦軸は不安を測る質問票の1つである STAI のうち，特性を測定する項目を用いた得点で，高ければ高いほど，不安になりやすいことを示す。

報告されています（**図7-3**）。さらに，これらの効果はプログラムが終了して2か月が経過した後にも維持されていました。

　以上の経過は，あくまで一例であり，クライエントによって体験することはさまざまです。マインドフルネスは，**日々，繰り返されている考え方や行動の癖，繰り返し生じてくる感情や身体の反応などといった習慣となっている反応にアプローチするもの**です。そのため，1人ひとりのクライエントがどのような習慣を身につけてきたかによって，生じる変化も千差万別です。

　これまでの研究によりさまざまな効果が報告されていますが，効果効能への期待を抱きすぎることは危険です。なぜなら，その期待こそがありのままの体験を否定するものとなってしまい，マインドフルネスの効果から遠ざかってしまうためです。練習や治療をおこなうときには，効果への期待を一度手放し，目の前の体験にただ気づくことを目指すことが重要です。生活への変化は，その結果としてゆっくりと現れてくるのです。

───── 3. 今後の展望 ─────

マインドフルネスの限界点

　従来の治療法はおもに，問題を生む認知や行動を減らし，適応的な認知や

行動を増やすことに着目してきました。これに対し，マインドフルネス療法は，"問題の有無にかかわらず，すべての経験に気づき受容する"という選択肢を，明確かつ具体的に加えました。それによって，これまでよりも多くの疾患に適応できるようになり，さまざまな効果が確認されています。しかし一方で，治療者にとってもクライエントにとっても"すべての体験に気づき受容する"プロセスを体得するまでに，ある程度の練習時間が必要であることが限界点として挙げられます。治療者自身も，実生活での練習をおこなう必要がありますから，治療者がクライエントに教えるためのスキルや知識を身につける場も，ますます必要となってくるでしょう。さらに，治療に用いる際にも，具体的に生活が変わっていくまでに，2か月から半年程度の時間と練習が必要であることを見越しておかねばなりません。症状が重篤な場合や，時間をかけるだけのリソースがない場合には，薬物療法や従来の認知行動療法との併用を検討するほうがよいでしょう。

集団を対象とした心理療法

1 家族療法

（藤掛友希）

······ ステップ1 ······

家族療法の基礎概念

　家族療法（family therapy）とは，ある個人の問題を家族という文脈からとらえようとするアプローチです。1940年代以降さかんになった，統合失調症患者（第13章）の家族を対象とした研究に端を発し，1950年代以降に欧米を中心に発展してきました[1]。家族療法では，"個人"ではなく"家族"という集団を単一のシステムとしてみなし，アセスメントや支援をおこないます[2]。本ステップではまず，家族療法の基盤となっている概念や理論を紹介します。

▶ **IP** ┃ IP（identified patient）とは「患者とみなされた人」などと訳され，"家族のなかで，たまたま主な症状や問題を呈している（とみなされている）人物"を指します。家族療法では，ある個人が問題や症状を抱えているのではなく，家族メンバー間の相互作用によって，それらの問題や症状が維持されているという視点を重視します。

▶ **システム理論** ┃ 家族を1つの単位としてとらえる視点は，1950年代よりアメリカの人類学者G.ベイトソンらによる統合失調症患者の家族研究において取り入れられてきました。家族療法において家族をシステムとしてとらえる理論的な原点は，1968年よりオーストリアの生物学者L.vonベルタランフィが展開した一般システム理論（general system theory）[3]にあります。一般システム理論とは，ある現象を，それを構成する要素の寄せ集めとしてとら

1　家族療法は統合失調症患者の家族以外にも適用されており，効果が実証されています。例えば，家族療法の1つである家族に基づいた療法（family based treatment）は，思春期の摂食障害のなかでも神経性やせ症に対する第一選択の療法であり，神経性過食症においても効果が認められつつあります（Rienecke, *Adolesc Health Med Ther*, 2017）。

2　家族を対象としますが，必ずしも家族全員がカウンセリングに参加しなければならないわけではなく，大切なのは家族メンバーなどの間に生じている相互作用に焦点を当てることです。

えるのではなく，各要素が置かれた環境や文脈も含めた"システム"としてとらえる考え方です。この考えに基づくと，家族は，家族内のメンバー間だけでなく，外部環境と情報のやり取りをするシステムでもあるととらえることができます。さらに，アメリカの生物学者J.G.ミラーは，生物体システムに着目し，人間にかかわるシステムを7つの階層に分けました[4]（**図8-1**）。その階層において**家族は集団システムに該当し**，**個人はその下位システム（サブシステム）の生体システムに該当します**。

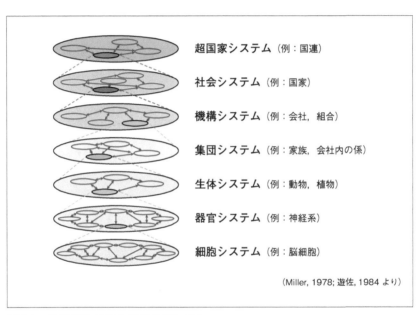

超国家システム（例：国連）

社会システム（例：国家）

機構システム（例：会社，組合）

集団システム（例：家族，会社内の係）

生体システム（例：動物，植物）

器官システム（例：神経系）

細胞システム（例：脳細胞）

(Miller, 1978; 遊佐, 1984 より)

図8-1　生物体システムの7つのレベル

▶ **円環的因果律** │ 家族療法では，物事の原因と結果に対する捉え方も通常とは異なります。私たちは出来事をとらえるとき，基本的には何か原因があり，そこから結果が生じると考えます。このような捉え方を直線的因果律とよびます。一方で，円環的因果律（circular causality）では，**当初は結果だったものが今度は原因となるような循環のなかで出来事が起きていると捉えます**（**図8-2**）。原因と結果が連鎖し続けると考える円環的因果律では，出来事の原因を追究しません。

....

3　Bertalanffy, *General System Theory: Foundations, Development, Applications*, 1968
4　J.G.Miller, Living Systems, 1978

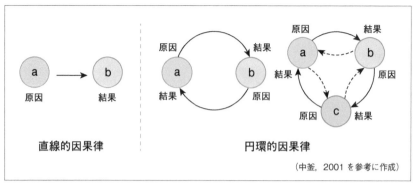

（中釜，2001 を参考に作成）

図8-2 直線的因果律と円環的因果律
たとえば，ある子どもが学校で何か問題を起こしたので，母親が学校から呼び出されて注意を受けたとする。母親の話を聞いた父親は子どもを厳しく叱る。なぜならば，この出来事を直線的因果律でとらえると，問題行動という結果(b) の原因(a) は子どもにあると考えて，その原因(a) に対処することで結果を変えようするからである。しかし，強く叱れば叱るほど子どもの問題行動(b) が増えていくならば，子どもが父親の叱責に反発し(c)，それが結果として，問題行動(b) の原因(a) を助長している可能性もある。これが円環的因果律のとらえ方で，(a)(b) ともに原因にも結果にもなり（円環的因果律：左図），さらに (a) と (b) をとりまく文脈(c) も要因として含めて，起こっている現象を理解する（円環的因果律：右図）。子どもの問題行動と父親の叱責，またはそれ以外の要因間（親子や夫婦関係，学校・教員と親・子どもとの関係など）のさまざまな相互作用を考える必要がある。

▶ **社会構成主義** 社会構成主義（social constructionism）では，何か１つの客観的かつ絶対的な現実が存在するのではなく，ある人にとっての（主観的な）現実は他者との言葉でのやり取りのなかで徐々に形づくられ，とらえる人次第で現実は異なるものだと考えます。この考えに則ると，心理的な支援の際に，カウンセラーが自らの専門知識や依拠する理論によってクライエントの語る問題をとらえたり，問題を実在するかのように扱ってその原因を探求するような姿勢は，結果的に問題の解消から遠ざかってしまいます。そうではなくて，カウンセラーは，自らの知識や理論，またクライエントの問題が生じた文脈にとらわれず，クライエントについて何も知らないところから対話をしていくなかで，クライエントが新たに見いだした現実の意味をともに探求していく，**無知の**（not-knowing）**姿勢**が求められます。

······· ステップ 2 ·········

第一世代の家族療法

　家族療法は大きく３つの世代に分けられます。第一世代は，**家族療法の黎**

明期に提案された家族療法を指し，それぞれ提唱者固有の理論的背景をもっています。本ステップでは，第一世代の家族療法のなかから多世代派，構造派，コミュニケーション派の家族療法について紹介していきます[5]。

▶ **多世代派家族療法**｜多世代派家族療法は，アメリカの精神科医であるM. ボーエンにより提唱されました。本療法の一番の特徴は世代を扱う点にあり，個人や家族の問題を，何世代かにわたる家族の発展の歴史のなかでとらえようとします。具体的には，融合（fusion）と個体化（individuation）の2つの概念から，個人と家族や世代との関係やそこで生じている問題を理解しようとします。融合とは自分の感じ方や考え方と，家族，さらには世代にわたり受け継がれてきた感じ方や考え方の境界線が曖昧となり，互いの感情や考えが影響し合っているような病理的な状態を指します。個体化は，独自の感じ方・考え方をする一個人として自身を認識することを意味します。多世代派家族療法では，自己の分化[6]・個体化によって，個人が家族と融合した状態から脱することを目指します。

多世代派家族療法では，家族の歴史や経験と，ある家族の状態や家族関係とのつながりを理解する1つの手段として，ジェノグラム（genogram，家族樹形図）を用います。ジェノグラムは家系図のようなもので，男性を四角，女性を丸，夫婦を横線，親子を縦線で表現します（図8-3）。こうした方法により，世代にわたり繰り返される家族関係のパターンが見いだされることがあります。現在では多世代派家族療法の枠を超え，広く心理臨床において家族の状況や関係性，世代を理解する際に用いられています。

▶ **構造派家族療法**｜構造派家族療法は，児童精神科医S. ミニューチン[7]により提唱されました。本療法では機能不全が生じている家族の構造を理解し変化させることで問題解決を目指します。複雑な家族の関係性を，家族構成や各家族メンバーの年齢や食事の際に座る位置といった立場などの具体的な情報と，境界（boundary），提携（alignment），勢力（power）の3つの視点からとらえます。

家族というシステムは，夫婦や母子，父子，兄弟姉妹などより小さな単位

5 第一世代の家族療法として，ほかにも精神分析（第3章）に基づきつつも面接室に患者以外の人を入れる（精神分析では禁忌）ことで始められた精神力動的家族療法や，現実に対する意味づけをし直す"リフレーミング"などのさまざまな介入技法を効果的に用いる戦略派家族療法，そして家族の問題さえも家族システムのバランスを維持するものとして肯定的に意味づけて，現状を維持するよう勧めることで，逆説的に家族内の交流の悪循環を打破しようとするミラノ派家族療法などがあります。

6 自己の分化とは，個人の知性的な機能と感情の機能のバランスがとれた状態のことです。自己分化しているほど，他者の期待や影響から自立した対人関係を築きやすいとされています。

7 構造派家族療法の背景には，ミニューチンが渡米後ニューヨークやフィラデルフィアのスラム街で，貧しく，関係が複雑な家庭を対象に臨床実践をした際の経験があります。

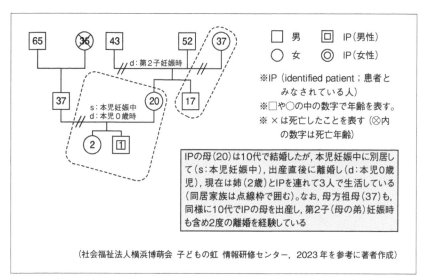

※IP（identified patient；患者と
　みなされている人）
※□や○の中の数字で年齢を表す。
※ × は死亡したことを表す（⊗内
　の数字は死亡年齢）

IPの母（20）は10代で結婚したが，本児妊娠中に別居し
て（s：本児妊娠中），出産直後に離婚し（d：本児0歳
児），現在は姉（2歳）とIPを連れて3人で生活している
（同居家族は点線枠で囲む）。なお，母方祖母（37）も，
同様に10代でIPの母を出産し，第2子（母の弟）妊娠時
も含め2度の離婚を経験している

（社会福祉法人横浜博萌会　子どもの虹　情報研修センター，2023年を参考に著者作成）

図8-3　ジェノグラムの例

（サブシステム）に分けられます。**境界**は，家族内のシステムやサブシステ
ムを区切るための概念を指し，家族メンバーがどのように相互作用するかに
よって「明瞭な境界」「あいまいな境界」「固い境界」の3つに分類されま
す。世代間の「明瞭な境界」は適応的な家族構造においてみられ，世代間メ
ンバーの相互作用も維持されています。一方で，「あいまいな境界」は家族
メンバーの関係が複雑にからみあって融合し親の問題に子どもが巻き込まれ
ているような家族（纏綿家族）にみられ，「固い境界」は互いの情報共有が
なく各自がバラバラな家族（遊離家族）にみられます。後者2つはいずれも
適応的でない家族構造を示しています[8]。

　提携は，家族の相互作用を通じて生じる，家族メンバー間での協力関係ま
たは相反する関係を意味します。提携はさらに，家族内のある2人（例：母
親と娘）が第三者（例：アルコールを飲むと暴力をふるう父親）に対抗する
ために連携する"連合"と，家族内のある2人が第三者とは異なる共通目的
のために手を組んだり，共通の興味を共有したりする"同盟"に分けられま
す。同盟は，第三者との敵対関係を含みません。

　勢力は，家族内における影響力の強さや階層を指します。具体的には，決

8　たとえば，構造派の立場からは，親離れや子離れができない状態（母子密着）とは，家族のサブシス
　　テムである夫婦と子ども（兄弟姉妹）間の境界があいまいになり，夫婦や兄弟姉妹の横のつながりよ
　　り親子（母子）の縦のつながりが過剰に強すぎて，バランスが崩れている状態と解釈できます。

定，コントロール，金，暴力の4カテゴリーに分けられます。たとえば，思春期の子どもが家庭内で親に暴力をふるう場合，仮に親のほうが経済的には上回っていたとしても，親は子どもを適切にコントロールできず，家族内での親と子の階層が逆転してしまいます。

構造派家族療法で，上記の視点をもとに家族の関係性をとらえる際に用いられる代表的な技法として，**ジョイニング**と**エナクトメント**を紹介します。

①**ジョイニング**：ジョイニング（joining）とは，家族療法の初期にセラピストが家族のシステムに加わる（join）ことです。まずは，ある家族がこれまで築いてきたルールや習慣にセラピストが溶け込むことで，変化に向かうための協働的な治療関係を構築することを目指します。そのために，家族の声のトーンやテンポ，語り口調や考え方に合わせたり（アコモデーション），家族が用いる言動を実際に真似る（マイムシス）などをおこなったりします。

また，家族全体になじむだけではなく，家族の各メンバーの話が食い違っていても分け隔てなく耳を傾け，それぞれの言い分を明確にしていくこと（**多方向への肩入れ**）により，各家族メンバーとの信頼関係を築いていきます。

②**エナクトメント**：エナクトメント（enactment）では，家族が普段おこなっている機能的でない（上手くいっていない）やりとりを，セラピストの目の前で実演（act）してもらいます。それにより，セラピストが家族の日常を観察できるのみならず，家族が日頃の言動を自覚する機会にもなります。

▶ **コミュニケーション派家族療法** ｜ コミュニケーション派家族療法は，1959年にアメリカの精神科医D.D.ジャクソンらによって，統合失調症とその家族を研究するために設立されたMRI（Mental Research Institute）から始まった家族療法です。本療法は家族間の相互作用において問題を維持し，悪循環を生み出している暗黙の交流のパターンを変化させ，問題を解消し悪循環を断ち切ろうとします。コミュニケーション派家族療法に大きな影響を与えたのが，ベイトソンらが提唱した二重拘束（ダブルバインド）仮説（double bind hypothesis）です。二重拘束とは"どちらをとっても罰せられる"状況[9]のことです。ベイトソンらは，統合失調症患者とその家族の相互作用のパターンに関する研究を通じて，矛盾したメッセージが同時に与えられる二重拘束の状況におかれると，統合失調症に似たような混乱の状態を示

9　Bateson, *Steps to an Ecology of Mind*, 1972

すようになるという仮説を立てました[10]。

········ ステップ3 ········

第二世代以降の家族療法

　1990年代には，社会構成主義を背景とした第二世代の家族療法が登場します。それ以降の家族療法は，第一，第二世代の各家族療法について，学派やアプローチを超えて臨床現場で統合的に実践しようとする流れのなかで展開しています。本ステップでは第二世代の家族療法として**ナラティブ・アプローチ**と**ソリューション・フォーカスト・アプローチ**，それ以降の家族療法[11]として**家族心理教育**を紹介します。

▶ **ナラティブ・アプローチ** | ナラティブは，「物語」や「語り」を意味する言葉です。ナラティブ・アプローチには，オーストラリアの精神科ソーシャルワーカーM.ホワイトとニュージーランドの文化人類学者D.エプストンによる**ナラティブ・セラピー**（narrative therapy：NT）[12]のほかにもアメリカの心理学者H.アンダーソンとH.グーリシャンによるコラボレイティブ（協働的）・アプローチや，ノルウェーの精神科医T.アンデルセンによるリフレクティング・プロセスなどがあります。いずれも，現実は誰かに語られることで，理解，形成されるという立場をとります。本アプローチでは，社会における他者とのかかわりから，何らかの問題が生じている物語が形成されてしまい，その物語に従って人生を送っているためにクライエントはカウンセラーのもとを訪れると考えています。したがって，カウンセラーとの対話を通じて，クライエントが新しい物語を紡いでいくことが目標となります。たとえば，クライエントが「私の人生は不幸だ」などの**支配的な物語**（ドミナン

10　ベイトソンは次のような事例を用いて，二重拘束の状況を説明しています。「精神病院に入院している青年のところに母親が見舞いに来る。青年が喜んで母親に近づこうとした瞬間，母親がわずかに身を引く。青年がそれに反応して行動を止めると，母親は『お母さんが見舞いに来たのにうれしくないの？』と青年を責める。青年は母親に近づいても責められるし，身を引いても責められる状態になる。母親が帰った後，青年は暴れ出してしまう」（Bateson et al., *Behavioral Science*, 1956）。
　　一方で，二重拘束を治療に活用したものとして，治療的二重拘束があります。治療的二重拘束では，どちらをとっても褒められるような状況を生じさせます。たとえば，学校になかなか登校できない子どもに対して「学校に週1回以上は行かないように」という約束を伝えたとします。もし1週間のうち1度も学校に行けなかったとしても，約束を守ることができたことになり，褒められます。また，学校に行けたとしても，登校できたということを褒められます。

11　家族心理教育のほかにも，G.エンゲルの生物心理社会モデル（p.22）に基づくメディカル・ファミリー・セラピー（medical family therapy：MFT）や統合的家族療法などがあります。

12　ナラティブ・セラピーは家族療法の流れを汲んでおり，社会構成主義の影響を受けて誕生しましたが，現在では家族を対象としたセラピー以外でも用いられることが多くあります。

ト・ストーリー）を語っているのならば，カウンセラーはその一貫性や信憑性（しんぴょう）を疑い（脱構築），「いつも不幸と思っていたが，実はそうでもなかった」などという新たな物語（オルナタティヴ・ストーリー）の再構築を促します。

▶ **ソリューション・フォーカスト・アプローチ** | ソリューション・フォーカスト・アプローチ（solution focused approach：SFA）は，"解決"（solution）という言葉を含みますが，SFAにおける"解決"は，問題の原因に焦点を当てて分析したり取り除いたりすることではなく，**クライエントの目標やニーズが何かを明確にし，段階を踏んでその達成に向かっていく**ことを指します。問題自体やそれが生じる原因から解決（目標・ニーズの達成）へと焦点を変える際には，問題の程度が予想よりも大きくならなかった，そもそも問題が生じなかった，などの"例外"をクライエントとともに探っていきます。

▶ **家族心理教育** | 医療の領域における心理教育とは，「精神障害やエイズなど受容しにくい問題をもつ人たちに，正しい知識や情報を心理面への十分な配慮をしながら伝え，病気や障害の結果もたらされる諸問題・諸困難に対する対処方法を修得してもらうことによって，主体的な療養生活を営めるよう援助する技法」[13] と定義されます[14]。家族心理教育（family psychoeducation）は問題[15]を抱える当事者の家族（当事者を含まない場合もある）に心理教育をおこないます。表8-1のように，**専門家が家族に対して問題に関する正しい知識を伝えるだけでなく，グループワークにおいて互いに困りごとやその対処法を話し合い共有することは，家族を力づけること（エンパワメント）**にもつながります。その結果，家族の当事者へのかかわり方が安定し，当事者の病気の再発や入院の減少，薬物療法をはじめとする必要な治療への積極的な参加につながります。家族心理教育は，単一の家族に対しておこなわれる場合と，複数の家族グループでおこなわれる場合があります。

13　浦田ら，心理教育を中心とした心理社会的援助プログラムガイドライン，2004
14　心理教育は，医療領域以外にも学校教育や地域において，児童生徒や教員，また一般市民を対象におこなわれることもあります。また，認知行動療法において，クライエントの問題が生じているメカニズムを説明する際にも心理教育がおこなわれる場合があります。
15　家族心理教育の対象は，不登校，ひきこもりなどにも広がっています。

表8-1　統合失調症の家族心理教育のプログラム例

	実施内容
1回目	オリエンテーション・自己紹介 情報提供①　心理教育とは・なぜ家族が知識をもつことが必要か 問題解決型グループワークのやり方紹介
2回目	情報提供②　統合失調症：概念・症状・経過・ストレス―脆弱性モデル 問題解決型グループワーク 　　①ウォーミングアップ（最近あった良かったこと，うまくいったこと） 　　②グループのルール，進め方の確認 　　③それぞれが相談したいことを言う 　　④どの相談を今日取り上げるかを決める 　　⑤相談したい話題についての状況説明と参加者からの質問 　　⑥相談者が目標（何について明らかにしたいか，解決したいかなど）を改めて設定 　　⑦役に立つようアイデアを出し合う 　　⑧相談者が自分に役立ちそうなアイデアを選ぶ 　　⑨今日の感想を言って終了
3回目	情報提供③　統合失調症：生物学的治療と心理社会的治療 問題解決型グループワーク
4回目	情報提供④　生活支援・社会資源・再発予防 問題解決型グループワーク
5回目	問題解決型グループワーク
6回目	問題解決型グループワークとまとめ

（日本家族研究・家族療法学会，2013 をもとに作成）

2　　　　　　　　　　　　　　　　　　　　　　　　　　　　　　≫ 理論 ≫

集団療法・コミュニティ心理学

（藤掛友希）

……… ステップ1 ………

集団精神療法の理論

　集団精神療法（group psychotherapy）は，**カウンセラーやファシリテーターを含む集団を対象とした心理療法**です。その規模は4，5人の小グループから30〜50人の大グループとさまざまで，背景の理論や技法も多岐にわたります。いずれも**グループのメンバー間での交流から生じる集団の力動を治療的な効果をもたらす1つの要因**ととらえます[16]。アメリカの精神科医で，作家でもあるI.D.ヤーロムは自らの臨床実践の経験から，集団精神療法に重

16　集団精神療法の1つである集団認知行動療法（第6章）のうつ病に対する効果のメタ分析では，未治療よりは良いものの，その他の非薬物療法（他の集団精神療法や個別の介入も含む）よりも優れるとは結論できませんでした（Okumura et al., *J Affect Disord*, 2014）。

表8-2　ヤーロムの11の療法的因子

因子	説明
希望をもたらすこと	他の患者が良くなる姿を見て，自分も良くなろうという希望をもつ
普遍性	自分一人が悩んでいるわけではないことを知る
情報の伝達	病気の症状や日常の困りごとへの対処などについて，集団内で情報を交換する
愛他主義	他の患者を助け，喜ばれることで，自分が必要とされている感覚をもつ
初期家族関係の修正的な繰り返し	自分の家族において体験したことを，受容的な雰囲気のグループ内で繰り返し体験することで，過去を振り返り，新たな気づきを得る
社会適応技術の発達	集団内で人とかかわる経験を通じて，対人スキルを獲得していく
模倣行動	他のメンバーの振る舞いを，自分の行動の参考にする
対人学習	集団内の対人関係から，言語，非言語的なコミュニケーションを学ぶ
グループの凝集性	集団がバラバラにならずまとまっていることで，安心感が増し，メンバー間のコミュニケーションがより活発になる
カタルシス	安心できる集団内で，自分のこころのうちを語ることで，癒やされ，解放される
実存的因子	最終的には自分一人で現実に直面し，責任を負う必要があるが，グループ内において生きる意味や，死などについて話し合うことで，徐々に現実に向き合うことができるようになる

(Yalom, 1995; 中久喜ら 監訳，2012)

要な11の療法的因子を提案しています[17]（**表8-2**）。

······ ステップ 2 ······

集団精神療法の技法

　ステップ2では，代表的な集団を対象とした心理療法として，**エンカウンター・グループ**と，**サイコドラマ**について紹介します[18]。

▶ **エンカウンター・グループ**｜エンカウント（encount）とは「出会い」を意味します。エンカウンター・グループ[19]（p.63）では，受容的なグループの雰囲気とファシリテーターの見守りや進行のもと，互いに自己について語

······

17　Yalom, *The Theory and Practice of Group Psychotherapy*, 4th.ed. Basic Books, 1995（中久喜ら監訳，ヤーロム グループサイコセラピー 理論と実践，2012）
18　ほかにも，人とかかわるうえでの不適切な行動を修正し，円滑なコミュニケーションに必要なスキルの段階的な学習を目指すソーシャル・スキル・トレーニング（第6章）や，ファシリテーターやオブザーバーを含む1組10名程度のグループに分かれ，研修施設で1週間ほど共同生活をしながら，自他理解の促進などを目指すTグループ，アルコールや薬物，ギャンブルなどへの依存症などについて，同じ問題を抱える当事者どうしで助け合う自助グループなどがあります。

るなどの活動をします。その形態は、進行の枠組み（構成）がどの程度決められているかにより、**非構成的エンカウンター（C.R.ロジャーズのベーシック・エンカウンター・グループ）**と**構成的グループ・エンカウンター**に分けられます。後者は、3節で改めて解説します。

▶ サイコドラマ（心理劇） ｜ ルーマニア生まれの精神科医J.L.モレノ[20]は、個人の自発性[21]を刺激し、創造性を引き出す方法として集団でおこなう即興劇を採用し、サイコドラマ（psychodrama）を提唱しました。サイコドラマは、グループの進行やファシリテーターを務める監督、主役、補助自我[22]、観客、舞台によって構成され、監督（セラピスト）の指示のもと進められます。サイコドラマの流れとして、まずウォーミングアップ（体操やゲームなど）によって参加者の緊張や不安を和らげ、メンバー間の交流を促してグループ内で安心して自分について開示できるようにします。監督はウォーミングアップ時などに聞き出した各メンバーの自己開示から、各メンバーが抱える問題を探り、それを踏まえて、グループメンバーの同意のもと主役を演じるメンバーを決定します。続いて、補助自我を演じる人をメンバーやスタッフから選出します。そして、監督は、主役に対しドラマに求める目標や具体的な状況、登場人物の情報を細かく尋ねながら、場面を設定し即興でドラマの展開を支えます。ドラマを通じて主役のこころの葛藤の整理がある程度ついたところで監督はドラマを終えます。各メンバーがドラマの役割を現実生活で引きずらないように役割を解除し、現実に戻します。その後、主役を中心に、メンバー間で感想を語り合います（シェアリング）。シェアリングで、主役以外のメンバーも同じような問題を抱えた経験について自己開示をすることで自分自身の考えや言動を省みると同時に、カタルシスや他者からの共感を体験します。

19　エンカウンター・グループは、集団精神療法と密接な関係にあるものの、一線を画すという捉え方もあります（日本集団精神療法学会編集委員会 監, 集団精神療法の実践事例30 グループ臨床の多様な展開, 2017）

20　モレノは、group therapyという用語を最初に用い、またソシオメトリックテストという小集団の人間関係の構造をとらえるテストも考案しています。

21　自発性はサイコドラマの重要概念です。ここでは、人間が新しい場面に適応したり危機的な場面を克服したりする力を指します。対する概念はマンネリズムで、一定の習慣に従い生きることを指します。こうした生き方は楽ですが、行動のパターンが固定化し柔軟さを失うため、状況が急変したときに臨機応変に対応できないと考えられています。

22　補助自我は、主役以外の役（主役のテーマにかかわる人や物）を演じる人のことです。主役の自発的な行動や表出された感情を、主役自らが明確にするのを支える役割を果たします。

…… ステップ3 ……

コミュニティ心理学

　コミュニティ心理学（community psychology）という言葉は，1965年のボストン会議（地域精神保健にかかわる心理学者の教育に関する会議）において誕生しました[23]。コミュニティ心理学は，集団や組織（そしてその中での個人）に影響を与える社会問題や社会制度などに着目します[24]。また，個人の健康とウェルビーイングの視点から，問題解決のために人と環境の適合性を図る方略を求めて，参加しながら研究する姿勢を強調しています[25]。p.132で紹介したように，個人は家族など大小さまざまな環境に囲まれながら生きています。コミュニティ心理学では，人間の行動はその個人が生きている環境との相互作用のうえに成り立つという生態学的な視点をもつことを特に重視します。

▶ **生態学的システム理論**｜コミュニティ心理学における生態学的な考え方について，ここでは代表的な理論の1つとして，ソビエト連邦出身のアメリカの発達心理学者U.ブロンフェンブレンナーが提唱した生態学的システム理論（ecological system theory）を紹介します。ブロンフェンブレンナーは，環境から切り離された個の存在として子どもの発達を捉える従来の発達理論に疑問を投げかけました。生態学的システム理論では**子どもは環境から独立した存在ではなく，マイクロ，メゾ，エクソ，マクロという4つの入れ籠状のシステム**（図8-4）**に取り巻かれている**としました[26,27]。

23　ボストン会議が開催されるより前の1963年に地域精神保健センター法が成立し，精神障害者の外来診療や，緊急事態への対応，デイケア，リハビリテーション，自助グループなどへの施設提供をおこなう地域精神保健センターが全米で次々と開設されました。会議の目的は，上記センターで働く心理学者が地域社会に果たす役割や専門性を明確にしようというものでした。

24　コミュニティ心理学におけるコミュニティの定義は家族・学校・職場集団等の目に見える社会システムだけでなく，独自のものが含まれます（詳しくは飯田，立命館産業社会論集，2014を参照）。

25　植村，現代コミュニティ心理学 理論と展開，2012

26　生態学的な視点をもつことは，子どもの発達を周囲の環境との複雑な相互作用のなかでとらえることに役立ちます。たとえば，近頃，学校での忘れ物が増え授業中も学習に集中して取り組めなくなっている子どもがいるとしましょう。子ども個人に対しては，個別指導や，学習面での困難がないか心理的アセスメント（第2章）をおこなうなどの対応が考えられます。しかし，その子の変化の背景には，景気後退の影響で父親がリストラにあい求職活動中で，母親が新たにパートタイムの仕事を始め両親ともに家を空けることが増えたなどの環境面の変化があるかもしれません。その場合は，個別指導や心理的アセスメントだけでは問題解決の糸口は見つからないでしょう。なお，ブロンフェンブレンナーは，時間の経過において個人に影響を与えるライフイベントや環境の変化を"クロノシステム"として，最も外側の円に追加しています。コロナ禍などもこのクロノシステムに含まれるといえます。

27　Bronfenbrenner, *The Ecology of Human Development: Experiments by Nature and Design*, 1979；磯貝・福富 訳，人間発達の生態学（エコロジー）：発達心理学への挑戦，1996

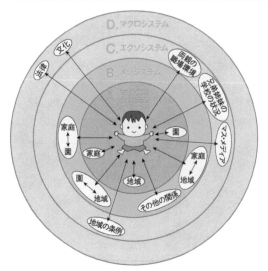

Aマイクロシステム
一番内側のシステム。自分と直接的にかかわる対象や場所との相互関係
【要因の例】家庭（家族），地域（仲間／隣人，園，学校（教師）

Bメゾシステム
マイクロシステムどうしの相互関係
【要因の例】家庭⇔学校（親―教師面談），地域⇔家庭（兄弟姉妹・近所の友達），学校⇔地域（退学した友達）

Cエクソシステム
直接的な関連はないが，他者を介して自分やその周囲に影響を与える相互関係
【要因の例】両親の職場環境（親の上司，部下），地域における条例（地域の外出禁止令），兄弟の学校での状況（教育委員会）

Dマクロシステム
上記の3つのシステムの背景にある要因
【要因の例】景気（インフレ，デフレ），文化，人種（文化規範，差別），法律（義務教育制度）

（『エデュカーレ』スタッフブログ, http://ikuji-hoiku.net/educare_wp/staffblog/1905.html を参考に作成）

図8-4　ブロンフェンブレンナーの人間発達における生態学的モデル

▶ **コミュニティ心理学における支援** | コミュニティ心理学に依拠する支援には，地域においてメンタルヘルスに関する教育や啓発活動をおこなうことによる問題予防や，自然災害や事件，学校でのいじめなどのコミュニティを脅かすさまざまな危機に対する介入（危機介入）などが含まれます。心理学諸領域の知識や技能をもとにコミュニティ内で生じている心理社会的な問題の解決に向けて，心理職がその他多くの専門職と積極的に協働しながら積極的にかかわることへの社会的なニーズが高まっています[28]。

28　公認心理師法第二条で示された公認心理師の業務のなかには，「心の健康に関する知識の普及を図るための教育及び情報の提供を行うこと」とあり，また臨床心理士資格審査規程にも「臨床心理的地域援助」が含まれ，コミュニティへのかかわりが重要視されています。

③
≫≫ **実践**

集団を対象とした心理療法の活用例とその効果

（雨宮 怜）

---- 1. はじめに ----

著者の専門領域と経歴

　筆者は，筑波大学の体育系という組織に所属し，体育・スポーツ心理学を専門に研究・教育活動をおこなっています。そこに至るまでに大学では心理学，大学院の博士前期課程では臨床心理士第一種指定校を修了し，臨床心理士と公認心理師の両資格を取得しました。過去には，精神科のクリニックで心理職としても活動してきましたが，筆者がこれまで一貫しておこなってきた研究テーマの1つが，アスリートのメンタルヘルスです。そして現在，これまでの臨床・研究活動を活かしながら，アスリートへの心理支援をおこなっています[29, 30]。

▶ **専門家以外からのこころの支援** ｜ 心理療法は必ずしも患者やクライエントだけを対象とするものではありませんし[31]，人のこころの健康を支える役割を担う人もまた，専門家だけとは限りません。特に近年では，自殺や依存症への対策において，他者とのつながりが重要視されています[32, 33]。またアスリート支援では，一般の方以上に，アスリートは専門的な心理支援を受けることに壁を感じ，避けてしまうことが指摘されています[34]。これらのことから，専門家による支援だけでなく，悩みを抱えている人の周囲にいる**チームメイトや指導者，家族と言った身近な他者（アントラージュ）からのサポー**

29　アスリートに対する心理支援では，メンタルヘルスの支援とパフォーマンス発揮や向上を目的としたメンタルトレーニングがおこなわれます。なお，日本におけるメンタルトレーニングの導入は，1964年の東京オリンピックが契機となりました。当時はスポーツ心理学者に加えて，臨床心理学者の故 成瀬悟策先生もプロジェクトに参加していました。

30　メンタルが強いと思われがちなアスリートですが，実際は，一般の方と同程度の割合でメンタルヘルスの問題を抱えています。2019年には，国際オリンピック委員会（IOC）をはじめ，さまざまな団体や組織が，アスリートのメンタルヘルスの問題に関する合意声明を発表しました。

31　小谷（2014）によると，心理療法は，精神的な不適応や病気の回復のためだけにデザインされるものではなく，ターミナルケアや，アスリートなどのハイ・パフォーマー，一般の人々への支援法としてもとらえる必要があります（小谷，集団精神療法の進歩：引きこもりからトップリーダーまで，2014）。

32　近年，依存症は孤独の病であり，人に依存できず物に依存した結果であることが指摘されています。そのため，依存症支援の領域では，アディクション（依存症）の対義語として，コネクション（つながり）が使用されています（松本，精神科治療学 32 (11), 2017）

33　ジョイナーら（北村監訳），自殺の対人関係理論：予防・治療の実践マニュアル，2011

34　Reardon, *BJSM*, 2019

ト（ソーシャルサポート）が，重要となります。

構成的グループエンカウンターを用いたチームビルディング

　本ステップでは，アスリート集団を対象に構成的グループエンカウンターを用いたチームビルディング[35]の実践例を紹介します。チームビルディングとは，チームの目標達成を目的として，チーム力を発揮するための支援をおこなう，計画的かつ系統的な心理支援を指します[36]。この方法は，スポーツ場面だけではなく，学級や部署，多様な患者集団を対象としても活用可能です。チームビルディングの実施を通して求められる主要な効果の1つが，個人や集団が共通の目的をもち，優れた成果を達成するための**チームがまとまっている感覚**（集団凝集性）の獲得です[37]。この集団凝集性は，集団精神療法の効果を説明する要因として重視されています[38, 39]。またスポーツチームや学級集団などでは，チームワークとよばれる集団の連帯感を表す概念としても用いることが可能です。

▶ **事例の紹介** | 今回紹介する事例は，日本学生選手権（インカレ）などの競技会で常に上位に入る集団競技のチームへの支援です。そのチーム内の対人関係は良好ではあるものの，選手ごとにチームの運営（たとえば，練習内容を決める役割など）やプレー中の役割が明確に定まっておらず，競技レベルの高い選手たちが多くの役割を自然に担ってしまい，その選手たちに負担が生じていました。

　そこで筆者は，（1）選手個人だけではなく，チーム単位の価値[40]の共有，（2）各自の目標や競技以外でのチーム内での役割の明確化，（3）特定の選手の在否によってチームの雰囲気やパフォーマンスに影響が出ることの阻止，という3点を目的としてチームビルディングをおこないました。チームビルディングは1セッション1時間～1時間半で，合計4セッション実施しました。

35 たとえば，2015年のラグビーワールドカップにおいて強豪の南アフリカに勝利した日本代表チームにおいても，スポーツ心理学の専門家である荒木香織先生がメンタルコーチとして参加し，勝つチームとそれを実現する方法をチームメンバーと考え，実施したことが報告されています（荒木，ラグビー日本代表を変えた「心の鍛え方」，2016）。

36 土屋裕睦，チームビルディング，In スポーツ・運動・パフォーマンスの心理学，2016

37 *Paradis & Martin. Journal of Sport Psychology in Action*, 3（3），2012

38 Lorentzen, *Theory, Research, and Practice*, 2018

39 アメリカ集団精神療法学会，集団精神療法実践ガイドライン，2014; Yalom, *The Theory and Practice of Group Psychotherapy* 5th ed., 2005

　具体的には，構成的グループエンカウンターのワークを用いて，メンバーに心理的な交流の枠組み（場）を提供し，安全な形で心理的な揺れ動きや内省，相互交流を促す構造を採用しました。各セッションでは，表8-3に示すテーマと目的が設定され，前回の内容の簡単な振り返りやグループワーク[41]，ワーク中で生じた体験の共有やファシリテーターからのフィードバッ

表8-3　チームビルディングの各セッションごとのテーマ／目的／ワーク名

セッション回とテーマ	セッションの目的	ワーク名
第1回 チームとの出会い	チームビルディングの理解や今回の目的，これまで一緒に活動してきたチームメイトや自分自身に対してワークを通して新たに出会い，自己理解と他者理解を図る	・気になる自画像 ・ヘリウムリング：浮くわっか
第2回 個とチームの価値の共有	「人生の活動をガイドしたり動機づける人生の指針や目的を提供するもの」(Flaxman et al., 2013) について理解し，個人だけではなくチームの価値を認識し，それに基づいた行動（価値に基づいた行動）をおこなうための価値のワークならびに，価値に基づいて行動する際に生じうる障壁についてグループで想定し，その対処についてアイデアを出す	・NASAゲーム ・価値のワーク ・価値に基づく行動の障壁についてグループでチャレンジ
第3回 自分とチームを活かす役割の再発見	役割の意味や種類，問題について学び，「君はどこかでチームのヒーロー」というワークを通して，他のチームメイトに本人が気づいていないかもしれない，すでにその選手がおこなっている役割についてカードに記載してもらい，本人に渡すとともに，自分のヒーローとしての側面と今後チームでできそうな役割を自分で考え，最後にチームの役割意思表明シートにみんなで記載する	・トラストアップ ・君はどこかでチームのヒーロー ・あなたのなかのヒーローシリーズ ・あなたの役割意思表明
第4回 チームとしての旅立ち	チームビルディングの非日常的な生活から日常生活に戻るために，各自が他のチームメイトを信じることを意識したワークをおこなうとともに，お互いがつらいときにも背中を押してくれるGood Luckカードを作成する	・チーム内観 ・トラストフォール・トラストウォール ・トリップ・トゥ・ヘブン ・Good Luck 祈りを込めて

40　価値とは，「その人が自分のゴールや日常的な行為パターンとして表したいと思っている個人的な強み，または資質」と定義される（Flaxman et al., *The Mindful and Effective Employee: An acceptance and commitment therapy training manual for improving wellbeing and performance*, 2013），生活や行動の指針を指します。第7章で紹介したアクセプタンス＆コミットメント・セラピーでも重要視される概念です。今回は，この価値の概念をチームレベルに広げ，「どのようなチームでありたいのか，どのようなチームと外から思われたいかというチームとしての行動の指針」であり，「メンバーの行動をガイドしたり動機づける指針や目的」を意味するものと参加者には説明しました。

クといった内容で構成されました。ここで注意が必要な点は，支援者にはグループを運営するさまざまな役割があることです。支援者は，ワークの実施方法の説明や提供に加えて，各セッションのなかで起きた出来事や選手が発話した内容を参加者以外には教えないという参加者間の守秘義務があることを説明し，グループ内・外における適切な境界を守る必要があります（①）。さらに，思いやりがあって信頼し合うことができる環境を整備し（②），情緒的な交流・表現を通して（③）メンバーやグループ内で生じた体験の理解や解釈をおこなう（④）ことが求められます[42]。

▶ **支援の効果検証** │ チームや集団は，時間の経過とともに形成期→動乱期→活動期→遂行期という過程を経て発達し，集団凝集性が形成されます[43]。それぞれの集団が発達するのであれば，支援をおこなう際に，対象となるチームは現状，どのような状態なのかをアセスメントし，適切なワークを選択すること，それが実際に有効だったかを確認する必要があります。本事例では，チームビルディングの実施前と実施後において，各参加者が認識する集団凝集性と，「所属するチームは○○ができる」といったような，チーム単位で認識される自信（集団効力感）[44]を評価しました。**図8-5**は，チームのメンバーの回答が位置する点が，全体的に右上方向に移動していることを示しています。この結果は，**チームビルディングの実施前後で，参加者のチームに対する集団凝集性と効力感を認識する程度が高まり，チームの状態がより良くなったことを示唆します。**また，参加者の体験を確認するために，アンケートも実施しました（**表8-4**）。ここでは代表的な回答を取り上げますが，全体的に肯定的な感想が散見され，ネガティブな感想は見受けられませんでした。

　このように，参加者が回答した心理検査や感想の内容から，今回の**チームビルディングを通して，チームのまとまりや自信を高めることができた**といえます。

---

41 國分ら 編，構成的グループエンカウンター事典，2004 を参考に実施しました。

42 それぞれ①運営機能，②思いやり機能，③情緒的刺激機能，④意味帰属機能といいます。Liberman et al., *Encounter groups: First facts*, 1973; アメリカ集団精神療法学会，集団精神療法実践ガイドライン，2014

43 Tuckman & Jensen, *Group & Organization Studies*, 2（4），1977

44 内田ら，体育学研究，59（2），2014

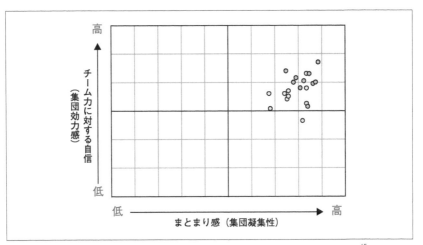

図8-5 集団凝集性と集団効力感をかけ合わせたチーム状態の視覚化[45]

集団凝集性と効力感の検査を用いてチームの状態を二次元グラフ上に視覚化した。それぞれの点は各選手の回答をプロットしたもので，黄緑色の丸（○）はチームビルディングのセッション1実施時点を，オレンジ色の丸（◉）はセッション4終了時点での回答を意味する。

表8-4 チームビルディング実施後の参加者の感想

	感想
選手A	自分のこともチームメイトのことも知る機会となって良かった。いろいろな人とのつながりを意識することができた。
選手B	今回，ワークを通して各々がチームのなかの役割を発見できたと思うので，チームのまとまりにより一層磨きがかかると思う。
選手C	自分が思っていた自分と，他人が思っている自分の違いを知ることができ，キャラクターについて考えるきっかけになった。役割を果たせるように努めたい。
選手D	人が思っている自分の役割や特徴を知ることができた。チームにとってみんなが必要な存在だと認識でき，自分も前を向けた。
選手E	普段，何気なく接しているメンバーのことをより深く考えていくうちに，その人のまるで知らない一面や自分がその人に対して感じていることなどを再認識できた。
選手F	単純に「仲が深まる」だけではなく，チームメイトの意見を尊重できるようになると考えた。
選手G	今後のチームづくりに役立つ学習や知識を得ることができた。自分の意見を講習でしっかり言えたことで，普段のチーム内での生活が少し楽になったと思う。

3. 今後の展望

▶ **研究知見の蓄積の必要性**｜集団を対象とした支援の効果検証が求められます。これまで，国外におけるチームビルディングや集団精神療法の効果研究は数多くあります。しかしながら国内においては，**厳密な研究デザインによって効果を検討した報告は海外と比較して限られているのが実情**です[46, 47]。

▶ **支援者育成の課題**｜集団を対象とした支援をおこなう専門家の育成が急務となっています。集団精神療法では，対象者が個人の心理療法を受けながら，グループ療法にも参加するという，コンバインド・セラピーの枠組みが採用されることがあります。これにより，個人の心理的な課題とともに，社会的な場面での困難さを抱えているクライエントに対して，その克服や改善に有効な多方向からの支援をおこなうことが可能になります。ただしこの枠組みには，支援者の高い専門性と支援者・スタッフの数が求められます。

▶ **他領域や専門家との連携の必要性**｜集団精神療法の実践のなかで，チームや集団内の**対人葛藤**が生じ，グループの運営が難しくなる場合や，**集団力動・システム**の影響に，支援者が知らず知らずのうちに巻き込まれている場合もあります。そのような特異的な文化のなかで生じる力動の理解をするため，臨床心理学や集団精神療法だけではなく，**社会心理学やスポーツ心理学**といった近接領域との連携も必要となります。

46　Martin & Nicos, *International Review of Sport and Exercise Psychology*, 2008
47　Barkowski et al., *Psychotherapy Research*, 2020

Part 3

精神疾患と
その支援

精神疾患の診断と統計

1 精神医学の発展

理論 >>

（橋本茉莉子）

····· ステップ1 ·····

　このステップでは，精神医学の歴史について紹介していきます。精神疾患をもつ患者の治療や処遇の歴史は，精神疾患に対する社会の考え方の変遷を示すものとして重要です。

精神医学の歴史①　～ヨーロッパ精神医学史[1]

▶ **原始社会** ｜ 精神疾患に限らずすべての病気は悪霊が取り憑くことが原因だと考えられていました。そのため，呪術的な治療が有効だと考えられ，時には瀉血[2]によって悪霊を身体から追い出そうとすることもありました。

▶ **古代ギリシャ時代・ローマ時代** ｜ 体液説（p.2）を唱えたヒポクラテスを中心として，精神疾患を身体疾患と同様の自然現象と考えていました。この頃は精神障害者への差別や偏見がなく，精神疾患を冷静にとらえられていたといわれています。ただし，今のように薬物療法や**電気痙攣療法**[3]などの有効な治療法は確立しておらず，神殿で過ごすことで回復を待つという治療法がとられていました。また体液のバランスを整えることを目的に瀉血がおこなわれることもありました。

▶ **中世ヨーロッパ時代** ｜ キリスト教の影響力が強くなると，精神疾患に対する考え方も宗教的な色が濃くなっていきます。精神疾患に対する偏見が広まった時代でもあります。当時のユダヤ教やキリスト教において，精神疾患の原因は，その人間が犯した罪であるとみなされていました。神が罪を犯した人間に罰として悪魔をとり憑かせていると考えられていたのです。そのた

　＊　本章の1-2節では，執筆において参考にした資料を各見出しの脚注に示します。
　1　大熊，現代臨床精神医学　第12版，2013
　2　治療の目的で患者から血を一定量取り除くことを指します。
　3　電気刺激により脳に人工的な痙攣を誘発して効果を得る治療法です。

め，自ら懺悔し信仰を新たにすることや教会で悪魔祓いの儀式を受けることが治療とされていました。また15世紀頃の"魔女狩り"では，キリスト教に対する背教者とみなされた人々が魔女として処刑されました。そのなかで精神障害者も魔女とみなされ処刑の対象になった者が多数いたといわれています。また，魔女狩りを逃れた精神障害者も，ヨーロッパ各地で僧院や癲狂院[4]に収監・監禁されていました。患者は鎖や強制衣・強制具などによって束縛されることで社会から隔絶されて過ごさなければならず，時には見せ物にされることもありました。

▶ **18-19世紀** ｜人道主義の台頭により，拘束具で束縛・監禁されていた精神障害者を解放し，病院で人間らしく生活できるようにしようという活動が広がりました。そのなかで症状の観察もおこなわれ，疾患の分類が進み，精神病理学（p.164）が発展していきました。

▶ **20世紀** ｜ショック療法[5]が精神疾患に有効であることが発見されました。ショック療法のなかには，現代からすると非倫理的なものも多々ありましたが，電気痙攣療法は今でもよくおこなわれるとても有効な治療法です。効果のある治療法ができたことで，精神病院を退院できる患者も増えていきました。1950年代には**クロルプロマジン**の投薬をはじめとする精神科薬物療法が発見され，さらに的確な治療ができるようになりました。それにより，診断に基づいた臨床研究が進められるようになり，今日のような治療法の確立がなされていきました。

精神医学の歴史② ～日本の精神医学史[1]

近代精神医学が輸入される明治時代までの日本は，漢方医学の考え方が中心でした。漢方医学では，現代のように精神疾患を病気としてとらえており，漢方薬・鍼灸術・滝に打たれる療法などがおこなわれていました。地域によっては精神疾患が「狐憑き」「犬神憑き」と呼ばれて，加持祈祷がおこなわれていることもありました。私宅監置や公的な収容施設による精神障害者の監禁はおこなわれていましたが，中世ヨーロッパのような組織的迫害はみられず，比較的精神障害者に対して寛容な社会だったと考えられています。明治時代に入ると，精神病院の開設や精神医学教室の設置もおこなわれ，ドイツ流精神医学を中心とした西洋医学が導入されていきました。

---

4 現代でいう，精神科病院のこと。
5 生体に何らかのショックを与えることによって効果を得る治療法のこと。

ピネルから精神医学の発展へ[6]

　18世紀に活躍したフランスの精神科医P.ピネルは "**精神障害者の鎖からの解放**" をおこなったと評価されている人物です（**図9-1**）。ピネル以前の時代には，精神障害者は施設の中で鎖につながれた状態で収容されているだけで，彼らがどんなことを考えたり話したりしているのかについては調べられることはありませんでした。

　ピネルが彼らを施設での拘束や監禁から解放し，病棟内で医師や看護師と会話をしながら生活できるようにしたことで，患者たちの思考や発言を観察できるようになりました。そして観察が重ねられるなかで，徐々に精神障害者の言葉がある特定の輪郭をもっていることが認識されるようになったのです。

　このことをきっかけに，精神症状のよく似たもの同士がまとめられ，さらに疾患名が付けられていきました。こうして，精神疾患やその精神疾患が呈する症候の分類が進んでいき，診断が体系化されていくことになります。

トニ・ロベール＝フルーリー画（1876年）http://medarus.org/Medecins/MedecinsTextes/pinelp.html

図9-1　患者を解放するピネル（1795年）

ステップ2

精神疾患の診断における重要な概念[7]

　ドイツの哲学者，精神科医であるK.ヤスパースは，精神科医が診断を通して患者を理解する過程には，"了解" と "説明" があると提唱しました。

▶ **了解**｜患者の体験を聴き，それに伴う感情や行動を納得，つまり共感し理

6　松本，症例でわかる精神病理学，2018

7　尾崎ら編，標準精神医学 第8版，2021

解することを了解といいます。たとえば，20代の女性がある日からほとんど食事もせず部屋に籠るようになったとします。特に何の誘因もなく突然このような症状が出てきた場合には，何か疾患が隠れているのではないかと考えるでしょう。しかしこの症状が出てくる直前に，婚約を破棄されていたとしたら，この女性がこのような行動をとることに共感できるのではないでしょうか。これを了解可能な状態であると表現します。

▶ **説明** | 症状を引き起こしている原因・病態を自然科学的に証明し，理解することを説明といいます。たとえば，20代の女性がある日から突然意味のわからないことを叫び，夜中に家の中を徘徊するようになったとします。家族からの聞き取りによると彼女は数日前から風邪をひいており，現在も発熱がありました。さらに病院での検査の結果，髄液からウイルス性脳炎の所見が認められたとしたら，女性の症状が引き起こされた原因がウイルス性脳炎であると証明されます。これを説明可能な状態であると表現します。

"了解"に着目する精神病理学

精神病理学では，まず患者の状態を"了解"できるかできないか考え，了解できない場合にはどのように了解していけばいいかを考えます。その方法にはさまざまな理論や流派があるため，1つの定義づけをすることは難しいのですが，あらゆる精神疾患や精神現象を，哲学などの人文系の理論に基づいて深く理解することを目指します。自然科学で証明されていない，すなわち病態・機序が明らかになっていない精神疾患を対象とした方法論・学問だといえます。

"説明"に着目する生物学的精神医学

生物学的精神医学では，患者の状態をどのように"説明"すればいいかを考えます。自然科学的見地から，神経系を中心とした人体の機能の不全・破壊として精神疾患を概念化し，それを研究していく学問です。たとえば，神経伝達物質と精神症状の関係からどのような薬が精神疾患に有効かを調べたり（化学的アプローチ），脳のCT・MRI画像から疾患の原因を探ったり（物理的アプローチ），ゲノム解析でどの因子が疾患と関係があるかを調べたり（生物的アプローチ），さまざまな見地から精神疾患の解明と治療を目指します。

伝統的診断

　患者の言動が観察されるようになると，現在の症状や予後，さらには原因によって疾患が分類されるようになっていきました。そのなかで，まず原因によって疾患を分類する手法を伝統的診断とよびます。伝統的診断において，精神疾患の原因は"外因性""心因性""内因性"の3つに分類されると考えられていました。

▶ **外因性**｜脳に直接侵襲を及ぼす身体疾患や精神作用物質が原因となることをいいます。つまり，外因性の精神疾患は**説明することができる疾患**です。さらに，外因性の精神疾患は細かく分類され，①脳器質性精神病（中枢神経系そのものに病変が生じて精神症状を呈する），②症状性精神病（中枢神経系以外の身体疾患の影響が脳に波及して精神症状を呈する），③中毒精神病（中枢神経系に対する作用をもった物質が外部から身体内部に入り精神症状を呈する）の3つに分けられていました。

▶ **心因性**｜性格や環境からのストレスなど心理的要因が原因となることを言います。これらは外因性とは違い**了解することができる疾患**です。不安症や適応反応症[8]などが，これにあたります。

▶ **内因性**｜外因性でも心因性でもない，原因がはっきりとわからないものの遺伝的素因が背景にあるとも想定されているような疾患が分類されます。つまり，これらは**了解も説明も難しい疾患**です。統合失調症や双極症がこの内因性の精神疾患の代表格です。◀第10章 ◀第11章 ◀第13章

……… ステップ3 ………

診断の変遷[6, 7, 9]

　ステップ3では，伝統的診断が生物学的精神医学の発展により修正され，現在臨床現場や研究分野で用いられている操作的診断が誕生した経緯について紹介します。

▶ **伝統的診断の問題点**｜生物学的精神医学が発展するにつれて，実際には内因性や心因性にも外因性の要素が含まれうるということがわかってきました。つまり，1つの原因だけで分類する手法では，診断が難しくなってしまいました。

8　明確なストレス要因によって一時的に抑うつ状態や不安状態などが引き起こされ，生活に支障をきたす状態のこと。
　9　脳科学辞典，https://bsd.neuroinf.jp

そもそも精神疾患には客観的な検査がほとんどなく，診断の指標となるのはおもに臨床症状です。従来の診断方法において臨床症状の解釈は，何らかの精神病理学の理論に基づくことになるため，それぞれの学者の理論次第で分類の体系や診断が異なってしまいます。その結果，ある精神科医が（了解できない）内因性と診断しても，他の精神科医が（了解できる）心因性の疾患と診断してしまうようなこともありました。これは"了解"という概念にはどうしても主観が含まれてしまい，心因性・内因性の定義が曖昧になってしまうからです。精神科医同士はもちろんのこと，看護師や心理職などそれぞれの間で精神疾患の分類や定義が異なってしまうと，臨床現場での議論も学術的な議論もうまくいかなくなってしまいます。均一な患者群を抽出することもできないため，多数例を対象とした疫学研究（p.161）も難しくなっていました。

▶ **操作的診断の誕生** 1970年代に，大規模な精神疾患の疫学調査The Iowa 500がおこなわれました。この調査により，対象の精神疾患の診断基準を統一し症例を共有することで，その蓄積されたデータの解析から重要な知見が得られることに注目が集まりました。これをきっかけに，1980年にアメリカ精神医学会を主導に新たな診断基準Diagnostic and Statistical Manual of Mental Disorders-III（DSM-III）が作成されました。この診断基準では，伝統的診断に用いられた病因による分類をやめ，症状に基づく分類が採用されました。このように，特定の症状の個数や持続時間など，症状の計量的な目安に基づいて疾患名を決定することを操作的診断とよびます。

DSM-IIIは，DSM-IVを経て，現在臨床現場でおもに使用されるDSM-5-TRへと改定が重ねられています。DSM-IIIからDSM-IVへの改定では，その間の医学文献や疫学データの分析結果，臨床現場の意見などが考慮され疾患名がさらに細分化されました。事実，疾患名数はDSM-IIIからDSM-IVで265個から374個へ増加しています。

▶ **カテゴリー方式からディメンション方式へ** DSM-IIIとDSM-IVでは，精神疾患を臨床的特徴の有無で分類するカテゴリー方式が採用されていました。この方式では，各疾患は明確に分けられています。しかし，精神疾患の研究が進むにつれて，一部の範囲の疾患に明瞭な境界がないこと，また健常な心理状態とそうでない状態との境界も曖昧であることがわかってきました。実際に臨床現場でも，特定のカテゴリーに分類できない症例「特定不能の○○症」という疾患名が付けられることも多くあります。このような状況

を踏まえ，より現在の精神疾患の研究にあった分類方式として提案されたものがディメンション方式です。

ディメンション方式では，臨床的特徴を，その有無だけでなく数値で段階的に評価します。この評価を総合的に判断することで，明瞭に境界線を引けない症例も分類することが可能になります。DSM-5やDSM-5-TRでも，基本的にはカテゴリー方式が採用されていますが，一部でこのディメンション方式が採用されています。

ディメンション方式は，カテゴリー方式と比べて評価に複雑な手順を要するため，診断基準全体での採用には至っていません。しかし，今後の診断基準の改定では，さらに採用される領域が広がっていく可能性があります。

このような計量的な診断基準の作成により，精神科医でなくとも精神疾患の診断が可能になり，次節で紹介する疫学研究も進めやすくなりました。そして疫学研究が進むことは，エビデンスに基づいた治療方法の確立につながります[10]。

2　精神疾患における疫学

理論

（橋本茉莉子）

ステップ1

疫学とは[11, 12]

もともと，疫学は，急性感染症いわゆる流行病を対象とし，個人だけでなく集団に注目することで，その原因を解明して対策を立てるために発展した学問です。疫学調査が最も威力を発揮した史実の1つに，イギリスの医師J.スノウによるコレラ大流行の原因解明があります。1854年，ロンドンでコレラが大流行しました。スノウは，コレラの死亡者の居住地を地図上にプロットし，その中央にある共同井戸がコレラの"危険因子（p.159）"だと推測しました。その井戸の封鎖により，その地区のコレラ患者の減少に貢献し

10　精神疾患の診断基準にはもう1つ，世界保健機関が作成したInternational Statistical Classification of Diseases and Related Health Problems-10（ICD-10）によるものがあります。DSMは精神疾患に特化した分類ですが，ICDは内科疾患などすべての疾患を対象としている分類です。ICD-10は，後述するカテゴリー診断を採用していますが，2019年にディメンション診断を取り入れたICD-11への改訂が承認されており，近く日本でも導入される予定です。

11　中村，基礎から学ぶ楽しい疫学 第4版，2020；中村，SCIENCE SHIFT，疫学入門，https://www.scienceshift.jp/blog/epidemiology，2020/6/16

12　柳川ら編，疫学マニュアル改訂第7版（1章「疫学とは何か」，第4章「疫学研究方法」），2012

ました。さらに，ある水道会社の給水地域におけるコレラの死亡率が高いことも示し，コレラの伝播様式を解明しました。驚くべきことは，これはコレラ菌が発見されるより30年近く前であったということです。このことから，疾病の発生機序や直接原因が不明確であっても，疾病の予防や対策が可能であることがわかります。

今日では，疫学は慢性感染症，生活習慣病，精神疾患などあらゆる疾患を対象としています。さらには，疾患だけでなく，健康寿命や生活の質（quality of life：QOL）などの向上を目的に，健康を対象とした研究もされています。

このような経緯を経て，疫学は疫学辞典[13]で次のように定義されています。

「特定の集団における健康に関連する状況あるいは事象の，分布あるいは規定因子に関する研究」

疫学研究の結果を読み解くには，「特定の集団の中でどれだけの人数を調べれば集団全体を調べたとみなしてよいか」や「どのくらいの差が出れば規定因子（以下，因子）とみなせるか」など統計学の知識も必要ですが，統計学の議論だけに惑わされず，疫学としての目的を正確に理解することが重要です。

曝露と帰結[11]

疫学研究では"曝露"と"帰結"との因果関係を明らかにすることを目指します。曝露とは，帰結の要因となりうるあらゆる事象のことです。年齢や性別・生活習慣などその人を構成するものや周りの環境などのすべてを指します。そして帰結とは，研究対象の状態になることで，疾病発生を指すことが多いです。曝露には疾病発生の確率に影響を与える**因子**があり，確率を上げるものは危険因子，確率を下げるものは防御因子，とよばれます（図9-2）。

疫学研究の目的[11, 12]

疫学には「人々の健康を守る」という理念があります。しかし，この理念を掲げた研究がすべて疫学研究といえるわけではありません。

この理念の実現のために，疫学研究では，①危険因子と防御因子を解明すること，②"疾病自然史"を解明すること，③疾病の頻度と分布を把握する

13 Miquel Porta 編（日本疫学会 訳），疫学辞典 第5版, 2010

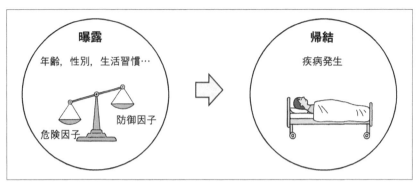

図9-2 曝露と帰結

ことの3つを目的としています。それぞれの目的が，どのように「人々の健康を守る」ことにつながるか見ていきましょう。

①危険因子と防御因子の解明 因子の解明は疾病の治療や予防に重要なものです。コレラの研究を例にすると，コレラによる死者の分布を把握することで疾病の危険因子を見つけ，患者の減少につなげました。因子の解明は疾病の治療や予防に重要なものです。

②"疾病自然史"の解明 疾病自然史とは，治療を含めた"介入（p.161）"を何もしなかったときに観察される，疾病の自然経過のことです。これを解明することで，疾病がどのように進展してどのような転帰をたどるのか，また進展していく過程で出現する前駆症状にはどのようなものがあるのかといった特徴を把握することができます。たとえば，がんの前駆症状がわかれば，早期発見・早期治療につなげることができるので，がんによって失われる命を減らすことができます。またがんがどれくらいの時間をかけて進行するのかがわかれば，予後を予測し完治できずとも余命を有意義に過ごす手助けになります。

③疾病の頻度と分布の把握 疾病を予防・治療しようとする際に，必要となる病床数や薬・ワクチンの量などを予測することが必要になります。疾病の頻度と分布を把握することは，その疾病の重要度を正しく判断しこれらの予測のために必要な情報を提供できます。

また，これら3つからわかる情報を組み合わせることで，公衆衛生政策や治療法の確立にもつなげていくことができます。

······ ステップ2 ······

疫学研究の方法と種類[11, 12]

▶ **曝露と帰結の定義づけ**[11] ｜ 疫学研究では，まず曝露と帰結の定義や基準を明確にすることが必要になります。ひとくちに曝露といってもその量や濃度は異なります。たとえば「日照時間が少ない」という曝露による帰結を評価したいと考えたときに，どれくらいの日照時間を「少ない」とするか基準を明確にしなければ，データの比較に支障が出てしまいます。

同様に，帰結となる疾病や健康状態の定義を明確にしておくことも重要です。臨床現場で広く使用されている基準を帰結の定義として用いると，その疫学研究がより活かされやすくなります。

▶ **観察研究と介入研究** ｜ 疫学研究の方法にはおもに観察研究と介入研究の2つがあります。**介入**とは，特定の集団またはその一部に対して人為的に特定の曝露を与えることをいいます。たとえば，うつ病の患者に対する特定の種類の抗うつ薬の使用・喫煙者の禁煙などがこれにあたります。**観察研究**では曝露や帰結の観察のみをおこない介入をおこないませんが，**介入研究**では介入をおこなったうえで帰結の変化を観察します。

疫学研究は，これから紹介する5つの観察研究（記述疫学研究，横断研究，生態学的研究，コホート研究，症例対照研究）と介入研究とに分けられ，おおよそ紹介される順に進展していきます。

▶ **記述疫学研究** ｜ 記述疫学研究とは，帰結のデータを集め，帰結の頻度・分布を明らかにし曝露に関する予測をする研究です。具体的には，「人」「場所」「時間」の3つの視点から，研究対象となる疾患や健康状態の頻度・分布・因子や，疾病自然史・因子の性質の解明を目指します。この研究のみで曝露と帰結の因果関係を明らかにすることはできませんが，研究の基礎となる仮説を立てるために必要な情報を収集することができます。つまり，記述疫学研究は他の疫学研究の原点となる仮説を立てる重要な研究です。研究者個人が研究に必要なデータを得るため大規模な調査をおこなうことは難しいですが，国によって公表されている国勢調査や人口動態統計などの大規模統計調査の結果を使うことで比較的容易に取り組むことができます。

記述疫学研究は帰結のデータのみに注目しましたが，これから紹介する研究は曝露と帰結の両方のデータを活用し因子の解明を目指す研究です。

▶ **横断研究** ｜ 横断研究とは，特定の集団の一人ひとりについて現在の曝露と

帰結の評価をし，因子の解明を目指す研究です。疾患を対象とした場合，有病状態が明らかになるので**有病調査**ともいわれています。横断研究は均一で幅広いデータを得ることができるというメリットがあります。一方で，ある一時点のデータのみを扱うため，曝露と帰結に関する時間的な前後関係（因果関係）の推測は基本的にはできません。ただし，性別・人種・遺伝子などの曝露は時間的に不変な性質をもつ（帰結よりも前に存在する）ため，横断研究データからでもある程度精度の高い推測をおこなうことができます。

▶ **生態学的研究** │ 横断研究は個人の曝露と帰結との関係に注目しましたが，集団間の曝露と帰結の頻度（〜率）との関係を比較し，因子の解明を目指す研究を生態学的研究といいます。たとえば，都道府県別の住民の塩分摂取率と高血圧の罹患率の関係の比較や，国別の平均アルコール摂取量と虚血性心疾患による死亡率の関係の比較などの研究が挙げられます。

　これら2つの研究は，曝露と帰結との時間的な前後関係には注目しないため因果関係を明らかにすることはできませんが，因子に関する仮説を立てるために重要な研究です。

▶ **コホート研究** │ 曝露と帰結に因果関係がある場合には，確実に"曝露→帰結"という時系列で発生していることになります。このような時系列に着目した研究方法が，コホート研究と後述する症例対照研究です。

　集団を特定の曝露がある群（曝露群）とない群（非曝露群）とに分け，一定の期間にわたって観察し比較する研究を**コホート研究**といいます。**コホート**とは，疫学用語で「一定期間にわたって追跡される人々」を意味します。曝露から帰結へと時系列に沿った観察をおこなうので**前向き研究**ともよばれます。対象となる疾患の進行速度によっては研究期間が長くなるため，コストがかかったり途中さまざまな事情で追跡不能となってしまったりとデメリットはありますが，この研究で得られる情報は妥当性が高く，前の3つの研究ではできなかった曝露と帰結の因果関係の検証ができます。

▶ **症例対照研究** │ コホート研究では観察する集団を"曝露のあり・なし"で分けて対象となる疾患や健康状態に関連する帰結の観察をおこないました。一方，観察する集団を"帰結のあり・なし（発生群・非発生群）"に分けて，それぞれの曝露を比較し，曝露と帰結との関連を明らかにする研究を症例対照研究とよびます。曝露から帰結への時系列とは逆行する方向で観察がおこなわれるので，**後ろ向き研究**ともよばれます。過去の曝露を正確に把握することは難しいためコホート研究に比べると精度は落ちますが，実際の曝露か

ら帰結が発生するまでの期間よりはるかに短期間で曝露と帰結の因果関係を検証することができます。また，疾患が発生してから観察する集団を設定するので，比較的稀な疾患を対象とする場合でもデータを集めやすいです。

▶ **介入研究** 介入研究は，コホート研究と同様に観察する集団を曝露群と非曝露群に分けて観察をおこないます。介入研究がコホート研究と違う点は，研究者の"介入によって曝露群を生成する"点です。そして，コホート研究と同様に曝露と帰結の因果関係を解明します。介入がおこなわれていることを強調するため，曝露群と非曝露群を介入群・非介入群とよぶこともあります。介入研究のメリットは，他の因子を排除して興味ある因子だけの介入群を生成することで，より正確な分析ができるところです。しかし，介入がおこなわれるのは人間であることを忘れてはいけません。その集団の一人ひとりにとって，それが納得する形でおこなわれ，その介入から導かれる帰結が誰にとっても良いものであるという強固な仮説が必要です。

······ ステップ3 ······

精神疾患の疫学[7,14]

疫学研究では，精神疾患に関してもいろいろなことがわかっています。統合失調症を例にしてみてみましょう。

統合失調症の"危険因子"に関して，代表的なものでは遺伝的要因があげられ，第1度近親者における発症リスクは一般集団の10倍になるといわれています。また，妊娠中や出生時合併症・母体のインフルエンザウイルス感染・冬季出生なども統合失調症の危険因子になるという研究結果もあります。

"疾病自然史"でわかっていることもあります。統合失調症の発症年齢は男性のほうが女性よりも早いといわれています。好発年齢は，男性が10〜25歳，女性は25〜35歳と40歳前後の中年期の二峰性になっており，10歳未満や60歳を過ぎての発症はきわめて稀です[15]。また男性は女性よりも活動性の低下や感情の欠落を生じやすく，女性のほうが男性よりも予後が良いともいわれます。

"頻度と分布"に関しては，統合失調症はおよそ100人に1人が罹患するといわれています。また，患者数は全世界で2400万人ほど（世界保健機関[16]），日本では79万人ほど（厚生労働省患者調査[17]）と推定されています。地域差

14 井上監，カプラン臨床精神医学テキスト 日本語版第3版，2016
15 P.ルイース編著，井上監訳，カプラン臨床精神医学テキスト 日本語版第3版，p.340-341，2016

についても議論されていますが，こちらについてははっきりとした結論は出ていません。 第13章

精神疾患の診断における疫学の有用性

　疫学は，精神疾患を診断する際にも大いに役立ちます。現在，精神疾患の診断では操作的診断基準を用いることが一般的ですが，これを満たしていても治療がうまくいかない場合があります。

　精神疾患は，いわゆるがんや生活習慣病などの内科疾患とは違い，診断するための検査技術がありません。そのため実際の治療では，操作的診断と並行して患者の症状を分析していく必要があります。しかしながら，時に症状だけで治療を選択することが困難な場合もあります。**妄想**という症状を例に挙げてみましょう。妄想とは実際の事実とは明らかに反しているにもかかわらず，確信されて外部からは修正することのできない信念のことです。妄想は統合失調症に代表される症状ですが，実際には認知症やうつ病などのさまざまな精神疾患でも認める症状です。

　このようなとき，疫学は精神疾患の診断および治療の選択にとても有用に働きます。疫学研究により，統合失調症は10歳未満や60歳を過ぎて発症することは稀であることがわかっています。つまり，たとえば65歳で妄想を呈していた場合，年齢から統合失調症である可能性は低く，その妄想は認知症やうつ病など別の疾患によって引き起こされている可能性が高いのではないか，と予測をつけることができます。

　ここまで，疫学研究に焦点を当て，精神疾患の診断と治療に疫学がどのように活用されているのかについて，統合失調症を例に概説しました。次節では，実際の臨床現場で出会うさまざまな症例とその診断について解説します。

16　World Health Organization. Schizophrenia fact sheet. https://www.who.int/news-room/fact-sheets/detail/mental-disorders
17　厚生労働省，平成29年（2017）患者調査の概況，2019

③ 臨床現場でのアプローチ

>>> 実践

（馬場 存）

⋯⋯ 1. はじめに

　筆者は精神科医として診療に携わるかたわら，教員として駿河台大学と東邦音楽大学で公認心理師と音楽療法士の育成に携わっています。医学部に進む前にジャズに夢中になり一時期はピアニストを目指していましたが夢叶わず挫折したため，音楽で実現したかった「人のこころを支える」仕事をしたいと考え精神科医を目指して医学部を再受験しました。ところが入学後に作曲と演奏の仕事が来たのでそれも引き受け，現在は作曲とピアノ演奏の仕事もしています。そして音楽と精神医学を融合させて音楽療法士としても活動しています。なお大学院博士課程では精神病理学を修めたので，本節ではおもに精神病理学を踏まえて診療の場面を記していきます。

⋯⋯ 2. 研究・アプローチの紹介

精神科診療のバックグラウンドとしての精神病理学と症例

▶**シュナイダーの精神病理学** | 操作的診断と伝統的診断は，必要に応じて使い分けられるのが実状です。中安[18]は操作的診断を「遡向的な事実認定である疾患分類学」，伝統的診断を「前向的な仮説設定である診断基準」と位置づけ，古茶[19]はDSMの長所（1回の問診で診断可能で利便性が高い等）と短所（カテゴリーが症候学的に異種混合で妥当性が疑問視される等）を述べて「目的に応じて使い分けられるべき」としています。

　DSMにも「DSMを使用するには臨床の研修と経験が必要である」と明記されています。たとえば「妄想」を検討する際にも，真性妄想か妄想様観念か，妄想知覚・妄想気分・妄想着想などと整理できるか，諸症状が病像の前景と判断できるか，などの精神病理学的素養が必要なことを意味するのでしょう。

　伝統的診断の基盤は第1節でも触れられているヤスパースの系譜にあるK.シュナイダーの精神病理学[20]で，古茶ら[19, 21]はそれらを踏まえて「階層原

18　中安, *Schizophrenia Frontier*, 2005
19　古茶, 臨床精神病理学, 2019
20　Schneider,（針間訳）, 新版 臨床精神病理学, 2007

則」を整理しています（**表9-1**）。まず現代医学の水準で，原因が明らかな疾患（体因性，第4層）と原因が明らかでない疾患（内因性，第2・3層）の2つがあり，そこに疾患ではなく誰でも生じうるこころの反応（心因性，第1層）を加えた4階層が想定されています。なお，この「体因性」は第1節の「外因性」とほぼ同じ意味です。

表9-1　精神障害の4つの階層（Jaspers-Schneiderの分類）

	層の名称		疾患単位と類型の区別	身体的基盤	カテゴリーの性質	診断の性質
第1層	こころの性質の偏り（神経症・心因反応）		類型（疾患ではない）	想定されない（心因）	理念的なもの	診断とは呼べない類型学
第2層	内因性精神病	循環病（躁うつ病）	類型（疾患ではない。ただし疾患であることが想定されている）	想定される（内因）	理念的なもの	第1層との境界は鑑別診断，内因性精神病の中では鑑別類型学（厳密な鑑別は困難）
第3層		─中間例─ 統合失調症				
第4層	身体的基盤が明らかな精神病（脳器質疾患ほか）		疾患	明らか（体因）	実在するもの	鑑別診断

（古茶・針間, 2010; 古茶, 2019 より一部改変）

「層」とあるのは，これらが並列の関係ではなく，より深い層にある疾患は経過中にそれよりも浅い層の症状を起こしうるものの，その逆はほぼないという理由からです。つまり第4層の疾患には1〜3層の症状が，第3層の疾患には1，2層の症状が生じてもおかしくないなどのことを意味します。たとえば第4層に属する認知症には第3層（統合失調症）にみられる幻覚や妄想，第2層（躁うつ病）にみられるうつ状態，第1層（たとえば不安症）にみられるパニック発作なども出現しうるし，第3層の統合失調症には第2層の躁状態やうつ状態が出現することも多々あります。平易にいえば下の層が「揺れる」と，その上の層も「揺れる」ことがあるのです。これが伝統的診断において体因性，内因性，心因性の順に診断を検討するという原則につながっています。

　層の境界については，第1層はどんなに重症でも正常からの偏りに過ぎないのに対し，第2・3層はどんなに軽くても「病気」であるとされる[22]一方，2層と3層の境界は明確でないとされます。確かに両者の症状が出現する中

21　古茶・針間，臨床精神病理，2010
22　濱田秀伯，精神医学エッセンス 第2版補正版，2020

間例である非定型精神病もありますし，統合失調症のリスク因子とされる遺伝子が双極症やうつ病の発症にも関与することなども見いだされ[23]，統合失調症とうつ病の両者に有効な薬物も続々と開発されています。このように，緻密な臨床観察に基づくシュナイダーの精神病理学は先駆的で科学的に的確でもあります。

▶ **症例** │ どの疾患も典型例では診断も比較的容易で多くは標準的治療により軽快します。しかし臨床ではそのような例ばかりではなく，たとえ同じ病気であっても患者さんの語る内容や行動は多彩です。それはたとえば第2・3層の疾患でも第1層にも影響が及ぶことの反映でもあり，二律背反的に体因or内因or心因という議論は全体を見失わせます。

　典型例の描写は他書に譲るとして，これらの精神病理学の重要性が感じられた例を紹介します。なお，これらは複数の症例を参考にし，本質を保ちつつも創作した架空の症例です。

　①**脳出血後にうつ状態をきたした例**：60歳男性，自らが幼少期に不遇だったためか，恵まれない子どもたちのための支援組織を退職後に立ち上げる準備をしていました。しかし脳出血をきたし身体麻痺が生じ，夢破れ隠遁生活を余儀なくされ抑うつ状態となり，希死念慮（死にたい気持ち）が生じました。精神科を受診したところうつ病と診断され，種々の抗うつ薬が投与されましたが症状は不変でした。

　やがて介護施設に入所し筆者が精神科担当医になりましたが，初診時に「どうせ，死にたいと言ったから，うつ病だというんだろ」と吐き捨てるように述べました。確かに内因性をうかがわせる症状はみられず，失望のために防衛している姿勢がみてとれました。抗うつ薬は中止し，内面を自由に表現してもらう表現的精神療法を粘り強くおこないました。やがて防衛も緩み自然な笑顔が出るようになり施設スタッフの間での人気者にもなりました。これは「第1層はどんなに重くても正常からの偏りに過ぎない」例です。

　②**パーソナリティ症とされていたうつ病の例**：事務職を辞した精神科通院中の30代の女性で，抑うつ気分，希死念慮，虚無感などが目立ち時に大量服薬をしていました。自宅から「今から薬をたくさん飲みます」とクリニックに電話をするなど，治療側に陰性感情を向けることもありパーソナリティ症と診断されていました。

　ある時期から筆者が外来担当医となりましたが，症状からは内因性うつ病が除外できないので，病歴を確認して，抗うつ薬のうちそれまでの治療に用

23　Blackwood. et al., *Am J Hum Genet*, 2001

いられていなかった種類のものを選び，十分な量まで増量しました。大量服薬の危険性はありますが，うつ病で希死念慮が生じているのなら，抗うつ薬の効果が発揮されれば希死念慮が減り大量服薬もしなくなるのではという仮説を立てたのです。そして適正量まで増量して数か月過ぎた頃には，きっぱりと「死にたくなくなりました」と述べました。しかし「気分の波がある」ので，気分安定薬を添えたところその変動もなくなり復職しました。これは第2層が第1層に強く影響していた例と考えられます。

　③パニック症を発症したが環境変化で改善した例：DSMでは原則的に病因を想定しませんが（DSM-Ⅲの前はアメリカは心因論に傾きすぎたため，病因論を排除する必要があったという歴史的背景もあるようです[24]），かつて心因によるといわれていた強迫症やパニック症などが，明らかな心因がなく薬物療法で改善する例もあることがわかってきたことの影響も小さくはありません。しかし心因の影響によって発症する例は確かにあり，その視点の重要性は低下していません。

　20代女性，東南アジアの国の大学理学部で優秀な成績を修め日本の大学院入学を希望し来日して語学学校に入学し，母国出身者が集まる寮に入りましたが，他入寮者に妬まれていじめを受けました。徐々にパニック発作が生じ，予定を何度も確認するなど強迫思考・行為も出現したため精神科を受診し，筆者が担当医になりました（受診時には日本語の堪能な母国の友人が付き添いました）。

　標準的治療に則り抗うつ薬と最低限の抗不安薬を用いました（言語の問題がありカウンセリングは困難でした）が症状の変動は大きいままでした。一方，休暇などに自分の興味のある分野の研究所を訪問したり，図書館で勉強に熱中したりするなどし，やがて生活条件も整って寮を出て自活することになりました。その際に本人は「研究所で興味のある話を聴いたり勉強したりしていると症状が出ない」「この症状は環境によるもので，今後は寮を出るから治療は必要なくなる」と述べていました。実際に単身生活を始めると症状は消失し，長期に安定していたため，話し合いのうえ治療を終結しました。このような心因による例も確かに存在します。

　④認知療法の併用が有効だった妄想型統合失調症例：50代男性，会社員。幻聴に促され転職を繰り返していました。精神科通院はしていましたが被害妄想が増悪し，「襲われる」と身構えて反撃のための包丁を持ち歩くこともありました。しかし大卒で知的能力は高く，もともとは温和な方でした。

転居を機に筆者の外来を初診しました。抗精神病薬の副作用が出やすく十分な量を使えないためやや不安定さが残り，時に同居している両親への妄想が強まって激怒することもありました。

そこで，陽性症状に対する心理療法が安定を促すかもしれないと提案したところ興味を示したので，幻聴等への認知療法を心理師に依頼しました。アセスメントの後，適応可能と判断されてカウンセリングが開始されました。すると徐々に症状への洞察が進み「ストレスや疲れで幻聴や妄想が悪くなるんですね」「最近幻聴が増えたので，薬を増やしてください」と自ら訴えるようになり安定して，やがて起業して成功しました。脳の特性上，②の例とは逆に心因の「揺れ」が和らぐと内因の「揺れ」も軽くなることがあるようです。

⑤**音楽幻聴が前駆期に生じていた例**：50代男性，会社員。40代より不安，焦燥，意欲低下などが生じましたが精神科で自己愛性パーソナリティ症と診断され，抗うつ薬などで治療されたものの不安定でした。その後筆者が担当医になりましたが，やがて「頭の中に聞き覚えのある音楽が鳴る」という症状が出現し，「レコードの針飛びのように繰り返される」「歌は好きなのでよく頭のなかで口ずさむが，それとは明らかに違う」「始まったときは驚いた」と表現していました。このような，通常の「頭のなかで歌う」こととは質の異なる症状は，精神病理学をふまえると統合失調症の前駆期などの**音楽幻聴**の可能性もあり[25]，主剤を抗精神病薬に切り替えたところ諸症状は軽減し安定しました。その後自己判断で服薬を中断した後には支離滅裂となって再初診し統合失調症の診断が確認され，抗精神病薬の治療によって軽快しました。

統合失調症に必ず音楽幻聴が生じるわけではなく，音楽幻聴が生じる例すべてが統合失調症ではない（すなわち感度も特異度も高くはない）ですが，仮説設定を繰り返せざるをえない臨床現場ではこのような症状がそのヒントになることがあります（もちろん過剰な意味づけは慎まなければなりません）。

⑥**音楽療法が改善に寄与した統合失調症例**[26]：60代男性。30代頃より会社員の職を辞し引きこもっていました。精神科を受診したところ陰性症状の強い慢性期統合失調症と診断され入院しました。抗精神病薬への反応も乏しく寝てばかりの生活でした。

しかし音楽に興味を示すので**音楽療法**を施行することにしました。音楽療

25 馬場，慶應医学，75（6），1998
26 馬場ら，芸術療法と表現病理（臨床精神医学増刊），2001

法には集団と個人がありますが，歌いたそうだったので筆者のピアノ伴奏による歌唱としました。当初は単調な歌唱で対話もありませんでしたが，3か月後頃より「気持ちが明るくなってきた」と述べ，4か月頃には「もう一度歌いたい」と積極的になり1年後には若い頃のスポーツ経験や好きなプロ野球の話題を語るようになりました。やがてSSTで積極的に発言するなどグループリーダー的存在になりました。その後グループホームに退院となりました。

音楽療法が常に有効なわけではありませんが，医学的エビデンスを集めたCochrane Library[27, 28]でも**陰性症状への効果は確認されており**，ほぼ期待どおりの効果が得られました。なお筆者はこの奏効機序を精神病理学的に議論しています[29]。

これらの呈示からは，まるで筆者が名医であるかのように錯覚されそうですがそうではありません。病態評価に迷ったり，まだ見えていない本質があるのではないか？と感じられたりした例について，基本に忠実に精神病理学に立ち戻り仮説を立てて治療に臨んだにすぎません。人相手の仕事すべてに共通する原点は，謙虚に，先入観を排し，基本に立ち戻って考えることだろうと思います。

3. 今後の展望

精神病理学・精神症候学の重要性の再確認

精神医学は日進月歩で，常に新しい知見が見出され，新規の向精神薬の開発，画像技術の進歩，精神症状の神経心理学的解明，心理社会療法の洗練など，その発展はめざましいものがあります。一方で臨床の基本は常に**ネガティブ・ケイパビリティ**[30, 31]をもって**先入観なく真摯に症例に向き合うこと**で，その入口である精神病理学（特に精神症候学[32]）の重要性は不変です。あえて，このような原点，出発点，基本を忘れないことの重要性を強調して本節を閉じます。

27 Mössler et al., *Cochrane Database Syst Rev*, 2011
28 Geretsegger et al., *Cochrane Database Syst Rev*, 2017
29 馬場，音楽医療研究，2011
30 森山，芸術療法と表現病理（臨床精神医学増刊号），2001
31 帚木，ネガティブ・ケイパビリティ 答えの出ない事態に耐える力，2017
32 患者に生じた異常体験を心理学的所見として取り出し，その特徴を適切な表現を用いて記載し，それぞれの成り立ちや相互の関連，意味するところを吟味して再構成することにより，精神障害を把握しようとする精神医学の一方法（濱田，精神症候学 第2版，2009）。

第10章 抑うつ症・双極症

理論 ≫

抑うつ症・双極症とは

（髙橋 徹）

…… ステップ1 ……

抑うつ症・双極症の定義と歴史

▶ **定義と概略** ｜ 抑うつ症（うつ病／大うつ病性障害：depression/major depressive disorder）[1] とは，気分の落ち込みや興味・喜びの喪失をおもな症状とした疾患です。それに対して双極症（bipolar disorder）は，うつ症状を呈する期間と，躁状態（気分が異常かつ持続的に高揚したり，過度に活動的になったりする状態）を呈する期間が繰り返し出現する疾患です。

2つの疾患はどちらも気分に問題が生じるため，以前は気分障害という1つのカテゴリーにまとめられていました。しかし，2013年公開のDSM-5以降は，それぞれの病態には区別されるべき違いがあることから，別々のカテゴリーに区分されています。その違いとして，一連の症状に加えて，家族歴[2]などの遺伝学的な違いが挙げられています。

▶ **生涯有病率** ｜ 日本のうつ病の生涯有病率[3]は5.7%，12か月有病率は2.7%であり[4]，先進国の値（生涯有病率14.6%；12か月有病率5.5%）より低くなっています。うつ病は，どの年齢でも発症するものの，思春期以降に発症する確率が最も高くなっています。また，女性の有病率は男性の約2倍です。

双極症の生涯有病率は，諸外国では約1%前後である一方，日本では0.2%です。また平均的な発症年齢は，日本では20〜30代といわれています[5]。

▶ **抑うつ症・双極症の歴史** ｜ うつ症状の理論的解釈の端緒は，古代ギリシア時代までさかのぼります。医者のヒポクラテス（紀元前460年頃〜紀元前

---

1 本章本文では，より一般的に用いられている呼称として，以後「抑うつ症」を「うつ病」と表記します。
2 両親や兄弟，祖父母などの血縁者の病歴のこと。
3 生涯の間にその病気が発症する割合のこと。
4 川上ら，精神疾患の有病率等に関する大規模疫学調査研究：世界精神保健日本調査セカンド，2016
5 加藤，双極性障害—病態の理解から治療戦略まで 第3版，2019

370年頃）は，ヒトの体内には4種類の体液（血液，粘液，黄胆汁，黒胆汁）が流れており，その調和が崩れたときに心身の病気が生じると考えました（四体液説）[6]。この理論では，憂うつな精神状態を引き起こす気質（メランコリー）は，黒胆汁の過剰によって生じるとされます。一方，双極症と思われる状態が初めて記述されたのは，紀元前2世紀です。カッパドキアの医者アレタイオスが，躁状態（マニー）とうつが同じ患者に現れることを初めて記載しました。第9章

　時を経て，19世紀末に，ドイツの精神科医E. クレペリンが，精神病を早発性痴呆（現在の統合失調症）と躁うつ病に2分しました[7]。ただしこのときには，躁うつ病のなかにうつ病も含まれていました。その後，双極症とうつ病では，臨床経過や再発率などが異なることがわかり，1960年代から，2つの疾患は明確に区分されるようになりました。

······ ステップ2 ······

抑うつ症・双極症の症状・特徴

▶ **うつ病の診断基準** ｜ DSM-5-TRによるうつ病の診断基準に挙げられている症状を**表10-1**に示します。この表に示した9つの症状のうち，5つ以上の症状が，2週間以上ほとんど毎日認められる[8]ことがうつ病と診断される条件です。また，5つのうちの1つは，"抑うつ気分"あるいは"興味・喜びの喪失"である必要があります。

　健康な人でも落ち込んだり，やる気が出なくなったりすることは多くあります。しかし，その症状が2週間以上も持続することは稀です。そのため，多くの場合ではうつ病であると診断されることはありません。また，大切な人を亡くした際に生じる強い落ち込み（悲嘆）は長く続くものの，そのおもな感情は空虚感や喪失感であるため，抑うつエピソード（病相）[9]とは区別されます。ただし近年では，うつ病患者と健常者との境を明確に分けるのではなく，抑うつ症状の程度を連続体としてとらえる立場も提案されてきています[10]。

....

6　現在ではこの四体液説は，実証的な根拠がないものとされていますが，超自然的な力や神々の仕業ではなく，身体の要素から説明しようとした点に意義があったといえます。

7　中世では精神疾患に関する理解は発展しませんでしたが，19世紀には循環精神病や重複精神病とよばれる双極症の概念のもととなる病態が再発見されていました。

8　自殺念慮の症状のみ，「ほとんど毎日認められる」必要はありません。

9　精神医学において「エピソード（病相）」とは，「ある状態が持続している期間」を意味します。

　10　Haslam et al., *Psychol Med*, 2012

表10-1　うつ病（抑うつエピソード）の症状（DSM-5-TR）

1.　抑うつ気分（例：悲しみ，空虚感，または絶望を感じる）
2.　興味または喜びの著しい減退（何事にも興味が持てない，良いことも喜べない）
3.　有意の体重減少，または体重増加（例：1か月で体重の5％以上の変化），または食欲の減退または増加
4.　不眠または過眠
5.　精神運動興奮（じっとしていられない）または制止（動作が緩慢になる）
6.　疲労感，または気力の減退
7.　無価値観，または過剰であるか不適切な罪責感
8.　思考力や集中力の減退，または決断困難
9.　死についての反復思考，特別な計画はないが反復的な自殺念慮，はっきりとした自殺計画，または自殺企図

（日本精神神経学会（日本語版用語監修），高橋三郎・大野裕（監訳）：DSM-5-TR　精神疾患の診断・統計マニュアル，p176をもとに筆者作成）

　また，表10-1にあるように，うつ病は心理的な症状だけでなく，**不眠や体重の変化**など，**身体症状も引き起こします**。不眠や疲労感を主訴とする人に対しては，うつ病の可能性も考慮し，他の抑うつ症状がないかどうか確かめることも大切です。

▶ **うつ病のタイプ**｜うつ病は，興味・喜びの喪失が強く，早朝覚醒，精神運動制止，食欲減退や，罪責感を伴うタイプが典型的です。一方で，楽しい出来事に反応して気分が明るくなったり，対人関係上の拒絶に敏感であるなどの「非定型の特徴を伴う」うつ病も存在します[11]。

▶ **双極症の診断基準**｜DSM-5-TRによる躁エピソードの基準を**表10-2**に示します。双極症には，社会的または職業的機能に著しい障害を引き起こすほどの躁状態（躁エピソード）を示す双極症Ⅰ型と，それほどではない軽い躁状態（軽躁エピソード[12]）を示す双極症Ⅱ型があります。躁エピソードが該当した場合（抑うつエピソードの有無にかかわらず）は双極症Ⅰ型，軽躁エピソードと少なくとも1回の抑うつエピソードが該当した場合は双極症Ⅱ型と判断されます。

　躁エピソード中は，気分が高揚したり活動的になったりするため，患者は自身の状態をポジティブにとらえている場合があります。それゆえに双極症

11　基本的な診断基準に加えて，特徴的な症状をもつ患者を説明するためにDSM-5-TRには "特定用語" が設けられています。「非定型の特徴を伴う」は特定用語の1つです。

12　どちらのエピソードも，表10-2のAとBの両方の基準を満たす必要がありますが，軽躁エピソードは，Aの持続期間の基準が短くなっています（少なくとも「1週間」ではなく「4日間」）。

表10-2　双極症Ⅰ型（躁エピソード）の症状（DSM-5-TR）

A. 気分が異常かつ持続的に高揚し，開放的または易怒的に（怒りやすく）なる。加えて，異常にかつ持続的に亢進した活動または活力がある。このような普段とは異なる期間が，少なくとも1週間，ほぼ毎日，1日の大半において持続する。

B. 気分の混乱と活動または活力が亢進した期間中，以下の症状のうち3つ（またはそれ以上）（気分が易怒性のみの場合は4つ）が有意の差をもつほどに示され，普段の行動とは明らかに異なった変化を象徴している。

1. 自尊心の肥大，または誇大
2. 睡眠欲求の減少（例：3時間眠っただけで十分な休息がとれたと感じる）
3. 普段より多弁であるか，しゃべり続けようとする切迫感
4. 観念奔逸（連想が豊かで，どんどん脇道にそれていくような思考の状態），または思考が疾駆しているといった主観的な体験
5. 注意転導性（注意があまりにも容易に，重要でないまたは関係のない外的刺激によって他に転じる）
6. 目標志向性の活動の増加，または精神運動興奮（無意味な非目標志向性の活動）
7. 困った結果につながる可能性が高い活動に熱中すること（例：制御のきかない買いあさり，性的無分別，ばかげた事業への投資などに専念すること）

（日本精神神経学会（日本語版用語監修），高橋三郎・大野裕（監訳）：DSM-5-TR　精神疾患の診断・統計マニュアル，p136に基づいて一部改変）

患者は，自分が病気であることや，治療が必要であることを認めない傾向にあります。特に治療を拒否するケースでは，家族や友人，職場の同僚などからの情報も参考に，慎重な判断をおこなう必要があります[13]。

▶**症状の再発率**｜うつ病は一度発症すると，その後の再発率が高いことが知られています。うつ病が治った後に抗うつ薬治療を中断すると，約1年後までの間に，約40％が再発することが報告されています[14]。うつ病と同様，双極症も再発しやすく，約60％が再発することが報告されています[15]。そのため，うつ病や双極症の治療では，症状を和らげるだけでなく，再発予防も重要です。

········· ステップ3 ·········

抑うつ症・双極症の診断・評価方法

うつ病・双極症の見立てをおこなうためには，丁寧なアセスメントが重要です。ステップ3では，うつ病や双極症のアセスメントで活用される，標準化された評定法を紹介します。

▶**うつ症状を評価する尺度**｜うつ症状を簡便に評価するための代表的な自己評定尺度（質問紙）を3つ紹介します。なお，これから紹介する自己評定尺

---

13 加えて，うつ病と双極症のいずれの診断においても，何かしらの物質（乱用薬物など）による生理学的作用や，他の医学的疾患によるものではないことを確認する必要があります。
14 Kato et al., *Mol Psychiatry*, 2021
15 Gignac et al., *J Clin Psychiatry*, 2015; Kessing et al., *Bipolar Disord*, 2018

度はうつ・躁症状の重症度の評価や，罹患の可能性のある患者のスクリーニング，または研究を目的として使われることが多く，評定結果のみから診断を下すことはできません。

　BDI（Beck depression inventory：ベック抑うつ質問票）は，抑うつ症状の頻度や程度を尋ねる21項目の尺度です。BDIはA.T.ベック 第6章 らによって1961年に開発され，1996年にはDSM-IV[16]により準拠するようにBDI-IIに改訂されました。SDS（self-rating depression scale）は，過去1週間の抑うつ症状を尋ねる20項目で構成された尺度で，1965年にアメリカの精神科医W.W.K.ツァンらによって開発されました。CES-D（center for epidemiologic studies depression scale[17]）は，過去1週間の抑うつ症状を尋ねる20項目で構成されており，アメリカの国立精神衛生研究所（NIMH）の疫学研究センターによってうつ病の疫学研究用に開発されました。

　この3つの尺度はいずれも，幅広いうつ病の症状を評価することが可能です。ただし一方で，それぞれの尺度で重視している側面は異なっており，BDIは認知的症状，SDSは身体症状，CES-Dは感情症状を尋ねる項目が比較的多く盛り込まれています[18]。

　さらに最近では，DSM-5のうつ病の9つの診断基準に対応したPHQ-9（patient health questionnaire-9）が多く使われるようになってきました。PHQ-9は9つの項目のみで構成されているため，介入の各セッションごとに実施しやすい尺度となっています。

▶ **躁症状を評価する自己評定尺度**｜双極症をスクリーニングするための尺度としては，Mood disorder questionnaire[19]が代表的です。ただし，双極症の患者は病識を欠く場合も多いため，自己評定尺度により測定される自覚症状よりも，観察や周囲からの情報を基にした行動評価が重要になります。

▶ **面接法**｜うつ病や双極症の評価のための標準化された面接法も存在します。SCID（structured clinical interview for DSM：スキッド）は，精神疾患の症状を網羅的に聴取することができる半構造化面接（p.28）のマニュアルです。DSMに基づいて作成されており，決められた質問文を順番に読み上げ，クライエントの回答を記録します。SCIDより短い時間で簡便におこなうことのできるM.I.N.I.（mini-international neuropsychiatric interview：精神

16　DSMは第4版までは，DSM-I，II，III，IVとローマ数字で表記されていました。しかし第5版（DSM-5）から，最新の研究成果に応じて5.1，5.2…と頻繁にアップデートできるように，アラビア数字で版を表記するようになりました（Adam, *Nature*, 2013）。

17　Radloff, *Appl Psychol Meas*, 1997

18　坂本・大野, In 抑うつの臨床心理学, 2005

19　Hirschfeld et al., *AM J Psychiatry*, 2000

疾患簡易構造化面接法）もよく用いられます。これらの面接法は，マニュアル化されてはいるものの，その実施は容易ではなく，精神疾患に関する基礎知識と，一定の面接技術が必要です。

▶ **うつ病と双極症の鑑別** ｜ うつ病と双極症の鑑別は難しく，病歴や家族歴，ライフイベントを詳細に聴取する必要があります。たとえば，過去に躁エピソードがあった場合，うつ病とは診断されません。うつ病発症の可能性を高める要因（リスクファクター，危険因子）としては，身近な人の死別などのライフイベントや，虐待や早期の親との離別などの養育環境の問題があります。また，双極症は遺伝的要因の影響が強いため，親族に罹患者がいないか確認することが大事です。

2 ≫ 理論

抑うつ症・双極症のメカニズムと治療

（髙橋 徹）

ステップ1

抑うつ症・双極症の心理学的メカニズム

うつ病や双極症を心理学的に治療するには，なぜその症状が出現するのか，というメカニズムを理解する必要があります。これまで，学習心理学や認知心理学の影響を受けた，多くの仮説が提案されてきました。

うつ病の心理学的メカニズム

▶ **ベックの認知理論** ｜ ベックの認知理論（p.102）では，ある場面で，瞬間的・自動的に浮かんでくる思考（自動思考）がその後の感情を規定すると考えます[20]。ベックは，うつ病患者は，特に"自己，世界，未来"という三領域に対して抑うつ的なスキーマ（認知トライアド：cognitive triad）をもつと仮定しました。ベックの理論では，自動思考はスキーマを通して活性化されます。そして，うつ病患者は非機能的なスキーマをもっているため，悲観的な自動思考が誘発され，その結果として抑うつ気分が生じるのだと説明されます。 第6章

▶ **学習性無力感** ｜ 対処不可能な嫌悪刺激に繰り返しさらされることによっ

---

20 それ以前は，うつ病は感情の問題が主であって，認知や行動の問題は二次的なものであると考えられてきました。そのため，うつ病の治療においては，薬物療法などで感情の問題にアプローチすることが優先されていたという背景があります。

て，対処可能な事態に対しても自発的に対処しようとしなくなり，やがて無気力で受動的な状態になってしまう現象を**学習性無力感**とよびます 第5章。M.E.P.セリグマン[21]は，このような学習性無力感によって，否定的な認知や抑うつ気分などのうつ症状が発生すると考えました。

▶ **帰属スタイル** │ 抑うつ症状の持続や般化といった現象を説明するため，アメリカの心理学者L.Y.エイブラムソンらは，セリグマンの理論に，原因帰属スタイル[22]の個人差を組み入れました。このモデルでは，失敗の原因が，以下で説明する悲観的な説明スタイルによって帰属された場合に，今後も対処不可能である（失敗する）という予期が形成され，抑うつ状態に陥ると考えます。

原因帰属スタイルは，**内在性**，**安定性**，**全般性**の3つの次元で表現されます（表10-3）。たとえば，数学の試験に失敗した原因を「私の頭が悪かった」ことに帰属した場合を考えてみましょう。まず内在性については，原因を外的な要因（課題の困難度など）ではなく，内的な要因（自分）に帰属していると表現されます。次に，安定性については，不安定な要因（たまたま調子が悪かった）ではなく，時間的に安定的な要因（自分の能力）に原因を帰属しているととらえられます。最後に全般性については，特殊な要因（数学だけが苦手）ではなく，全般的な要因（数学に限らず能力が低い）に原因帰属しています。このように，外在的・不安定的・特殊的ではなく，物事の原因を内在的・安定的・全般的に帰属してしまうスタイルが抑うつをもたらすと

表10-3　帰属の3次元モデル

次元	説明
①内在性　対　外在性の次元	ある出来事や結果の原因が自分にあるのか（内的）：内的帰属 自分以外にあるのか（外的）：外的帰属
②安定性　対　不安定性の次元	原因がいつも同じ結果を引き起こしているのか（安定的） そうでないのか（不安定的）
③全般性　対　特殊性の次元	原因が別の場面でも同じような結果を引き起こすのか（全般的） その場面だけに限られたものか（特殊的）

（袴田，総合福祉科学研究，2016より）

....

21　Seligman, *Helplessness: On depression, development, and death*. 1975。セリグマンは，のちにアメリカ心理学会（APA）の会長となり，疾患などの人間のネガティブな側面ばかりではなく，ポジティブな側面も研究していくべきだとするポジティブ心理学を創設しました。

22　心理学における帰属（attribution）とは，出来事や行動の原因を何かに求める，すなわち「何かのせい」にする心的過程のことを意味しています。この帰属の過程がどのようにおこなわれるのかを体系化した帰属理論は，もともとはオーストリア出身の心理学者F.ハイダーによって提唱されたものです。エイブラムソンは，ハイダーの帰属理論を発展させ，帰属過程の個人差が抑うつ状態への陥りやすさを説明すると考えました。

エイブラムソンは考えました。理論上は，内在性次元は自尊心に，安定性次元は抑うつ感の持続に，全般性次元は抑うつ感の場面般化に影響すると仮定されています。

▶ **抑うつ的処理活性仮説**｜個人の認知スタイルではなく，**抑うつスキーマ**の活性化しやすさが，うつ病への脆弱性であるという考えも提唱されています。イギリスの心理学者 J.D. ティーズデールの提唱した**抑うつ的処理活性仮説**では，抑うつ気分が生じると，抑うつスキーマが活性化し，ネガティブな記憶が思い出されやすくなり，さらに抑うつ気分が悪化するという認知と感情の悪循環によってうつ病が持続・再発すると説明されています。

▶ **反すう**｜抑うつの持続を説明するために，反すう（rumination）という認知プロセスが注目されました。反すうとは，自己，自身の感情，個人的な懸念と心を乱される経験についての反復的かつ持続的なネガティブ思考を指します。アメリカの心理学者 S. ノレン - ホエクセマは，ネガティブな気分に対する反すう的対処が，うつ症状の維持要因となっていると主張しました。彼女は，反すう的対処は不快な症状とその原因や結果に繰り返し注目し続けるものであるため，状況を変えるような問題解決にはつながらないと指摘します。これに対して，気ばらし（distraction）的対処は，ネガティブな症状から注意をそらし，外部の他の体験に注意を向けることができます。気ばらしも直接的な問題解決にはつながらないものの，ネガティブな気分を一時的に緩和することが示されています[23]。

▶ **回避**｜うつ病の維持要因の1つとして，嫌な体験を回避するような行動も挙げられています[24]。このような回避的な行動は，対人交流などの報酬を得られる機会の減少につながってしまいます（第5章参照）。また，先述の反すうは，嫌な状況を回避するために生じているという考え方もあります[25]。

双極症の心理学的メカニズム

これまで，双極症の病態を説明するアプローチは生理学的なものが主でしたが，臨床心理学的な研究も増えてきています。たとえば，双極症の患者は，過剰にポジティブで，極端な目標設定を強める非機能的な信念・認知を示すことが報告されています[26]。健常な人は，状況に応じて生じる感情に基づいて，適切な判断・行動をすることができますが，過剰にポジティブな認

23　ただし，長期的には，気晴らし的対処は回避／逃避につながってしまう可能性も指摘されていますので，注意が必要です（Nolen-Hoeksema et al., *Perspect Psychol Sci*, 2008）。

24　Ferster, *Am Psychol*, 1973。たとえば「ベッドで1日中過ごす」などの行動が挙げられます。

25　Watkins & Roberts, *Behav Res Ther*, 2020

26　Alloy et al., *Clin Psychol Rev*, 2005

知は，あらゆる場面でポジティブな感情を生起させます。リスクのある状況含め，どのような場面でもポジティブ感情が強く生じ続けてしまう特徴（positive emotion persistence[27]）は，周囲とのかみ合わなさや不適応につながる可能性があります。

····· ステップ 2 ·····

抑うつ症・双極症の生理学的基盤

うつ病や双極症の背景には，脳をはじめとした生理学的な異常が想定されます。本ステップでは，うつ病・双極症の代表的な生理学的特徴と病態メカニズム仮説を紹介します。

うつ病の生理学的基盤

▶ **モノアミン仮説**｜うつ病患者の脳内では，**モノアミン**[28]とよばれる種々の神経伝達物質の枯渇が生じているため，モノアミンに関係する神経伝達システム（モノアミン作動性システム）が異常をきたしている，という考えをモノアミン仮説とよびます。モノアミン作動性システムは，気分，認知，学習，睡眠，食欲などとかかわる脳の幅広い領域と強く結びついています。この事実は，うつ病において広範な症状がみられることと一致します。

モノアミン仮説は，モノアミンを分解する薬，あるいは分解を阻害する薬が，抑うつ症状を引き起こす，あるいは抗うつ効果を示すという偶然の発見が発端であるといわれています。この発見に基づくと，**うつ病患者の脳内におけるモノアミンの量を増やすことにより，抑うつ症状を防げる**と考えられました。実際に，一度シナプス前終末から分泌されたモノアミンが再取り込み（回収）されるのを防ぎ，シナプス間隙におけるモノアミンを増やすような薬物（SSRI[29]やSNRI[30]）は，抑うつ症状に効果があることが判明し，現在でも主要な抗うつ薬となっています（**図10-1**）。

ただし一方で，うつ病患者の血液や髄液中のモノアミンは必ずしも減少していないことや，抗うつ薬投与による細胞外セロトニン濃度増加は単回投与でもみられるにもかかわらず，抑うつ症状への効果が出るまでには数週間を

27 Gruber, *Curr Dir Psychol Sci*, 2011
28 セロトニンやノルアドレナリン，ドーパミンなどの神経伝達物質の総称です。いずれの神経伝達物質も，アミノ基を1つだけ含む化学構造をもっています。
29 選択的セロトニン再取り込み阻害薬（selective serotonin reuptake inhibitors）
30 セロトニン・ノルアドレナリン再取り込み阻害薬（serotonin and norepinephrine reuptake inhibitors）

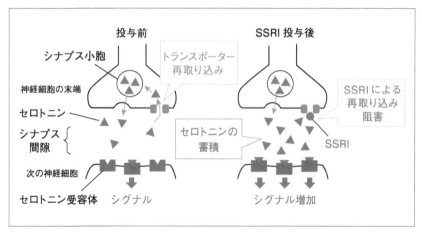

**図10-1　選択的セロトニン再取り込み阻害薬（SSRI）によるシナプスにおける
セロトニン増加のしくみ**

モノアミンの一種であるセロトニンは，シナプス小胞の中に蓄えられており，神経細胞の末端から放出されて，シナプスを介して次の神経細胞の受容体に結合する。セロトニンが受容体に結合すると，シグナルが伝わる。しかし，放出されたセロトニンの一部は，セロトニントランスポーターの働きによって，再び，シナプス前の細胞のシナプス小胞に取り込まれてしまう（再取り込み）。SSRIは，セロトニントランスポーターの働きを阻害することで，セロトニンの再取り込みを抑制し，シナプス間隙におけるセロトニンの蓄積を引き起こす。その結果，セロトニン受容体を介したシグナルが強まる。

要するなど，モノアミン仮説と矛盾する知見も報告されています[31]。

▶ **BDNF仮説** │ 抗うつ薬の効果が出るのが遅いという事実は，モノアミンがうつ症状と直接かかわっているのではないことを示唆します。そのような示唆を受けて，モノアミンはBDNF（brain-derived neurotrophic factor）とよばれる神経栄養因子[32]を増加させ，それが抑うつ症状を軽減させているという仮説が登場しました。この仮説はBDNF仮説とよばれ，神経栄養因子が神経システムを修復するのに時間がかかると仮定すると，前述の抗うつ薬の効果の遅れも説明できます。

▶ **視床下部─下垂体─副腎系（HPA系）仮説** │ ストレス反応[33]にかかわる視床下部─下垂体─副腎系（HPA系：hypothalamic-pituitary-adrenal axis）の調節不全がうつ病とかかわるという仮説も提案されています（図10-2）[34]。

31　Hyman & Cohen, In *Principles of Neural Science* 5th ed., 2012。最近のシステマティックレビュー（Moncrieff et al., *Mol Psychiatry*, 2022）でも，うつ病とセロトニンの関連性の知見は一貫していないことが示されています。

32　BDNFは，神経細胞の成長を促し，新しい神経細胞やシナプスへの分化を促す液性タンパク質です（山本, In 心理学からみたうつ病, 2020）。

33　ストレスとは元来，環境の変動に対する生体の適応的な反応のことを意味していました。ストレスの原因はストレッサーとよばれ，ストレッサーに応じて示される種々の生体の反応のことをストレス反応といいます。

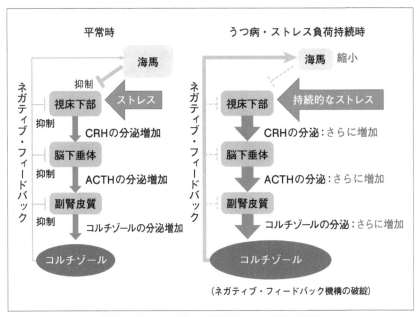

図10-2　うつ病の視床下部─下垂体─副腎系（HPA系）仮説

ストレッサーが与えられると，視床下部は副腎皮質刺激ホルモン放出ホルモン（corticotropin-releasing hormone：CRH）を放出し，下垂体からの副腎皮質刺激ホルモン（adrenocorticotropic hormone：ACTH）の放出が促され，最終的に副腎皮質からコルチゾールが分泌される。コルチゾールは，視床下部からのCRH分泌を抑制し，ネガティブ・フィードバック機構を形成している。また海馬もHPA系に対し抑制的に働く。うつ病やストレス負荷持続時はHPA系が亢進し，ネガティブ・フィードバック機構は障害される。またコルチゾールの上昇が持続すると，海馬が障害され，海馬によるHPA系への抑制も減弱する。

通常ヒトは，ストレッサーを知覚すると，HPA系による一連の反応を通して，副腎皮質[35]から**コルチゾール**とよばれるホルモンを放出し，ストレッサーに対処できるような認知的・生理的状態をつくります。ただし一方で，大脳辺縁系の海馬はコルチゾールに長期間さらされると，傷害されて萎縮してしまいます。そのため，海馬はコルチゾールを受容すると，副腎皮質からのコルチゾールの分泌を抑制するよう働きます（**ネガティブ・フィードバック機構**）。このフィードバック機構は，抑うつ的な気分や身体状態を通常の状態に戻す役目も担っていると考えられています。そしてうつ病患者の半数では，こうしたフィードバック機構が正常に機能していないことが示唆されています[36]。すなわち，海馬のフィードバック機構の機能不全によって，うつ

34　Holsboer & Barden, *Endocr Rev*, 1996
35　副腎は，左右の腎臓の上に接着している内分泌器官です。副腎は2層構造をしていて，周辺部を占める副腎皮質と，中央部を占める副腎髄質からなっています。

症状が長く続いてしまっているのだと考えられています。

▶ **脳機能に基づくアプローチ** | fMRIなどの脳機能イメージングによるうつ病の病態理解も進んでいます。大まかにいえば，うつ病患者では，**大脳辺縁系の扁桃体など情動を担う部位の過活動が維持されており，それを制御する役割を担う前頭前野の機能が低下している**（これが集中力の減退などともかかわる）ことが報告されています。臨床心理学分野で研究されてきたうつ病患者の認知処理のバイアスが，脳機能の面からもとらえられるようになることで，将来的には脳機能測定によるアセスメントや，異常部位に応じた治療技法の選択などにつながると考えられます。

双極症の生理学的基盤

双極症については，遺伝子から代謝，脳まで膨大な研究がなされていますが，決定的な仮説は未だ提案されていません。脳機能イメージングの知見によれば，うつ病と同様に大脳辺縁系や前頭前野の活動異常がみられることは共通しているようです。また双極症に対する薬物療法では，リチウムなどの気分安定薬が第一選択となっていますが，この作用機序も明確にはわかっていません。サーカディアンリズム（概日リズム）の異常と症状が関連している可能性も示唆されています[37]。

ステップ 3

本ステップでは，抑うつ症・双極症に対する心理療法とそのエビデンスについて解説します。

うつ病に対する心理療法とエビデンス

▶ **認知行動療法** | これまで最もエビデンスが蓄積されてきた心理療法が，認知行動療法です。認知行動療法は，通常診療などの統制群に比べて，中程度以上の効果を示すことがメタ分析によって明らかになっています[38]。　第6章

認知行動療法では，自身の考え方や物事のとらえ方などのパターンへの気づきを促しつつ，その考え方やとらえ方が自分の感情や行動にどのような影響を及ぼしているのかを，セラピストとクライエントで話し合っていきます。この話し合いに役立てるため，クライエントには日常でいつも陥る認知

36　Nestler et al., *Neuron*, 2002
37　Murray & Harvey, *Bipolar Disord*, 2010
38　Cuijpers et al., *Can J Psychiatry*, 2013

のパターンと，その前後で起きたことなどを記録してもらいます。

　また，回避行動を抑制し，報酬を得られるように外出などの新たな行動を促していく**行動活性化**も並行して実施されることが多いです。必ずしも最初から活動量を多くする必要はなく，次第に活動を増やしていくような促しが重要です。

▶ **対人関係療法** ｜ うつ病に対して，認知行動療法と同等以上の有効性が示されている[39]のが，**対人関係療法**です。対人関係療法は，うつ病患者は，乏しいソーシャルサポートなど厳しい環境（対人関係）にある，という考えに基づいています。さらに，うつ傾向のある人の対人関係パターン[40]は，他者から拒絶されやすいという知見[41]から，困難な対人関係や，承認されにくいストレスフルな環境を自らつくりだしていることも仮定します。これらの仮定に基づき，他者に受容されやすくサポートが得られやすい対人関係を形成できるように，どのような関係性の問題が生じているか整理し，重要な他者とのかかわり方を調整していきます。

▶ **マインドフルネスに基づいた介入** ｜ 抑うつ的処理活性仮説に基づいて開発されたMBCT（p.116）は，思考と距離をおき，過ぎ去るのを眺めることにより，抑うつ的な認知と感情の悪循環（反すうと関連）を断ち切ることを目指します。MBCTはうつ病の再発を防止することが示されています[42]。 第7章

双極症に対する心理療法とエビデンス

▶ **心理教育** ｜ 心理教育では，双極症とその治療法に関する正しい知識を伝え，**服薬アドヒアランス**[43]を高めること，さらに，症状の引き金を知ることで症状を管理できるようにしたり，ストレスへの適切な対応方法を身につけたりすることを目指します。集団心理教育プログラムが，再発回数を減少させ，入院期間も短縮させたことが報告されています[44]。加えて，躁エピソード時の行動が引き起こす家族や身近な人へのストレスの軽減を図り，適切なサポートが得られるようにする支援も重要です。

39　Barth et al., *PLOS Med*, 2013
40　たとえば他者に，暖かく，大切にしてもらうことの再保証（reassurance）を頻繁に求める傾向があるといわれています（Coyne, *Psychiatry*, 1976）。
41　Joiner et al., *J Abnorm Psychol*, 1992
42　MBCTの効果を検討した9件のランダム化比較試験の知見を統合したメタ分析によると，MBCT群は対照群（通常の治療を含む非MBCTによる介入）と比較して，追跡期間中（約60週間）の再発リスクが31％低いことが示されています（Kuyken et al., *JAMA Psychiatry*, 2016）。
43　アドヒアランスとは，患者が積極的に治療方針の決定に参加し，その決定に従って治療を受けることを意味し，特に服薬アドヒアランスは，患者がどの程度処方どおりに服薬しているかを意味します。
44　Colom et al., *Arch Gen Psychiatry*, 2003

対人関係・社会リズム療法｜双極症は，生活リズムが不規則になり周囲との問題が生じやすいことが特徴です。この問題に対応するためのアプローチが，**対人関係・社会リズム療法**です。対人関係・社会リズム療法では，行動療法的な技法を用いて社会リズムを安定化させつつ，対人関係問題の解決も目指していきます。急性期に対人関係・社会リズム療法を受けた双極症Ⅰ型の患者は，統制群よりも再発までの期間が長かったことが報告されています[45]。

　心理療法の開発は日進月歩です。そのため，最新のエビデンスを参照しつつ，治療技術を常に更新していく必要があります。アメリカ心理学会（APA）のウェブサイトにさまざまな心理療法のエビデンスがまとめられています[46]。クライエントに最適な技法を選ぶためにも，定期的に参照する必要があるでしょう。一方で，うつ病と双極症のどちらも，多様性が高い疾患であり，実際にはさまざまな状態像のクライエントに出会います。今後は，その状態像に応じた細分化されたメカニズム研究をおこなうことで，より精密なアセスメントと治療法を開発することが望まれます。

3 うつ病・双極症に対する臨床現場でのアプローチ

>>> 実践

（甲田宗良）

1. はじめに

　筆者は，学部・修士課程で，認知行動療法／マインドフルネスを専門とした指導教員のもとで，抑うつを対象としたアナログ研究[47]に取り組みました。その後，博士課程は医学研究科に進学し，精神科に籍を置きました。ここで，うつ病患者の病前**気質**という研究テーマ[48]に出会いました。うつ病はとても多様性の高い疾病とされ，同じ診断でも治療方針が異なる場合もあることが，現場では経験的に知られていました。筆者は，どのような患者さん

45　Frank et al., *Arch Gen Psychiatry*, 2005
46　https://div12.org/psychological-treatments/
47　心身ともに健康な大学生や成人などの健常者を対象に，うつ病や不安症などの臨床的な問題のメカニズムを検証する研究をアナログ研究とよびます。ここでの「アナログ」は，「等価な」「連続な」という意味になります。
48　現代のように操作的診断基準（DSMなど）がない時代は，どのような人がどのような病気になるのかという，個人特性と病気の関係に注目が集まり，議論されていました。その後，操作的診断基準が策定され，症状や持続期間ベースの診断方法が確立すると，個人特性と病気の関係への関心は薄くなっていきました。しかし，2000年前後より，うつ病や双極症と病前気質との関係や，これらの気質による治療反応の違いなどを検証する研究が出現したり，精密医療など，個人の病態に応じたオーダーメイド医療が隆盛したりするとともに，病前気質などの個人特性への注目が再燃しました。

がどのような診断・治療を受け，その後どうなるのか，多様な患者の経過を丁寧に観察しました。この観察において人や疾病の多様性とその面白さを目の当たりにし，今でも"多様なうつ"を研究と実践の軸にしています。

　同時期に，EAP（employee assistance program：従業員支援プログラム）を併設した心療内科クリニックに就職し，認知行動療法，マインドフルネスや心理査定の実践に携わるようになりました。クリニックでは，**リワーク（復職支援）**[49]にかかわることが多く，個人カウンセリングや**集団認知行動療法**の経験を積むことができました。現在の所属では"産業臨床心理学研究室"を主宰し，働く人の健康と仕事に貢献できる心理学を志向しています。

······ 2. 研究・アプローチの紹介 ······

うつ病の心理支援

　うつ病は，さまざまな領域で出会うポピュラーな精神疾患です。本章1節で説明したような多様な症状に対して，具体的かつ患者に応じた柔軟な心理支援をおこなうことが大切です。

▶ **心理支援の準備** ｜ 認知行動療法やマインドフルネスのアプローチを用いる前提として，患者さんが心理支援を受ける準備ができているかを慎重に見極める必要があります。心理支援は，内省や記録をしたり，具体的な行動に取り組んだり，良くも悪くも忙しい営みです。そのため，患者さんによっては大きな負担になることがあります。心理支援を始めるにはまず，この負担が回復のためのほどよい刺激になる時期を見極めなくてはなりません。そのため，具体的な支援を開始する前には十分な休養[50]や，生活リズムの再構築が必要です。患者さんは，睡眠障害や食欲の問題もあり，基本的な生活リズムが乱れがちです。リズムの乱れは症状そのものであると同時に，**疾病の維持・増悪・再発にも影響**するため，十分な注意を払う必要があります。

▶ **行動や思考へのアプローチ** ｜ 休養や睡眠が適切にとれるようになると，行動や思考にアプローチすることができます。

---

49 <u>return to work</u> の略語であり，うつ病や双極症などの精神疾患による休職者（労働者）に対して，職場復帰のためにおこなわれるリハビリテーションのことです（p.19，111参照）。

50 "うつ病は休養が大切"といわれますが，意外にも"どの程度休めば良いか"具体的な基準はわかっていません。多くの専門家が，"経験的に"「○○までは休みましょう」と伝えているでしょう。筆者は，「今日は○○してもいいかなと思えるまで休みましょう」と目安を伝えています。その他にも，休職の診断書なども，"3か月の加療を要す"などの期間が明示されていますが，この数字に科学的な根拠や実証的なデータはなさそうです。

①抑うつ的な行動に対するアプローチ：うつ症状の維持要因として，抑うつ的な行動が挙げられます。抑うつ的な行動とは，回避行動と置き換えても良いかもしれません。これは"～しない"と表現できる行動です。たとえば，身体が重いときに，料理をすることは困難に思えるため，"料理をしない"[51]という行動を選択します。

ただし，たとえ料理をしなかったとしても，急に身体が軽くなることはありません。一方で，試しに料理をすることで，「思ったより上手くできる」「意外に作業に没頭できる」などの体験が伴うことがあるかもしれません。こうした行動に伴う快適な体験（報酬）は，行動の活発さを高めたり，行動のレパートリーの拡大につながり，結果的に抑うつの回復に寄与します[52]。このような行動とそれに伴う体験の新たなつながりを模索するために，心理支援では，「試しにやってみませんか？」という声がけが必要です。

②抑うつ的な考え方に対するアプローチ：抑うつ的な考え方には，"その思考は現実的か"という問いを軸として，患者さん自身が考え方の妥当性を支持する／しない根拠（目に見える情報や事実）を探し，その根拠を基に，考え方を見直すという作業をおこないます[53]。患者さんの抑うつ的な考え方を聞いていると，「そこまで悲観的に考えなくても……」と感じることもありますが，"考え方の内容が悲観的ではなくなること"を目指すよりも，"特定の考え方に思い至るまでの固定化したプロセス"や，"一度思い至った考え方を再検討する余地がなくなっている状態"を変えることのほうが大切です。実際の心理支援では，「確かにその考え方もあるし，他の考え方もあるかもしれない。まずは一緒に探してみませんか？」というスタンスで，考え方の根拠探し自体をともに楽しめることが大切だと思います。

双極症の心理支援

双極症は，有病率だけを見ると，患者さんと出会う確率が低いように思えます。また，疾病の特性上，薬物療法などが主[54]となっているため，心理職に依頼が少ない現場もあるかもしれません。しかし，"うつ病治療に難渋している症例"や"気分や行動が不安定で，ケアが必要な症例"に対する心理支援の文脈では，双極症に準じて準備・対応することが必要なケースも少なくありません。

51　厳密にいえば，「～しない」は行動ではありません。"料理をしない"で"横になってスマホを触っている"場合，前者ではなく後者が抑うつ的な行動（回避行動）になります。
52　Kanter et al., *Behavioral Activation*, 2009
53　こうした手続きは，"認知再構成法"とよばれます（p.104参照）。
　54　双極症の心理支援は，現時点では必ず薬物療法の補助的役割として実施します。

▶ **心理教育の重要性** ｜ 特にうつ状態に対する心理支援の要点の多くは，うつ病と共通します。ただし，双極症に特異的な留意点もいくつかあります。たとえば，**より強固な服薬アドヒアランスの維持・増進**です。双極症は，薬物療法の重要度が高い疾病です。しかし，気分やテンションの浮き沈みもあってか，患者さんや周囲の人，場合によっては治療者でさえ「調子が良くなった，もう大丈夫」と考えがちです。そのため，本人や周囲（特に家族）が，正確に疾病の特徴や病理，薬物療法の必要性と重要性を学ぶことが大切です。筆者は，心理教育のテキスト[55]を患者と読み合わせたり，ティーチバック（治療者から患者，患者から治療者と交代して教え合う）でともに学ぶようなカウンセリングを実施しています。

▶ **再燃リスクの見通し** ｜ 双極症は再発率が非常に高く，たとえ服薬アドヒアランスが保たれても，再発リスクをゼロにすることは困難です。そこで，再発の徴候になるべく早く気づき，対処することが大切です。治療者は患者さんの病歴やエピソードを振り返り，**"早期警告サイン"**を同定します。そして，この早期警告サインを自覚した際の**対処法（徴候を緩和する方法）**をリスト化します（**表10-4**）。このような症状の再燃リスクを見越した"見通し"は，日々の生活の不安も小さくすることにも役立ちます。

　双極症の支援で特に注意が必要な点として，"ポジティブ感情"の取り扱いが挙げられます。非臨床群を対象とした研究では，生まれもったポジティブ感情や情動喚起刺激に対するポジティブ感情の喚起が，躁症状と有意に関連することが報告されています[56]。さらに，ポジティブ体験を繰り返し考えること（ポジティブな反すう）が，躁エピソードを引き起こすリスクになることも示されています[57]。一方，ポジティブ感情の体験や味わうことは，生活満足度の向上や抑うつの低減に有効とされており，双極性障害におけるポジティブ感情には"二面性"があります。患者さんがポジティブ感情とどのように付き合っていけばよいか，協働して対処可能な範囲を見極める粘り強さが必要です[58]。

再発予防

▶ **マインドフルネスを用いたアプローチ** ｜ うつ病も双極症も再発率の高い疾

55　秋山・尾崎，双極性障害の心理教育マニュアル，2012
56　Gruber et al., *Emotion*, 2008; Hofmann & Meyer, *British journal of clinical psychology*, 2006
57　Gruber et al. *J Abnorm Psychol*, 2011
58　対処やケアが必要な感情のレベルを話し合います。たとえば，どのような行動が出現すると感情に対する対処行動を適用する必要があるか，その特徴を把握しておきます。逆に，対処が不要，そのままにしておいてよい程度の感情状態や行動特徴についても話し合っておきます。

表10-4　うつ／躁状態の再発徴候とその対処法の例

うつ状態の再発徴候	うつ状態の再発徴候に対する対処法
・気持ちが憂うつな気がする ・活動量が前週よりも減っている ・やる気が出ない（気がつくと数時間経っていた） ・仕事や生活のなかで集中力が落ちている ・眠りたいのに眠れない／睡眠時間が減少した ・食欲が落ちている ・悲観的思考（例「また自分のせいだ」と考えた） ・趣味や気晴らしをしても，どうも気が乗らない	・気持ちが落ち着くような活動をする（散歩や体操などの軽い運動など） ・1日単位などで生活の計画を立て，それを遂行する ・親しい人に会う／電話する ・無理に寝ようとせず，寝床から出て，ストレッチや読書をする ・ヨガや瞑想に取り組む ・医師に相談する／追加処方を受ける ・親しい人に愚痴を聞いてもらう／他者の助言に耳を傾ける

躁状態の再発徴候	躁状態の再発徴候に対する対処法
・気持ちがたかぶっている ・活動量が前週よりも増えている ・要らない買い物をしてしまった ・眠たくならない／睡眠時間が減少した ・多弁（話が止まらない），多弁を指摘された ・観念奔逸（考えがまとまらない，次々にいろいろな考えが浮かんでは消えていく） ・自尊心の肥大（自分がとても偉くなったような，何でもできる気がする）	・気持ちが落ち着くような活動をする（アロマ，緩やかな音楽鑑賞など） ・財布の中のお金を少額にする／クレジットカードの類を取り出す ・休養と睡眠に時間を割く ・医師に相談する／追加処方を受ける ・物事の優先順位をつけ，仕事の数を減らす ・休暇をとる ・他者の助言に耳を傾ける

（ラムら（北川・賀古監訳），2012 をもとに筆者作成）

病であるため，再発予防策は予防・治療法と同等かそれ以上に重要です。うつ病の再発予防については，**認知療法**や**認知行動療法**に加えて，MBCTの効果が報告されています（p.116）。マインドフルネスは，患者さんの抱える悩みや困難の内容自体ではなく，悩み方や困難を抱えるパターンなど，問題とのかかわり方をターゲットにしています。うつ病や双極症は，**再発を繰り返すごとに，次の再発までの期間が短縮するなど，再発しやすくなる**ことが知られています。これは，気分に連動した思考や行動パターンが活性化しやすくなっており，わずかな気分変化で症状が強いときの自分に戻ってしまうためと考えられています。マインドフルネスの実践は，このわずかな気分の変化を素早く察知し，そのときに生じる自身の思考などの変化を落ち着いて観察できることに役立ちます[59]。 第7章

▶ **復職支援**｜再発予防の成果の1つが，復職です。精神疾患を理由とした休職者の増加は，大きな社会問題になっています。筆者が心理支援をおこなう際には，以下の2つの点に特に気をつけています。

59　ただし，双極症に対するMBCTは，未だ「再発予防効果が確認されている」段階ではありませんので，適用にはなお一層の留意が必要です（Xuan et al., *Psychiatry Res*, 2020）。

　　まず，疾病の治療・回復に至っても，必ずしも復職可能な状態に到達していない可能性があるという点です。症状の数値が改善していても，注意力や集中力（認知機能）の低下が残っていることが多く，これが改善しないと復職は上手くいかないことが多いです。もう1つは，仕事に復帰するにあたっては，仕事に"戻る"というよりも，仕事を"始める"くらいのスタンスでいることが大事という点で，筆者は患者さんにそのように勧めています。発症前における職場でのストレッサー，考え方，行動（仕事の仕方）などのパターンが休職の要因になっていた場合は，"戻る"のではなく，新しいパターンで仕事を"始める"必要があるでしょう。

3. 今後の展望

今後の課題

　　本章では，診断基準に則り，うつ病と双極症を区別して取り扱ってきました。しかし，臨床現場では「それほどクリアに分かれているのだろうか」と思うことは少なくありません。筆者が所属する研究グループでは，抑うつ性混合状態[60]の病態も検討しています。抑うつ性混合状態のように，操作的診断の「カテゴリー」に収まらない病態は，既存のエビデンスだけを参照しても，効果的な治療法を見出せません。

　　近年，データ収集・解析技術の進展に伴い，**オーダーメイド医療**（たとえば，**精密医療**など）とよばれる医学的アプローチが開発されています。心理支援の文脈でも，個人を対象に，大規模かつ多様なデータを継時的に集積し，それらの特性やパターンを明らかにすることで，その個人にとって最適な心理療法を導出するアプローチが提案されてきています[61]。筆者の関心は，冒頭で"多様なうつ"であると述べましたが，まさに"多様な症候"を縦横無尽に計測し，そのデータを最適な支援策の策定に役立てることが可能になってきました。今後は，こうしたアプローチを現場に実装していく必要性を強く感じます。

60　抑うつ性混合状態とは，うつ状態に躁的な成分が一過性に混在したものとされ，その病像はきわめて不安定で純粋な躁またはうつ状態よりも衝動性を孕むことが多いです。とくに薬物療法では，抗うつ薬使用のみに頼った不適切な治療が，自傷・自殺リスクを高める結果になるなど，相当な注意が必要とされます。

61　杉浦，心理学評論，62(1)，104-131．2019や樫原・伊藤，認知行動療法研究，48(1)，35-45．2022が，参考になります。

不安症とは

（富田 望）

ステップ1

不安症の定義と各疾患の特徴

▶ **不安症の定義** │ 不安症（anxiety disorder）は，DSM-5-TRでは"不安症群"，ICD-11では"不安または恐怖関連症群"に分類されています。DSM-5-TRにおける不安症群は，過剰な恐怖および不安と，関連する行動の障害特徴をもつ複数の疾患から構成されています。恐怖とは，現実の，または切迫していると感じる脅威に対する情動反応であり，不安とは，将来の脅威に対する予期を指します[1]。不安症群に含まれる代表的な疾患としては，分離不安症，場面緘黙（かんもく），限局性恐怖症，社交不安症，パニック症，広場恐怖症，全般不安症などがあります。これらは，恐怖，不安，回避行動を引き起こす対象または状況の種類，関連する認知的観念によって互いに区別されています[1]。また，不安症群には分類されないものの，病態理解や心理的アプローチによる治療を想定した場合に，不安関連症としてとらえることが可能な疾患として，強迫症や心的外傷後ストレス症（PTSD）が挙げられます[2]。各疾患のおもな状態像については，**表11-1**のとおりです。本章では，不安症群の各疾患と不安関連症（強迫症とPTSD）を合わせて「不安症」とよび，解説をおこないます。

ステップ2

不安症の臨床評価

▶ **検査法** │ 検査法は，質問紙法を用いた**心理検査**と**生理学的検査**に分けられ

1　日本精神神経学会（日本語版用語監修），DSM-5-TR　精神疾患の診断・統計マニュアル，p207，医学書院，2023
2　下山・中嶋，公認心理師必携 精神医療・臨床心理の知識と技法，2016

表11-1　不安症群・不安関連症に含まれる代表的な疾患の症状

疾患名	症状
分離不安症	親や養育者などの愛着対象から離れたときに激しい不安症状を呈する（例：母親と離れる状況に激しく動揺し，泣いたり拒否したりする）
場面緘黙	特定の社会的状況において話すことができない（例：家庭では普通に発話をしているが学校では話すことができない）
限局性恐怖症	限定的な状況や刺激に対して激しい不安症状を呈する（例：高所，暗所，ヘビ，クモ，注射，嘔吐物などを過剰に恐れ，対象を避ける）
社交不安症	他者からの注目をあびる可能性のある社交状況に対して激しい不安・恐怖，回避を示す（例：人前での発表に強い不安を感じ，そのような状況を避ける）
パニック症	突然生じるパニック発作（激しい動悸や窒息感などの身体的苦痛）が繰り返され，再び発作が起こることへの不安が持続する（例：外出中や就寝中に，突然の息苦しさを経験する）
広場恐怖症	パニック様症状が生じたときにすぐに逃げ出せない場所や助けを求めることができない場所にいることを恐れ，それらの場所を避ける（例：電車，映画館，人混みなどに恐怖を感じ，それらを避ける）
全般不安症	多数の出来事または活動について過剰な不安や心配をする（例：仕事，将来，些細な出来事などさまざまなことが心配になり，不眠や心身の緊張などが持続する）
強迫症	自分の意思に反して思考，衝動，イメージが繰り返し生じ（強迫観念），それを抑え込むために特定の行動（手を洗う，順番に並べる，確認する）やこころのなかでの行為（祈る，数える，声を出さずに言葉を思い浮かべる）が繰り返される（強迫行為）（例：手の雑菌が家全体に広がったらどうしようという考えが生じ，手を30分以上洗うようになる）
PTSD	死の体験に近い強烈な心的外傷後に，以下の症状が4週間以上持続すること。①その出来事をさまざまな形で再起する，②関係する出来事を回避する，③否定的な考えが強まる，④過覚醒になる（例：事故に巻き込まれてから，事故のことが繰り返し思い出されるようになり，事故現場を避けたり，自分を責める考えが増えたり，怒りやすくなったりする）

ます。

　表11-2に，不安症に含まれる各疾患に関する代表的な自己記入式質問紙を示します。表11-2の質問紙は，患者の重症度を評価して治療計画をたてる際や，定期的に測定して治療効果を確かめる際に使用されます。

　生理学的検査は，おもに研究において実施されます。不安の程度を反映する指標として，心拍，皮膚電気活動，瞳孔径，唾液中のコルチゾールなどが用いられています。私たちの身体は，不安・緊張を感じる状況を知覚すると，脳の視床下部や脳下垂体からの信号によって自律神経系・内分泌系・免疫系からなる生体機能調節系が活動します。この活動によって，心拍の上

表11-2 不安症に関する代表的な自己記入式質問紙

疾患	質問紙	特徴
限局性恐怖症	The Fear Survey Schedule-Ⅲ (FSS-Ⅲ; Wolpe, 1990)	さまざまな対象に対する恐怖・不快感を評価
	The Fear Questionnaire (FQ; Marks, 1979)	さまざまな対象に対する回避と悩む度合いを評価
社交不安症	Liebowitz Social Anxiety Scale (LSAS; Liebowitz, 1987)	社交状況とパフォーマンス状況における恐怖や不安, 回避の程度を評価
	Fear of Negative Evaluation Scale (FNE; Watson & Friend, 1969)	他者からの否定的な評価への恐れを評価
パニック症	Panic Disorder Severity Scale (PDSS; Houck et al., 2002)	過去4週間における, 広場恐怖を伴うもしくは伴わないパニック症の症状への全体的重症度を評価
	Panic and Agoraphobia Scale (PAS; Bandelow et al., 1995)	過去1週間における, パニック発作, 恐怖性回避, 予期不安, 人間関係および職業上の障害, 身体疾患へのとらわれの程度を評価
全般不安症	Generalized Anxiety Disorder-7 (GAD-7; Spitzer et al., 2006)	全般不安症に関する7つの症状と日常生活への支障度を評価
	State-Trait Anxiety Inventory (STAI; Spielberger, 1966)	特性不安と状態不安を評価
強迫症	Obsessive-Compulsive Inventory-Revised (OCI-R; Foa et al., 2002)	成人の強迫症によくみられる各症状についての苦痛や頻度を評価
PTSD	The PTSD Checklist for DSM-5 (PCL-5; Weathers et al., 2013)	PTSDの20の症状を評価

昇, 発汗, 瞳孔の散大, コルチゾールの分泌といったストレス反応が生じます[3]。そこで, 上記のような生理反応を測定することにより, 不安の状態を評価することが可能になります[4]。

▶ **面接法** | 各疾患の重症度は, 面接法によっても評価可能です。たとえば, LSASやPDSS（表11-2参照）は, もともとは**半構造化面接**を用いて臨床家がクライエントの症状の重症度を評価することを目的に作成されました[5]。

....

3　これらのストレス反応は, 恒常性（生命維持のために, 体温や体液バランスなど生体の内部を安定した状態に保とうとすること）に寄与しています。

4　質問紙は, 回答者本人が自覚する不安の程度を評価するため, 実際よりも過大もしくは過少に評価してしまう可能性もありますが, 生理学的検査は, 自覚していない不安も含めて客観的に評価できる点でメリットがあります。一方, 上記の生理学的指標は不安だけにかかわる指標ではないため（たとえば, 走ると心拍が速くなるなど）, 不安の指標とするためには生理学的変化が生じる他の要因を十分に統制するといった実験上の工夫が必要となります。

また，全般不安症の**構造化面接**であるHamilton Anxiety Rating Scale Interview Guide（HARS-IG; Bruss et al., 1994）や，強迫症の半構造化面接であるYale-Brown Obsessive-Compulsive Scale（Y-BOCS; Goodman et al., 1989）なども広く用いられています。

▶ **観察法** ｜ 観察法として，恐怖症に対するBehavioral Avoidance Test（BAT; Lang & Lazovik, 1963）が知られています。BATは，恐怖対象や不安が喚起される場面にどの程度接近できるかを測定する実験的課題であり，恐怖と回避の程度が測定されます。また，日常生活において困難な行動がどれくらいの頻度や持続時間で生じているかを記録することも観察法の重要な実施例です。自己記入式の質問紙は基本的にクライエントの主観に基づく評価であるため，クライエントを客観的に理解するためには，観察法も用いて多角的なアセスメントをおこなうことが役立ちます。

···· ステップ3 ····

不安症に関する疫学調査

▶ **生涯有病率，併発症，発症年齢** ｜ アメリカの疫学調査[6]によると，不安症の各生涯有病率は，高い順から限局性恐怖症（15.6%），社交不安症（10.7%），分離不安症（6.7%），PTSD（5.7%），全般不安症（4.3%），パニック症（3.8%），広場恐怖症（2.5%），強迫症（2.3%），となっています。

各疾患は他の不安症を高率に併発するとともに[7]，うつ病の併発率も高いことが知られています。具体的には，何らかの不安症を有する60%の方が1つ以上の別の不安症またはうつ病を併発していることが報告されています[8]。不安症に併発するうつ病については，非定型うつ病が多いとされています[9]。また，物質使用症を併発することも多く，パニック症や全般不安症と薬物依存の併発，社交不安症とアルコール依存の併発も多くみられます。

不安症の発症年齢の中央値を年齢が低い順に並べると，限局性恐怖症と分離不安症（7歳），社交不安症（13歳），強迫症（19歳），広場恐怖症（20歳），PTSD（23歳），パニック症（24歳），全般不安症（31歳）となりま

··················

5 現在も半構造化面接として使われていますが，表11-2のように自己記入式でも使用できるようになりました。

6 Kessler et al., *Int J Methods Psychiatr Res*, 2012

7 発症が遅いほど他の不安症を併発する傾向が強いとされています（貝谷ら編，不安症の事典（こころの科学増刊））2015）。

8 Goldstein-Piekarski et al., *Transl Psychiatry*, 2016

9 貝谷，精神医学，2010

す[10]。不安症が比較的若い年齢から発症することを考えると，早いうちからの治療をおこなうことによって，その後の他の不安症の併発も防ぐことができる可能性があります。ただし，実際には不安症を発症してから10年以上経過してから精神科や心療内科を受診されることが多いという報告もされています[9,11]。

▶ **不安症の発症にかかわる環境要因**｜不安症の発症の原因は環境要因が6〜8割，遺伝要因が2〜4割であることが示唆されています[12]。すなわち，不安症の発症には環境のほうがより大きくかかわっているということです。環境要因としては，親との早期離別[13]や被虐待歴[14]が不安症の発症率を高めるという知見が報告されています。また，親（特に父親）の過保護と広場恐怖を伴わないパニック症との関連性や，両親からの拒絶や母からの温かい感情的交流の少なさと広場恐怖を伴うパニック症との関連性も明らかになっています[15]。さらに，人前での失敗や人間関係のトラブル，ストレスや過労，対人関係上の喪失といったライフイベントなど，日常生活上の出来事も環境要因に含まれます。

2　　　　　　　　　　　　　　　　　　　　　　　　　　≫理論≫

不安症のメカニズムと治療

（富田　望）

　アメリカ心理学会が発表している成人の不安症に対する心理学的介入のリストによると，多くの疾患において認知行動療法の有効性が示されています。これらのエビデンスに基づいて，日本では，パニック症，社交不安症，強迫症，PTSDに対する認知行動療法がそれぞれ保険適用[16]されています[17]。本節では，これらの不安症・不安関連症について，日本認知・行動療法学会

10　Kessler et al., *Arch Gen Psychiatry*, 2005
11　症状を自分の性格ととらえてしまうことや，精神科や心療内科への偏見や抵抗感などが受診の遅れに関係しているとされています。
12　Smoller et al. *Depress Anxiety*, 2009
13　21〜25歳の971名を対象とした調査の結果，16歳以前に8年間以上片親がいなかった青年はそうでない青年よりも不安症の発症率が有意に高かったことが報告されています（Fergusson et al., *Arch Gen Psychiatry*, 2007）。
14　Scott et al., *Br J Psychiatry*, 2012
15　Someya et al., *Depression and Anxiety*, 2000
16　健康保険を使って受けられるようになったということ。
17　厚生労働省のWebページで疾患別に認知行動療法のマニュアルが公開されています。（福祉・介護，心の健康：https://www.mhlw.go.jp/stf/seisakunitsuite/bunya/hukushi_kaigo/shougaishahukushi/kokoro/index.html）

編の認知行動療法事典[18]と上記のマニュアルを参照しながら，不安症の維持
要因と治療法について解説します[19]。また，不安の精神医学的理解やそれ
に基づく治療法についても紹介します。

―――― ステップ１ ――――

不安症の維持要因

認知行動療法では，不安症の持続のメカニズムについて，いくつかのプロ
セスを仮定しています。まず，不安症に共通のメカニズムとして，①レスポ
ンデント条件づけに基づく恐怖条件づけ，②オペラント条件づけに基づく回
避行動，③脅威刺激に対する認知情報処理（思い込みや心配など）の３つが
仮定されています。 第5章 第6章

▶ **広場恐怖症の例** ｜ 広場恐怖症は，以下のようなメカニズムによって維持さ
れると考えられています。まず，満員電車の中で突然の息苦しさや強い恐怖
感を体験すると，満員電車に乗るだけで恐怖感が生起するようになります
（**①レスポンデント条件づけに基づく恐怖条件づけ**）。しかし，満員電車を降り
りることで，この恐怖感は和らぎます（**負の強化**）。降りると恐怖感が軽減
したという学習によって，以降は満員電車に乗ることを避けるようになりま
す（**②オペラント条件づけに基づく回避行動**）。この回避行動が持続するこ
とによって生活への支障が生じるとともに，「満員電車に乗り続けても予想
していたとおりの結果は起こらない」という新たな学習をする機会が妨害さ
れます。さらに，「満員電車に乗ったら必ず具合が悪くなる」といった思い
こみによって，恐怖感が強まり，回避行動が維持されます（**③脅威刺激に対
する認知情報処理**）。

なお，回避行動には不安を喚起する場面そのものを避けるだけでなく，思
考抑制といった体験の回避や，安全確保行動も含まれています。安全確保行
動とは，手の震えを他者に気づかれないように手を押さえるなど，社交不安
症患者に頻繁にみられる特徴です[20]。

疾患ごとの認知・行動的特徴

上記に加えて，疾患ごとに強調される認知・行動特徴も紹介します。

....

18 日本認知・行動療法学会 編，認知行動療法事典，2019
19 齋藤・富田・熊野，認知行動療法研究，2020
20 体験の回避や安全確保行動は，たとえ苦手な場面にいたとしても目の前の現実に注意が向いていない
　 ため，恐れていたようなことは現実には起こらないということを学習する機会を失い，長期的にはか
　 えって恐怖心が高まってしまいます。

▶ パニック症｜パニック症は，不安感受性が症状の維持にかかわることが示唆されています。不安感受性とは，単に不安や恐怖を経験しているだけなのに，病気になること[21]，恥ずかしいことが起きること，不安がさらに強くなることを意味すると信じてしまう傾向のことです[22]。これに加えて，内部感覚条件づけも症状の生起にかかわっているとされています。内部感覚条件づけとは，不安時に生じる弱い身体感覚が，パニック発作のような強い身体感覚とともに生じた際に，弱い身体感覚が条件刺激，強い身体症状が条件反応として条件づけされてしまうことです[23]。

▶ 社交不安症｜社交不安症は，安全確保行動に加えて，自己注目も症状の維持にかかわっていると考えられています[24]。自己注目とは，自己の思考・身体感覚・ネガティブな自己イメージに注意が偏ってしまうことです。自己に注意が奪われることで，本来注意を割かなければならない課題のパフォーマンスが低下するだけでなく，他者からの頷きといった肯定的な社会的手がかりを見逃してしまい，恐怖・不安をますます高めてしまうと考えられています。

▶ 全般不安症｜全般不安症の中心的な認知的特徴は心配であるとされ，DSM-5-TRでは**心配の制御困難性**が診断基準に加えられています。心配についての心理学的モデルには，不快な身体的および感情的体験を避ける機能（負の強化）に着目した**認知的回避モデル**[25]，認知的プロセスに対する認知（メタ認知）に着目した**メタ認知モデル**[26]などがあります。

▶ 強迫症｜一般的には，強迫観念によって高まった不安や不快感が強迫行為によって一時的に軽減されることで，強迫行為が持続するという負の強化によって説明されます[27]。一方で，不快感の軽減ではなく，「しっくりする」「すっきりする」といった快感情によって強迫行為が維持するという正の強化のタイプも臨床的にはしばしばみられます[28]。

▶ PTSD｜PTSDの維持は，**情動処理理論**[29]によって説明されています。私たちには，もともと，危険を回避し生存するために，恐怖に関する認知構造

21　例：「心臓の鼓動が速いと心臓発作になるのではないか」と心配する。

22　Reiss et al., *Behav Res Ther*, 1986. ただし，パニック症は身体症状が問題となる疾患であるため，不安の身体症状に対する過敏性として不安感受性が理解されることが多いです。

23　Goldstein & Chambless, *Behavior Therapy*, 1978

24　Heimberg et al. (Eds.), *Social phobia: Diagnosis, assessment, and treatment*, pp.69-93, 1995

25　Davey & Tallis (Eds.), *Worrying: Perspectives on theory, assessment and treatment*, pp. 5-33, 1994

26　Wells & Matthews, *Attention and emotion: A clinical perspective*, 1994

27　これは，先述した不安症に共通のメカニズム②で示したものを指しています。

28　例：1本1本しっくりくるまで歯を磨き続けるため1時間かかる。

29　Foa et al., *Behavior Therapy*, 1989

が備わっていると考えられており（恐怖構造），恐怖構造のなかには，恐怖刺激・恐怖反応[30]，それらに対する意味づけなどの情報が結びつき合いながら含まれています。PTSDでは，安全だと思っていた生活の場で強烈な心的外傷体験をするために，元々は安全を意味していた生活中の沢山の刺激が，危険を知らせるサインとして恐怖構造のなかに含まれるようになります。さらに，それらの刺激は恐怖反応と結びついているため，刺激をみると生理的覚醒や行動的回避が繰り返されます[31]。通常の恐怖構造は，想起によって活性化されることで新しい情報が入るようになり，修正されていきます。ところが，PTSDは，恐怖構造のなかの情報が多すぎるために断片的な活性化に留まってしまい，回避反応も生じるため，新しい情報が入りにくく，恐怖構造が修正されにくいと考えられています。

生物学的特徴

　不安症の人の脳では，情動を喚起するような課題をおこなった際に，扁桃体（嫌悪刺激に対する不安や恐怖反応を学習性に[32]生成する部位），中脳水道周囲灰白質（PAG：嫌悪刺激に対する不安や恐怖反応を非学習性に[33]生成する部位），分界条床核（扁桃体やPAGからの反応を視床下部へ伝達し，持続的なストレス反応を引き起こす部位），中帯状皮質（背側前帯状皮質）と島前部領域（身体の異常な状態を認識したり，個人にとって影響力のある刺激を検出する"セイリエンスネットワーク"に属する領域）の反応性亢進が認められるということが最近のメタ解析によって明らかにされています[34]。また，不安症やうつ病を対象にして，心理療法の効果に関わる脳部位を明らかにするためのメタ解析もおこなわれています。この解析では，心理療法の効果の大きさは，介入後の前帯状回，傍帯状回，下前頭回，島の活動の低下と関連していることを報告しています[35]。これらの部位はセイリエンスネットワークとも重なるため，冒頭のメタ解析の結果とも整合性のある知見といえます。

30　恐怖時の言語的・生理的・行動的な反応のこと。
31　これらの経験により，「世界はすべて危険である」「それに対処するには私は全く無力である」といった否定的認知が強固になり，症状の悪化につながります。
32　過去にその刺激に対して不快な感情を経験したことにより，その刺激を再び見たときに不安や恐怖反応が生じること。
33　高熱，隔離部屋，騒音など，その生体が動物・生物であれば（経験の有無にかかわらず）例外なく嫌悪的に感じるもの。
34　Chavanne & Robinson, *Am J Psychiatry*, 2021
35　Marwood et al., *Neurosci Biobehav Rev*, 2018

······ ステップ 2 ······

不安症に対する認知行動療法

　不安症に共通する各心理的要因に対しては，恐怖を引き起こす刺激や状況に直面させるエクスポージャー◀第5章 が効果的です。エクスポージャーの奏効機序は，①反応妨害によるレスポンデント消去，②行動レパートリーを増やすこと（反応拡大）によるオペラント消去，③認知の変容を図る行動実験，④事実そのものの認識とメタ認知の変容を図るマインドフルネス的体験の4点に整理することができます。なお，ステップ1（不安症に共通のメカニズム）の①は上記の①と，②は上記の②と対応し，③は上記の③と④の両方と対応しています（表11-3）。

表11-3　不安症の治療におけるエクスポージャーの奏功機序

不安症に共通のメカニズム	エクスポージャーの奏功機序
①レスポンデント条件づけに基づく恐怖条件づけ	①反応妨害によるレスポンデント消去
②オペラント条件づけに基づく回避行動	②行動レパートリーを増やすこと（反応拡大）によるオペラント消去
③脅威刺激に対する認知情報処理	③認知の変容を図る行動実験
	④事実そのものの認識とメタ認知の変容を図るマインドフルネス的体験

　各作用機序によって治療者が力点をおくべき点が異なります。そのため，治療者は各機序の理解に加えて，どの作用を意図してエクスポージャーをおこなうのかをあらかじめ理解しておくことが大切です。たとえば，①では，恐怖感や身体症状などのレスポンデント反応が収まるまで条件刺激やそれと関連づけられた状況に曝露され続けることが必要となります。②では，回避行動を中断し否定的な情動を誘発するような状況（例：苦手な電車に乗り続ける）に接近する行動を増やしていきます。その際，具体的かつ多様な行動計画をたてることや，これまでとは異なる行動をした直後に起こる新しい結果を十分に観察してもらうよう促すことが大切になります。③では，不安反応の減弱よりも，行動を制限していた個々の "思い込み" の妥当性を，実際にやってみて結果を見ることによって検証することに力点がおかれます。一方，④は，メタ認知療法（MCT）◀第6章 やアクセプタンス＆コミットメン

ト・セラピー（ACT） 第7章 などと対応しており，個々の思い込みの一つ
ひとつを是正していくのではなく，自分の思い込みに対するスタンスを変え
る方法です[36]。行動を回避しないことによって，現実や自己の実像をとらえ
直すチャンスが生まれます。その結果，自分の考えには事実と同じだけの重
みはないことに気づいたり，体験の回避は考えの影響力を強くするだけであ
るといったことを理解するなど，**メタ認知の変容**につながると考えられてい
ます[36]。

疾患別に用いられる技法例

▶ パニック症 不安感受性に対する介入には内部感覚エクスポージャーが用
いられます。内部感覚エクスポージャーとは，パニック発作時に身体に出現
する過呼吸や動悸などの感覚を治療の枠組みの中で人工的に出現させ曝露す
る方法です。

▶ 社交不安症 エクスポージャーと合わせて，安全確保行動と自己注目のそ
れぞれをおこなう場合とおこなわない場合での不安の程度を比較する行動実
験，自己注目を低減し外部環境に注意を向ける注意トレーニング，ビデオを
用いて自己イメージを是正するビデオフィードバックが用いられます。

▶ 全般不安症 メタ認知モデルに基づく心配への介入が効果的とされていま
す。全般不安症患者は，「心配は問題解決に役立つ」といったメタ認知的信
念に基づき心配をおこなう一方で，「心配は有害である」「心配は止めること
ができない」といったメタ認知的信念も有していることが実証されているた
め，心配についての心配をおこない，心配を無理にコントロールしようとさ
まざまな対処方略を試みます。その結果，かえって不安や心配を持続させ悪
循環に陥ることが指摘されています。そこで，さまざまな認知的介入[37]や行
動実験[38]を通して，心配に関するメタ認知的信念の変容を目指します。

▶ 強迫症 強迫症には，曝露反応妨害法（exposure and response
prevention：ERP）が広く用いられています。ERPとは，恐れたり避けたり
している刺激に対して，クライエントが十分な時間直面し（曝露），その後，
恐怖や不安などを軽減するための強迫行為や儀式行為などの反応をしないで

36 熊野，臨床精神医学，2012
37 例：心配が実際に役立ったことがどの程度あったのかを振り返り，実際は「取り越し苦労」になって
いることが多いことに気づいてもらうことで，「心配は問題解決に役立つ」というメタ認知的信念を
修正する。
38 例：クライエントに，日常生活で心配が始まったら「後で心配しよう」と心配することを先延ばしに
する実験をおこなってもらい，実際に心配を先延ばしできた体験を積むことで，「心配はコントロー
ルできない」というメタ認知的信念を修正する。

すませる（反応妨害または儀式妨害）技法です[39]。なお，負の強化によって強迫行為が維持されているとは考えにくい患者（例：「すっきり感」や「しっくり感」で強迫行為が続いている）に対しては，適応的な新しい手洗い行動を練習するなど，ERP以外の方法を選択します。

　一方で，④の機序を意図したMCTのエクスポージャーでは，思考と現実を混同している状態に気づき，思考から距離が取れるようになることを意図して，強迫観念を唱えながらあえて儀式行為をおこなう治療（exposure and response commission：ERC）がおこなわれます。

▶ **PTSD**｜PTSDには，持続エクスポージャー療法（prolonged exposure：PE）がおもに用いられます。情動処理理論に従えば，PTSD患者は安全な刺激を"危険なもの"と誤って意味づけていると考えられます。そこで，恐怖を引き起こす刺激に曝露することであえて恐怖構造を活性化させ，そのなかで新しい情報を獲得し，恐怖構造が修正（情動処理）されるような介入をおこないます。ほかにも，トラウマ記憶に対してEMDR　第6章　がおこなわれることもあります。

薬物療法

　不安症に対する薬物療法の第一選択は，**抗うつ薬**の一種である選択的セロトニン再取り込み阻害薬（SSRI）です。ベンゾジアゼピン系抗不安薬は安全性が比較的高いため臨床現場でしばしば使用されます。ただし，依存形成や中断時の離脱症状[40]などの問題も指摘されています。また，ベンゾジアゼピン系抗不安薬はすみやかな効果がありますが，不安症状が山ほど出てきたときには追いつくことが難しいとされています。一方で，抗うつ薬は効果が生じるまで抗不安薬に比べて時間がかかりますが，不安症状自体が生じにくくなる効果があるとされています。SSRIはパニック症のほか，全般不安症，強迫症，社交不安症，PTSDに有効であることが示されています[41]。薬物療法だけで症状が改善する場合もありますが，認知行動療法といった心理療法を組み合わせることも再発防止に役立つと考えられています。

39　これは，先述した①の機序に基づくエクスポージャーを指しています。
40　服薬を中止・減量した際に生じるさまざまな身体的・精神的症状のこと（頭痛やイライラなど）。
41　井上，日薬理誌，2005。パニック症は脳機能障害という側面が大きいため薬物療法が第一選択となりますが，広場恐怖症のみの場合は非適応的な認知・行動の習慣によって維持しているという側面が大きいため，認知行動療法が第一選択となります。

······ ステップ 3 ······

不安症の臨床・研究の展開

▶ **認知行動療法の変遷** | ステップ2で説明した"エクスポージャーの4つの奏功機序"は，認知行動療法の発展の過程で明らかになった機序といえます。①と②は第一世代，③は第二世代，④は第三世代の認知行動療法[42]の理論と対応しています。このように，認知行動療法は第一世代から第三世代まで多様な治療体系を含んでおり，それぞれに利点や適用範囲があるため，クライエントの状態像，問題の維持要因，ニーズを整理し，その結果に基づいて介入計画を立てる必要があります。

▶ **認知神経科学に基づく不安症の理解** | 近年，脳機能計測や視線追尾といった測定技術の進歩も重なり，認知神経科学の視点を取り入れた不安症の研究がさらなる発展を遂げています。不安症患者の安静時脳機能ネットワークを調べる研究や認知行動療法の効果の機序を脳機能変化の観点から明らかにする研究などが国内外でおこなわれています。また，ニューロフィードバック[43]や注意バイアス修正訓練[44]，注意訓練法[26, 45]といった認知神経科学に基づくさまざまな治療法も開発されています。

》》》 実践

3 不安症に対するエクスポージャーの実践例

（齋藤順一）

······ 1. はじめに ······

筆者は臨床心理士・公認心理師で，心療内科・精神科を中心に認知行動療法を実践しています。科学者と実践者の両立が大切だと考え，日々臨床にかかわるとともに，大学の客員教員として教育や研究にも従事しています。

---

42 第三世代の認知行動療法には，**マインドフルネス認知療法**や**MCT**など認知療法よりのものも，**ACT**や**弁証法的行動療法**といった行動療法よりのものも含まれていますが，いずれも不安症には大きな効果を示しています。

43 脳の自律的な活動を視覚と聴覚のフィードバックにより条件づけることで，望ましい脳の状態をつくる訓練方法のことを指します。

44 Amir et al., *J Consult Clin Psychol*, 2009。ポジティブ刺激よりもネガティブ刺激に注意が偏りやすいという不安症の特徴を変容するため，ポジティブ刺激に接近的に注意を向けられるように訓練する方法を指します。

45 注意を柔軟にコントロールする力を鍛えることで，心配を切り上げて，距離をおいた視点から自分自身を含めたさまざまな対象を客観的に観察できるようになることを目指す方法です。

　不安症に対するエクスポージャーは非常に強力な技法ですが，患者の不安を喚起する手続きが含まれているため，導入が不適切であったときには余計な不安が喚起され，それが中断などを引き起こしてしまいます。エクスポージャーを効果的に実施するには，その手続きを正しく理解することが大切です[46]。本節では，架空事例をもとにエクスポージャーについての理解を深めていきましょう。以下，患者の発言は「　」，セラピストの発言は〈　〉で表記しています。

2. 研究・アプローチの紹介

パニック発作のため電車に乗るのが怖いと訴える患者の架空事例

▶ **事例概要**｜患者（Eさん）は20代後半の女性会社員で，主訴は「パニック発作があるので，電車に乗るのが怖い」とのことでした。数か月前のこと，いつもどおり満員電車に乗って通勤していました。ただし，その日は体調が悪かったのか，息苦しい感じがありました。そのうち息を吸っても吸えないような感じがして，心臓が異常にドキドキしてきて，これは本当に死ぬかもしれないと思いました。急いで電車から降り，しばらくホームで休んでいると落ち着いてきました。しかし，「また同じことが起きたら死んでしまうかもしれない」と考えると，恐ろしくて電車に乗れなくなりました。内科や脳神経外科でさまざまな検査を受けましたが異常はみられませんでした。心療内科を受診したところ，医師から広場恐怖症[47]と診断され，セラピストが認知行動療法を担当することになりました。

▶ **アセスメント**｜パニック発作や広場恐怖症の程度を調べるため，PDSS[48]を用いたところ，合計12点（中等症）でした。特に，「広場恐怖症と回避」の項目が3点（重症。広範な回避。恐怖症に対応するために生活スタイルにかなりの変更を要し，通常の活動をおこなうことが困難である）でした。

---

46 不安症に対するエクスポージャーは強いエビデンスが示されていますが，臨床現場では十分に活用されていません。その理由の1つとして，適切な訓練を受けたセラピストが不足していることやエクスポージャーに対するセラピストの信頼感の低さなどが挙げられています（Olatunji et al., *Cogn Behav Pract*, 2009）。

47 DSM-5-TRに基づくパニック症の診断基準には，明らかなきっかけや引き金がないパニック発作を2回以上経験していることが含まれています。Eさんの場合，電車という明らかなきっかけや引き金があり，それ以外の場面ではパニック発作を経験していなかったため，広場恐怖症と診断されました。

48 シアーら（Shear et al., *Am J Psychiatry*, 1997）が開発しました。パニック発作の頻度，パニック発作による不快感や苦痛，予期不安の重症度，広場恐怖症と回避，パニックに関連した感覚への恐怖と回避，パニック症による職業上の機能障害，パニック症による社会機能の障害について，医師や心理職などの専門家が評価します。

▶**ケース・フォーミュレーション**｜「またパニック発作が起きたら死んでしまうかもしれない」といった予期不安[49]の強さから電車に乗ることを避けており，日常的にタクシーを利用していました。その結果，一時的に安心するため，こうした**回避行動（体験の回避）**[50]が維持されていると考えられました。そこで，パニック発作についての心理教育をおこない，**パニック発作が起きても死ぬことはない**と理解してもらいました。その後，エクスポージャーを実施することで，**電車に乗ってみたら意外と大丈夫だったという考えと現実のギャップ体験**を積み重ねていき，予期不安の影響力を弱めていくことを目指しました。本事例では，第2節で紹介した，エクスポージャーの4つの奏功機序のうち，④事実そのものの認識とメタ認知の変容を図るマインドフルネス的体験に力点をおきました。

▶**エクスポージャーの心理教育**｜エクスポージャーを開始する前に，時間経過とともに不安がどのように変化していくのか，不安をありのままに感じることが必要だと患者に理解してもらうことが大切です。

まず，Eさんに時間の経過に伴う不安の変化をグラフに描いてもらいました。すると，「電車に乗ると不安で頭がいっぱいになって，心臓がドキドキしてきて，その状態がずっと続くと思います」と，どこまでも不安が高まっていくようなグラフを書きました（**図11-1の赤点線**）。セラピストは**図11-1**に青線を書き加えて，**時間経過とともに不安は下がっていく**[51]ことを説明しました。Eさんは半信半疑な様子でしたが，〈パニック発作で死ぬことはありませんので，本当に予測グラフのとおりになるのか，一度試してみませんか？〉と提案したところ，「確かに試してみないとわからないですよね」とうなずきました。考えと現実とのギャップ体験を繰り返し経験していくことで，考えの影響力を下げ，不安に呑み込まれず現実を等身大に感じ取れるようになることを目標として共有しました。

次に，セラピストはEさんの体験の回避を検討するため，〈電車に乗ると不安が急に強くなって心臓がドキドキすると思いますが，そのときどうしま

---

49 将来の発作を予期し，それに怯えて新たな不安を抱くことを予期不安とよびます（西村, In 標準精神医学 第8版, 2021）。

50 「ある人が否定的に評価された身体感覚，感情，思考，心配，記憶などの特定の私的出来事を避けたり，抑制したり，もしくは，それらの私的出来事やそれを引き起こす文脈の形態や頻度を変えようとする試みや努力（Hayes et al, *J Consult Clin Psychol*, 1996）」。体験の回避は，「状況の逃避・回避（たとえば，電車に乗ることを避ける）」と「抑圧（たとえば，不安なことについて考えないようにする）」に大別されています（Masuda & 武藤, In ACTハンドブック, 2011）。

51 あらゆる感情は，時間とともに変化します。悲しみは比較的長く続く傾向があるのに対し，恥，嫌悪，恐怖などは比較的短い傾向があります（Verduyn & Lavrijsen, *Motivation and Emotion*, 2015）。電車に乗った際に生じる恐怖に近い不安は，数十分程度しか持続しません。

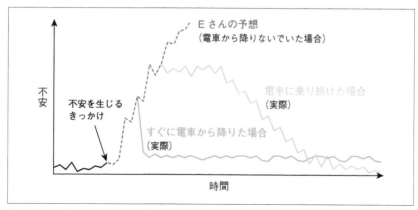

図11-1 不安の経時的な変化

縦軸は，不安の強さ，横軸は時間の経過を示す。赤破線は電車から降りないでいたときのEさんの予想，緑線はすぐに電車から降りた場合，青線は最後まで電車から降りないでいた場合を表している。

すか？〉と尋ねたところ，「怖いので次の駅で降りるかもしれません」と答えました。セラピストは，再び図11-1に緑線を書き加え，Eさんの不安に共感を示しながら，電車から降りたりするなどの体験の回避[52]は一時的に安心感をもたらしても，時間経過とともに不安がどのように変化していくのかを体験できないので，次の機会も同じように不安が出てきて電車を降りるという悪循環に陥ってしまうことを説明しました。そして，この悪循環から抜け出すためには，電車を降りないで，予想したような不安の変化は現実には起こらないことを体験することが大切になることを説明しました。この説明を聞いて，Eさんは「不安を我慢するんですね」「何か楽しいことを考えて，頑張ってみます」と語りました。Eさんの発言から抑圧タイプの体験の回避がうかがえたため，シロクマ実験[53]を実施したところ，「好きなアーティストのことを考えようとしたのですが，ふとした瞬間にシロクマの姿が頭に浮かんでしまいました」と語りました[54]。シロクマは思考や感情の性質を表しており，実は思考や感情というのは抑圧し続けることが難しく，そうしようとするほど余計に気になってしまうことを伝えたところ，「私が考えていた

---

52 すべての体験の回避が問題であるわけではなく，長期的にみて生活の質を低下させるような体験の回避が問題となります。たとえば嫌いな歯医者の予約など，不安が付きまとうことは先延ばしにしてしまうことは誰にでもあると思います。しかし，歯医者の予約を永遠に先延ばしにしてしまうことは，長期的に健康を害してしまうため，問題となります。

53 「シロクマのことを絶対に考えないようにしてください」と教示された参加者は，教示されない参加者よりも後にかえってシロクマに関する思考を多く経験しました（Wegner et al., *J Pers Soc Psychol*, 1987）。

ことと真逆なんですね」と驚いていました。不安を我慢するのではなく，その不安をありのままに感じてみようとするような積極的な態度[55]が重要であることを共有しました。

▶ **不安階層表の作成** ｜ エクスポージャーを開始する前に，患者が不安を感じる場面をできるだけ具体的にリストアップし，そのときの不安強度をSUDで評価する不安階層表[56]を作成します。Eさんと一緒に不安階層表を作っていくなかで，「全部の場面でSUDが100だと思っていたけれど，距離や路線などによって不安の強さが異なっているかもしれない」と気づきがありました。考えと現実とのギャップを感じるためには，ある程度の不安が喚起される場面が必要になるため，セラピストは，中程度の不安場面（SUDで50点前後）から段階的にエクスポージャーを実施していくことを提案しました[57]。

▶ **エクスポージャーの実施** ｜ いよいよエクスポージャーを実施してもらいます。その際に，時間とともに不安がどのように変化していくのかを点数化してもらいます。また，不安の強さだけでなく，**不安をどの程度ありのままに感じていたかも点数化してもらうとよいでしょう**。振り返りでは，時間とともに不安がどのように変化していたのか，予想と一致していたのかどうか，不安をありのままに感じてみてどうだったのか，などについて話し合います。

　初めてのエクスポージャーを振り返ったところ，「電車に乗ったら本当に大丈夫なのか不安になって心臓がドキドキしたけれど，このドキドキがどうなっていくんだろうと思って観察していたら，だんだんと落ち着いてきたのがわかりました」と語りました。〈この調子で，もっとドキドキしていきましょう〉と伝えたところ，「怖いけれど，なんだか少しワクワクしてきました」と語りました。このような**エクスポージャーを通して考えと現実とのギャップ**体験を繰り返し経験していくうちに，「自分が考えたことは頭の中の

---

54 上手く気をそらしたり別のことを考えたりすることで，シロクマの姿が浮かんでこなかったと報告する方もいます。そのような方には，〈気をそらしたり別のことを考えたりするのは，大変ではなかったですか？〉と尋ねると，「頑張りました，疲れましたね」と答えることが多いです。さらに，〈今は数分間でしたが，これをずっと続けていけそうですか？〉と尋ねると，「難しいと思います」と答えることが多いです。これらのやりとりを通して，思考や感情を短期的には抑圧できても，長期的に抑圧し続けることが難しいことを体験してもらいます。

55 本章以前でも紹介しているアクセプタンスを指します。マインドフルネス・エクササイズ（たとえば，マインドフルネス呼吸法など）に取り組んでもらうと，"ありのままに感じる"ことを体験的に理解しやすくなります。

56 p.86 表5-2参照。

57 段階的にエクスポージャーを実施するよりも，さまざまな脅威度の場面で（不安強度をランダムにして）曝露をおこなったほうがエクスポージャーの効果は持続し，再発を防ぐという知見もあります（Craske et al., *Behav Res Ther*, 2014）。

出来事に過ぎず，現実と同じ重みはないんだ」ということや「不安を避けたり感じないようにしたりするのは逆効果なんだ」ということに気づくようになり，予期不安に呑み込まれず現実を等身大に感じ取れるように変化していきました。

エクスポージャーを実施する際の工夫

　エクスポージャーは効果的ですが，患者にとっては，不安で避けているものに真正面から向き合うように求められるため，とても恐ろしいことです。そのため，エクスポージャーを開始できないことや，途中で中断してしまうなどの問題が起きることがあります[58]。このような問題に対する工夫として，たとえば，アクセプタンス＆コミットメント・セラピーにおける価値[59]を明確化することが役立ちます。Eさんの価値は「自由に友だちと遊びに行けるようになって，いろいろな体験を分かち合いたい」でしたが，職場に向かうためのタクシー代に給料の大半を費やしていたため，金銭的な理由から友だちと遊びに行くことが難しくなっていました。価値を明確化することで，エクスポージャーに取り組むことを動機づけることができます。

58　VR エクスポージャーでは，セラピストが不安喚起場面を操作することができるため，現実（in vivo）エクスポージャーと比べて，段階的にエクスポージャーを実施しやすくなります（p.89参照）。最新のメタ分析（Carl et al., *J Anxiety Disord*, 2019）では，VRエクスポージャーは現実（in vivo）エクスポージャーと同程度の効果であることが示唆されており，今後のさらなる発展が期待されています。

59　価値とは，「自分は人生でこれをやりたい，これを大切にしたい，いつもこんなふうに行動したい，ということを言葉にしたもの」のことです（ハリス，よくわかるACT, 2012）。価値を明確化するためのさまざまな方法が考案されています（ダールら，ACTにおける価値とは，2020）。

依存症

理論

1 依存症とは

（富田 望）

ステップ1

依存症の定義と各疾患の特徴

依存症の定義 ｜ 特定の物質の使用や特定の行為に対して，重大な問題が生じているにもかかわらず，やめられない状態を依存症とよびます。依存症は，DSM-5-TRでは物質関連症および嗜癖症群，ICD-11では物質使用症群または嗜癖行動症群に分類されています。依存対象としては，**表12-1**のように，もの（物質[1]）への依存と行為への依存に分けられます[2,3]。DSM-5-TRでは，依存対象ごとに診断基準が設けられていますが，ものへの依存（物質使用症[4]）では，**表12-2**のような共通した基準も設けられています[3,5]。

依存症の症状は，体の依存（身体依存）とこころの依存（精神依存）の2側面から理解することができます。

身体依存 ｜ 依存性のある物質の使用を中止することにより身体的異常が生じる状態を身体依存といいます。まず，中枢神経系に直接作用を及ぼす物質（薬物など）の使用を繰り返していると，中枢神経系は"物質がある状態"に適応しようとします。その結果，物質の効果が減弱する耐性が生じます（表12-2の項目10）。物質への適応状態にあるときに物質使用量を急激に減

---

1 物質とは，摂取すると認知や情動などの精神機能に影響を与える物質のことを指します。
2 DSM-5やICD-10における依存症の診断カテゴリーには含まれていませんが，反復的な浪費・借金，摂食障害，窃盗症，自傷行為，性嗜癖なども，依存症に共通する面があると考えられています。
3 松本 監，依存症がわかる本　防ぐ，回復を促すためにできること，2021
4 DSM-5-TRの「物質関連症群」は，「物質使用症」と「物質誘発症」の2つから構成され，「物質使用症」がものへの依存と対応しています。「物質誘発症」は，物質中毒，物質離脱，他の物質・医薬品誘発性精神疾患に関する診断カテゴリーとなります。
5 ギャンブル行動症の診断基準は9項目であり，9項目中4〜5つが軽度，6〜7つが中等度，8〜9つが最重度とされます。表12-2の項目2や項目6とも重なる内容や，すった金を別の日に取り戻そうとする，のめり込みを隠すために嘘をつく，絶望的な経済状態を免れるために他人に金を出してもらうよう頼むといった内容が含まれます。

表12-1　診断基準に挙げられている依存対象

もの（物質）への依存	行為への依存
・アルコール ・違法薬物（覚せい剤，大麻，幻覚薬など） ・オピオイド（モルヒネやヘロインのような中枢神経抑制薬） ・有機溶剤（トルエン，シンナーなど） ・ニコチン ・カフェイン[*1] ・鎮痛薬，睡眠薬，抗不安薬	・ギャンブル ・インターネットゲーム（DSM-5-TRでは検討段階[*2]） ・ゲーム（ICD-11のみ）

（松本，2021をもとに作成）

[*1] カフェインは，DSM-5-TRでは物質誘発症に関する診断基準のみ設けられており，物質使用症の診断基準は「今後の研究のための病態」という欄で言及されるに留まっている。
[*2] インターネットゲーム行動症はDSM-5-TRでは「今後の研究のための病態」という欄で言及されるにとどまっており，今後研究データが蓄積された段階で診断カテゴリーに加えることを考慮するとされている。一方，2022年に発効されたICD-11ではゲーム障害が嗜癖行動症群に加えられた。

表12-2　DSM-5-TRにおける物質使用症の診断基準の要点

以下のような問題が12ヶ月以内に2つ以上生じ，臨床的に重大な問題や苦痛を引き起こしている。
＜制御障害＞
1. 当初の思惑より量が増えたり，長期間使用したりする。
2. やめよう，制限しようと努力したり，それに失敗したりしている。
3. その物質に関連したこと（入手，使用，影響からの回復）に多くの時間を費やす。
4. それを使うことへの渇望や強い欲求がある。
＜社会機能の障害＞
5. 物質使用の結果，社会的な役割を果たせていない。
6. 社会・対人関係の問題が生じたり，悪化したりしているにもかかわらず，使用を続ける。
7. 物質使用のために重要な社会的，娯楽活動を放棄または縮小する。
＜危険な使用＞
8. 身体的に危険な状況であっても，使用を繰り返す。
9. 心身に問題が生じたり悪化することを知っていながら，使用を続けている。
＜薬理学的基準＞
10. 反復使用により効果が減ったり，そのせいで量が増えたりしている。
11. やめたり減らしたりすると離脱症状が出る。またはそれを避けるために再使用する。

（日本精神神経学会（日本語版用語監修），DSM-5-TR　精神疾患の診断・統計マニュアル，2023，および松本，2021をもとに作成）

らしたり中止したりすると，生体は不均衡な状態となり，さまざまな離脱症状が生じます（表12-2の項目11）。離脱症状はきわめて不快なものであるため，物質使用者はそれを避けるために一層物質を求めるようになります。たとえば，アルコールに対する身体依存では，アルコールの摂取を中断すると不安，不眠，イライラ，手の震え，てんかん様発作などの離脱症状が生じま

す。その症状を止めるためにまた飲酒をするという悪循環が生じ，やめることが困難な状態になります[6]。

精神依存 ｜ 依存対象となっているものを手に入れたい，したくてたまらないという渇望が生じ（表12-2の項目4），自分の意思では制御できなくなる状態を，精神依存といいます。たとえば，アルコールを摂取したいという強い欲求が生じ，その気持ちを自分の意思では抑えることができなくなるといった状態です。このような精神依存が形成されると，家のなかに依存対象物がないか探し回る行動などが生じます[6]。なお，渇望は依存症治療中にスリップ（極短期間または少量の再使用・再行動）やリラプス（再発）を引き起こすきっかけになるため，依存症治療において重要なキーワードといえます。

······ ステップ 2 ······

依存症の臨床評価

検査法 ｜ 表12-3に，各依存対象に対して，その依存の程度を評価する代表的な質問紙を示します。依存症の最終的な診断は，医療機関に受診し，DSM-5-TRやICD-11の診断基準に該当するか否かによっておこなわれますが，質問紙を用いることで，比較的短時間かつ簡単に依存症の可能性や重症度を調べることができます。ただし，アルコールや薬物の使用に関する質問は，対象者に不快な感情を引き起こす可能性があり，回答には社会的望ましさバイアス[7]がかかりやすいことも指摘されています[8]。そこで，質問紙のような心理指標だけでなく，身体的指標も併用することで，状態像を客観的に評価します。たとえば，アルコール依存や薬物依存に対する身体的指標としては，尿検査，血液検査，唾液検査，毛髪検査，アルコールチェッカー（呼気中の残留アルコール濃度を数値化）などが挙げられます。

面接法 ｜ 物質依存症患者の状態像を幅広く評価するための半構造化面接として，ASI（Addiction Severity Index：嗜癖重症度指標）が用いられます。ASIでは，6つの領域（医学的状態，雇用／生計状態，薬物／アルコール使用，法的状態，家族／人間関係，精神医学的状態）における重症度を評価します。それによって，患者の状態を広く正確に把握することができ，患者が

6　厚生労働省，e-ヘルスネット 精神依存，https://www.e-healthnet.mhlw.go.jp/information/dictionary/alcohol/ya-037.html

7　社会的に望ましい方向に回答が歪められること。意識的に歪められることもあれば，無意識的に生じることもあります。

8　日本認知・行動療法学会 編，認知行動療法事典，2019

表12-3 依存症に関する代表的な質問紙

依存対象	質問紙	内容
アルコール	Alcohol Use Disorders Identification Test（**AUDIT**; Wto, 2001）	過去1年間における平均的な飲酒量，飲酒頻度，飲酒に関連した問題の有無を確認
	CAGE（Ewing, 1984）	Cut down（減酒の必要性），Annoyed（他者からの批判への煩わしさ），Guilty（飲酒への罪悪感），Eye-opener（朝の迎え酒）の生涯経験を確認
薬物（違法薬物または処方薬・市販薬の乱用）	Drug Abuse Screening Test（**DAST**; Skinner, 1982）	違法薬物の使用および処方薬・市販薬の乱用に関する重症度を評価
	Stimulant Relapse Risk Scale（**SRRS** Ogai et al., 2007）	薬物依存患者の覚せい剤・リタリン・MDMAなどの刺激薬物に対する再使用リスクを評価
ギャンブル	The Problem Gambling Severity Index（**PGSI** Ferris & Wynne, 2001）	過去1年間におけるギャンブル行動症に関する代表的なスクリーニングテスト
	The South Oaks Gambling Screen（**SOGS**; Lesieur & Blume, 1987）	ギャンブル行動症のスクリーニングテスト。賭博行動のプロフィール項目（従事する賭博の種類や頻度，使用する金額等を評価）とスクリーニング項目（賭博行動の内容や実生活への影響を評価）を測定

援助を必要としている問題領域を見極めたうえでの治療方針が立てやすくなります。

◗ **観察法**｜診断基準に含まれる「行動」や観察可能な「身体の様子」を観察の対象とします。観察対象の行動の例は，依存対象の物質使用頻度や行動の頻度，学校や仕事の参加状況，対人関係の問題行動などです。身体の様子の例は，離脱症状や中毒症状[9]としての手の震え，ろれつの回らなさ，不安定な歩行などです。

◗ **その他の評価**｜上記の方法により得られる情報に加えて，他の依存症や精神疾患を併発している可能性についても評価をする必要があります[10]。

---

9 精神作用物質の使用後に有害作用が生じている状態のこと。

10 治療計画を立てる際や治療効果を検証する際には，本ステップで紹介したようなアウトカムとしての臨床評価だけでなく，第2節で解説するような介入対象とする変数もアセスメントすることが大切になります。

依存対象ごとの罹患率・症状の特徴

▶ **アルコール** ｜ WHOによると，世界で毎年およそ300万人がアルコールに関連した原因で死亡しています[11]。日本では，2013年におこなわれた成人の飲酒行動に関する全国調査によると，ICD-10の診断基準に基づくアルコール依存症の生涯経験者数は推計で約107万人にのぼるとされています[12]。アルコール依存は，消化器系，心循環系，脳の障害といった健康状態の悪化に関係するだけでなく，うつ病，双極症，摂食症といった他の精神疾患も合併しやすいことが報告されています。また，傷害事件や犯罪行為との関連や[13]，自殺のリスク要因となることも知られています。さらに，妊娠中の母親の飲酒は生まれてくる子どもにさまざまな影響を残すことがあります。このような子どもの障害を，胎児性アルコールスペクトラム症といいます[14]。アルコールは誰でも手にしやすい身近なものである反面，依存的な飲み方をすると上記のような危険を伴うものであることも理解しておく必要があります[15]。

▶ **薬物** ｜ 乱用される薬物には，違法なものだけでなく，合法なものも存在します。まず，違法薬物としては，覚せい剤，大麻，幻覚薬などが挙げられます。覚せい剤（アンフェタミン，メタンフェタミン）は中枢神経興奮薬に位置づけられ，意欲の向上，眠気の減少をもたらします[16]。大麻（マリファナ，ハシシ）は，中枢神経抑制薬に位置づけられ，理性を司る大脳皮質の働きを抑制し多幸感をもたらします[17]。幻覚薬（LSDなど）は，五感（視覚，聴覚，嗅覚，味覚，触覚）に影響して知覚の変容をもたらすとされています。次に，合法的なものとしては，睡眠薬・抗不安薬といった処方薬，風邪薬・鎮痛薬といった市販薬が挙げられます。処方薬の乱用数は近年増加しており，身体依存に加えて，調子が悪いときに自己判断で服薬量を増やすことで精神依存に陥ることがあります[3]。市販薬は，不安や抑うつといったつらい気持ちを和らげるために乱用されることがあります。市販薬は入手が容易

11 日本WHO協会，WHOファクトシート（非感染性疾患，アルコール），2022年5月
12 尾﨑，In 別冊「医学のあゆみ」アルコール医学・医療の最前線UPDATE，2016
13 ケンカによる傷害事件では，加害者の半数〜7割近くに飲酒が認められ，被害者の側も4割が飲酒していたというデータがあります（松本，依存症がわかる本，p.40，2021）。
14 低身長，低体重などの発育障害，顔面を中心とする形態異常，中枢神経系の障害，知的能力障害，発達障害などが報告されています。
15 厚生労働省による多量飲酒の定義は，「純アルコール量で一日平均60g以上の飲酒」とされています。
16 覚せい剤には強い精神依存がみられますが，身体依存は生じにくいとされています。
17 脳幹の働きまで抑制してしまうおそれや，不安や抑うつなどが逆に強まることもあります。

であるため心理的ハードルが低いことが特徴です。一方で，処方薬よりも依存性が高い薬も存在することや，大量服薬を繰り返すと深刻な離脱症状が生じる可能性も指摘されています[3]。

▶ **カフェイン・ニコチン** │ カフェインはコーヒーやエナジードリンクに含まれており，入手が容易かつ依存・乱用を引き起こす可能性のある物質です。これらの物質は，眠気覚ましのために摂取する人も多いですが，過剰摂取は激しい動悸などパニック発作に近い症状を引き起こすおそれがあります[18]。タバコに含まれるニコチンは，数ある依存性物質のなかでも特に依存性が高く，身体依存は微弱とされていますが，強い精神依存を引き起こします。

▶ **ギャンブル** │ 日本人の推定有病率は成人男性で9.6％，成人女性で1.6％であり，ギャンブル行動症の8割がパチンコ・パチスロによるものといわれています[19]。ギャンブル行動症は，多額の借金など，周囲を巻き込む大きな問題が生じやすいという特徴があります。薬物やアルコールなどの物質乱用，抑うつや不安，双極症，強迫症，ADHDといった神経発達症（発達障害）との合併例も多くみられることも報告されています[20]。

▶ **インターネットゲーム** │ インターネットゲーム行動症の有病率は，若年層の男性が最も高く，10〜19歳の有病率に関する先行研究を統合すると，思春期における男性の有病率は6.8％，女性の有病率は1.3％とされています[21]。また，欠席・留年・退学といった学校関連の問題，不規則な食事や昼夜逆転，家族関係の悪化などの問題に発展することもあります。インターネットゲーム依存では，ゲーム自体の面白さや達成感，現実世界からの回避ということ以上に，他者からの承認やつながりを感じられることが報酬になることも指摘されています。

18 日本では，身体に悪影響を及ぼさない摂取量の目安は明確に設定されていませんが，参考として，農林水産省，内閣府食品安全委員会，厚生労働省のHPなどで海外における情報が入手できます。たとえば，カナダ保健省においては，健常な成人で400mg（コーヒーをマグカップで約3杯）まで，妊婦，授乳中，妊娠を予定している女性は300mg（コーヒーをマグカップで約2杯）までとしています。
19 森山成彬，精神医学，50(9)，2008
20 松崎，こころの科学，205，2019
21 Fam, *Scand J Psychol*, 2018

② 依存症のメカニズムと治療

（富田 望）

ステップ1

依存症の維持要因

　本ステップでは，依存症のメカニズムを説明するさまざまな理論を紹介します。

▶ **学習理論**｜オペラント条件づけとレスポンデント条件づけから依存症のメカニズムが説明されています。オペラント条件づけとは，"先行刺激（きっかけとなる状況，物事，あるいは気持ちなど）→行動→結果（本人にとっての快，あるいは不快体験）"の**三項随伴性**の枠組みによって行動の増減を説明する理論です。依存には，依存対象がもたらす快によって行動が維持される場合と（正の強化），離脱症状を含む不快から逃げる，あるいはあらかじめ不快を避けるという結果によって行動が維持される場合（負の強化）があります[22]。たとえば，帰り道にあるパチンコ屋が目に留まり（先行刺激），パチンコをすると（行動），勝負事に気分が高揚した（正の強化子），あるいは嫌な出来事を忘れられた（負の強化子）という望ましい結果を得られることで，行動が繰り返されやすくなります。

　レスポンデント条件づけとは，生得的な無条件反応を引き起こす無条件刺激と条件刺激を対呈示することによって，条件刺激に対してもその無条件反応が生起するようになることを意味します（このときの反応は条件反応とよばれます）。たとえば，アルコールや薬物などの物質摂取（無条件刺激）をすると薬理効果（無条件反応）がもたらされますが，その際に物質摂取の手がかりとなる人や場所が共に呈示されると[23]（条件刺激），そのような手がかり刺激に対して条件反応が生じるようになります。この条件反応は，一般的に，唾液分泌や渇望[24]といった，無条件反応である薬理効果に類似した反

22　条件づけの理論においては，強化は行動頻度が「増加」することを意味します。ただし，本文脈における問題行動の維持には強化がかかわっているため，本文では「維持」という言葉を用いています。

23　対呈示される刺激のことを，キュー（手がかり刺激）やトリガーといいます。

24　行為への依存（行動嗜癖）における渇望は，オペラント条件づけによっても説明されます。すなわち，依存行動をした結果興奮が喚起されるというオペラント条件づけによる学習が繰り返されることで，依存行動をしたいという渇望が生じるようになります（Sodano & Wulfert, *J Gambl Stud*, 2010）。特に，オペラント条件づけの刺激性制御（特定の刺激によってある行動が導かれること）という働きによって渇望が生じていると考えられています（浅見，早稲田大学審査学位論文 博士（人間科学），2023）。

213

応となります[25]。 第5章

▶ **認知理論** | 認知理論は，認知心理学の枠組みを用いた理論全般を指します。具体的には，入力（出来事）→情報処理（認知）→出力（感情や行動といった結果）という，コンピューターのような情報の流れから人間の活動を理解し，"出来事"が直接的に"結果"を引き起こしているのではなく，出来事に対する考え方やとらえ方などの"認知"が"結果"を引き起こしていると考えます。たとえば，パチンコ屋を通った際に（出来事），「今日は勝てる気がする」「本気になったらいつでもやめられる」といった考え（認知）によって，パチンコをおこなう行動（結果）が維持されます。このような不適応的な行動や感情を引き起こす認知のことを，認知の歪みといいます[26]。 第6章

▶ **生理学的な理解** | 私たちは快感や喜びを覚えると，報酬系とよばれる中脳の腹側被蓋野（ふくそくひがいや）から側坐核（そくざかく）に至る神経系から，ドパミンとよばれる神経伝達物質が分泌されます。依存対象となる物質や行為が報酬系に作用することによってドパミンが分泌され，快感が生じます[27]。しかし，耐性がつくことでドパミンに対する脳の反応は鈍くなっていきます。そのため，同じ量の物質や行動頻度から得られる快感や喜びが減少していき，物質の使用量や行為の頻度は増加していきます。しかしさらに耐性が強くなってしまうことにより，焦燥感や不安・物足りなさばかりが強くなっていきます。さらに，薬物の摂取については，背側線条体（はいそくせんじょうたい）を介して行動が自動化していく過程（習慣記憶のメカニズム）と，海馬（かいば）や扁桃体（へんとうたい）を介して薬物と連合した環境刺激が渇望を誘発するようになる過程（連合記憶のメカニズム）によって強迫的になっていきます[28]。また，ギャンブル行動症においては，反応抑制時における前頭前皮質（ぜんとうぜんひしつ）の活動が健常群よりも落ちていたことが報告されており，前頭前皮質の機能異常によって衝動性が制御できなくなっていることが維持要因として考えられています[29]。

▶ **自己治癒仮説** | アメリカの精神科医E.カンツィアンらは，"その行動を繰り返すことによる，心理的苦痛の除去が物質依存の本質的理由である"とい

---

25 Lowman et al., *Addiction*, 2000
26 認知の歪みの1つとして，「自分は依存症ではない」といった，特定の欲求や衝動，それに関連した感情や思考が自らの中にあり，それが問題となる行動に影響していることを自ら認めないことを"否認"とよびます。ただし，否認は，認知理論のなかだけで扱われる概念ではなく，依存症の維持要因として広く重視されている用語となります。
27 特に，依存性薬物はドパミン濃度を直接的・間接的に増やします。
28 このような変化の背景には，特定のシナプスの伝達効率が向上するという，依存性薬物による神経系の可塑的な（機能的な）変化が関係することが明らかになっています（廣中，こころの科学，182，2015）。

29 Moccia et al., *Neurosci Biobehav Rev*, 2017

う自己治癒仮説（self-medication theory）を提唱しました[30]。心理的苦痛とは，虐待やいじめなどの体験，他の精神疾患による苦痛，低い自尊心や孤独感，将来への不安，人間関係のトラブル，サポート源の不足など多岐にわたります。実際に，思春期における自尊心の低さや抑うつの存在は，後年におけるアルコールやニコチンへの依存を予測する危険因子となることや[31]，女性の覚せい剤事犯者の72.6%が交際相手や配偶者からの暴力（DV：domestic violence）被害を経験しており，一般女性の31.3％と比べて高い割合を示したことが報告されています[32]。

<hr>

…… ステップ 2 ……

依存症の治療

▶ **学習理論を基盤とした認知行動療法** ｜ オペラント条件づけに基づく介入法は，ある行動を減らす場合にはその行動のきっかけとなる刺激を減らす，あるいは他の行動（代替行動）に置き換えることを基本とします。そのため，治療の際は，行動のきっかけとなる刺激や，その行動の機能（その行動がどのような結果をもたらしているのか）を分析し，対策を検討することが大切です。

たとえばステップ1の例では，パチンコ屋がギャンブル行動の先行刺激となり，勝負事に気分が高揚したこと（正の強化子），あるいは嫌な出来事を忘れられたこと（負の強化子）によって行動が維持されていました。先行刺激を減らすためには，"パチンコ屋を通らない道を選択する"などの方法があります。行動を減らすためには，もともとの行動で得ていた機能と同じ機能を獲得できる別の行動に置き換えることが役立ちます。すなわち，介入対象となる行動が正の強化で維持されていた場合は，生活全般において報酬が得られる活動への従事を増やすことが有効です。一方で，行動が負の強化で維持されていた場合は，ストレッサーに曝された際の**コーピングレパートリー**を増やすことが役立ちます[33]。

続いて，レスポンデント条件づけに基づく介入法について紹介します。行動のきっかけとなる刺激（キュー）を取り除くだけでなく，すでに成立しているレスポンデント条件づけに介入をおこなうことも役立ちます。たとえ

30　学習理論の言葉でいうと，負の強化に該当します。

31　Fergusson et al., *Arch Gen Psychiatry*, 1996

32　国立精神・神経医療研究センター／法務省法務総合研究所，覚せい剤事犯者の理解とサポート2018, 2019

33　田中ら，*J Health Psychol Res*, 2018

ば，条件刺激（特に，外的なキュー）に曝し続けることによって条件反応を消去する（生じた渇望が十分に低減するまでキューへの曝露をおこなうことで，キューに対する新たな学習を試みる）介入技法である**エクスポージャー療法**が挙げられます[34]。また，条件刺激となる感情や思考（内的なキュー）に気づき，評価判断せずに観察する練習をおこなうことで，渇望に対するコントロール感を高める**マインドフルネス・トレーニング**[35]もキューの影響を変えるためのアプローチとして注目されています[36]。

▶ **認知理論を基盤とした認知行動療法**｜認知理論に基づく介入としては，認知再構成（認知再体制化）が挙げられます。依存症患者に対して認知再構成をおこなう際には，認知の歪みを修正しようとして望ましい認知を押し付けるのではなく，まずは嗜癖行動を引き起こす認知の歪みを同定することが重要です。これをセルフモニタリングや外在化とよびます。また，近年では，認知の歪みを修正することよりも，歪んだ認知と距離がとれるようになることが大切という知見も蓄積されています。

▶ **回復にむけた専門機関の利用**｜依存症の治療には，専門機関の利用が大切です。たとえば，以下に示した機関や方法が挙げられます。

①**精神保健福祉センター**：こころの健康にかかわる問題を専門的に扱う公的機関であり，各都道府県・政令指定都市に1か所以上設置されています。厚生労働省における"依存症対策総合支援事業"のなかで育成される依存症相談員が配置され，アルコール・薬物・ギャンブル依存症の家族の相談を受け付けています。依存症の支援は，多くの場合，家族[37]をはじめとした本人の周りにいる人が「困っている」と声を上げることから始まります。

②**自助グループ**：当事者やその家族がそれぞれの体験を話したり聞いたりして支え合う場を指します。依存症からの回復を目指す取り組みは，もともとは自助グループから始まったとされています[3]。日本において，アルコール依存に関しては**断酒会**（公益社団法人全日本断酒連盟）や**AA**（アルコーホーリクス・アノニマス），薬物依存に関しては**NA**（ナルコティクス・アノ

----

34 エクスポージャー療法は，認知療法と比較してギャンブル行動の頻度の低減に対して高い効果を有することが報告されています（Echeburua et al., *Behavioural and Cognitive Psychotherapy*, 1996）。

35 Bowen et al., *Mindfulness-Based Relapse Prevention for Addictive Behaviors*, 2011：檜原 訳, マインドフルネスに基づく嗜癖行動の再発予防, 2016

36 マインドフルネス・トレーニングの適用によって渇望の低減が認められたことがギャンブル行動症患者を対象とした研究で報告されています（Toneatto et al., *International Journal of Mental Health and Addiction*, 2014）。

37 飲酒問題や薬物問題に悩む家族のために，CRAFT（コミュニティ強化法と家族トレーニング）というプログラムがアメリカで開発されており，我が国でも精神保健福祉センターの家族会などで取り入れられるようになっています。

ニマス），ギャンブル依存に関しては**GA**（ギャンブラーズ・アノニマス）などの自助グループが存在します。

③**回復支援施設**：依存症者が共同生活を送りながら，依存症からの回復を目指します。おもに薬物依存症者向けの**ダルク（DARC）**や，アルコール依存症者向けの**マック（MAC）**が全国各地にあります。ダルクはNA，マックはAAとのつながりが深く，施設利用中も，施設を出てからも自助グループのミーティングに参加することが良いとされています[3]。

④**依存症を専門とした医療機関での治療プログラム**：認知行動療法をベースにした治療プログラムであるスマープ（SMARPP）[38]が現在広く用いられています。基本的には24回（週1回，90分）を1クールとして構成され，『SMARPP-24 物質使用障害治療プログラム』というワークブックを用いながら，依存症の知識，認知行動療法に基づくトリガーのアセスメントや対策の話し合い，トリガーとなる状況から離れていられるような日々のスケジュール調整などを進めていきます。プログラムの効果に加えて，継続的に参加することで得られる仲間や支援者とのつながりが回復の支えになると考えられています。

⑤**司法関連機関**：おもに違法薬物使用時に利用します。末端乱用者に対する取り締まりの徹底は薬物乱用防止戦略の1つとされています。大抵の場合，初犯では執行猶予がつきますが，再犯の場合はほとんどが実刑となります。そのため従来は，実刑を受けた者に対して，刑事施設内での再犯防止プログラムを適用することで，その後の再犯を防ぐことが目指されてきました。

しかしながら，薬物を入手できない環境で受ける再犯防止教育には限界があります。また，薬物依存の入所者は，刑務所を出所した直後に再犯が起こりやすいことや[3]，社会と隔絶された刑務所への入所回数が多いほど再犯率が高いことも知られています[39]。そのため現在では，再犯者に対しても，保護観察を条件に刑の一部の執行を猶予し，地域社会のなかで適切な治療プログラムを受けることができるようになっています[40]。このように，薬物を入手可能な環境において，保護観察所に定期的に通い，薬物乱用防止プログラムや，地域社会のなかで適切な社会復帰支援を受けることで，"罰"ではなく"治療"によって再犯を防止することが目指されています。

....

38　神奈川県立精神医療センターせりがや病院にて開発された，せりがや覚せい剤依存再発防止プログラム Serigaya Methamphetamine Relapse Prevention Programの略。

39　法務省，令和2年版 犯罪白書，2020

40　この施策は，2016年6月1日に施行された"刑法等の一部を改正する法律"及び"薬物使用等の罪を犯した者に対する刑の一部の執行猶予に関する法律"に基づいています。

依存症の治療に関する変遷

▶ **リラプス・プリベンション**｜依存症の再発（リラプス）を防止するための認知行動療法的アプローチのことをリラプス・プリベンション（relapse prevention：RP）といいます。RPにおける特徴的な点は，スリップに対するとらえ方です。従来は，スリップ＝治療の失敗・再発（リラプス）として，起きてはならないことのようにとらえられることがありました。一方で，RPでは，「1回のスリップ」を**ラプス**（lapse），「ラプスから発展し元の依存状態にまで完全に戻ってしまうこと」をリラプスとして定義し，2つを区別しています[8]。ラプスが生じないに越したことはありません。しかし，現実として依存症からの回復過程でラプスはよく起こる出来事です。そのため，ラプスを必ずしも治療の失敗とみなさず，ラプスがリラプスに発展しないように防止することが大切であると，RPでは考えます。

　ラプスが生じた際には，何がトリガーとなったのか，治療において何が不十分だったのかをクライエントとの協同作業において分析することで，ラプスを新たな学習の機会としてとらえ直すことが求められます[8]。RPは，アルコール依存症に対する治療の進め方として開発されましたが，薬物，タバコなどの物質への依存，ギャンブル行動症，性的依存など行為への依存への治療にも活用が広がっています。

▶ **早期発見・早期治療**｜従来は，「**底つきを待つ**」という考え方が一般的でした。これは，「自分の行為の結果を本人に突きつける。依存をやめて生きるかそれとも死かというギリギリの地点に直面することで回復に向かう」[41]という考え方です。たとえば，ギャンブル依存症などは身体への影響が軽微であり，特に金銭面において問題が深刻化していくため，底をつかせることは回復のきっかけとなります。しかし，アルコール依存症などはその限りではなく，底つきを待っているうちに命の危険を招くこともあります。そこで，現在は動機づけ面接法など，症状が重症化する前に積極的に対象者にかかわり，**早期発見・早期治療**をおこなう方向性に移ってきています。

▶ **ハームリダクション**｜ハームリダクション[42]は，物質使用をゼロにするのではなく二次的な害の低減を目指すという理念と実践を意味します。依存性

41　信田，こころの科学，2019

42　「違法であるかどうかにかかわらず，精神作用性のあるドラッグについて，必ずしもその使用量は減らなくとも，その使用によって生じる健康的・社会的・経済的な悪影響を減少させるためにおこなわれる政策・プログラムと，その実践」と定義されています（Harm Reduction International, 2016）。

薬物使用の国際的な厳罰化は1960年代以降から始まりましたが，現在も薬物の生産量や薬物使用量はともに増加しています。また，薬物依存者に対する偏見は，回復を妨げる大きな要因になっていることが指摘されています。このような現状をふまえて生まれた考え方であり，採用する国が増えつつあります[43]。たとえば，注射器の使い回しによる感染を防ぐための注射室設置や無償注射器交換サービス，離脱が難しいヘロイン依存者に対してより安全な薬物を提供する代替療法，断薬を条件としない住宅サービスや就労プログラムの提供，安全な薬物使用法や過量摂取予防教育などが挙げられます。薬物依存症を健康問題の1つとしてとらえることで，結果的に薬物依存症によって生じる諸問題の減少を目指します。

3 ＞＞＞ 実践

依存症に対する臨床現場でのアプローチ

（野村和孝）

1. はじめに

依存症にかかわる臨床現場の変化

▶ **依存症に取り組むことになった経緯** ｜ 筆者は現在，大学教員を務めながら，刑務所や精神科クリニックにて司法・犯罪分野を主とした研究と臨床活動をおこなっています。大学の学部時代に参加していたボランティア活動を通して，司法・犯罪分野の臨床現場における心理学的アプローチの必要性を強く感じました。大学院生になった頃，司法・犯罪分野における大きな法改正が行われました。この法改正では，刑務所に収容された者と保護観察を受ける者を対象に再犯防止を目的とした心理学的なアプローチをおこなうことが制度化[44]され，特定の心理療法（認知行動療法）が法的根拠に基づき実施されることになりました。そのような背景のなか，性犯罪再犯防止を目的とした研究と臨床活動や，性犯罪の加害者の治療に関する活動を経て，刑務所の薬物依存離脱指導に処遇カウンセラー[45]として勤務することになりまし

---

43 たとえば，スイス，オーストラリア，カナダなどでハームリダクション政策が導入されています。一方，日本では実施されておりません。

44 2004年に発生した，刑務所への入所歴があった加害者による女児誘拐殺害事件により刑事施設における改善更生の取り組みを強化するべきだという社会的要請が高まり，「刑事収容施設及び被収容者等の処遇に関する法律」が2006年5月に施行されました。この法改正によって改善更生や円滑な社会復帰を目的とした教育活動等の取り組みが実施されるようになりました。

45 各刑務所で特別改善指導の実施や被収容者のカウンセリングを実施する心理職で，非常勤国家公務員です。

た。このような経緯から，性犯罪だけではなく，薬物，アルコール，ギャンブル，窃盗，インターネットゲームへの依存，DV，依存症の方の家族対応など，幅広い問題に取り組むようになりました。

▶ **依存症の臨床現場の変化** | 一昔前の臨床現場では，依存症の問題は本人の努力の問題であるとする考え方が根強く，その結果，依存症の方へ「2度とそんなことをするんじゃない」という叱責や，「今度こそやめられるよね。最後のチャンスだと思って頑張って」のような激励が治療場面のなかで登場することが多くありました。叱責や激励によって改善しない方に対しては，問題を認識するに違いないと考えさせられるほどの悪化した事態に本人を追い込む底つきを待つ方法が主流とされてきました。また，依存症治療中には社会活動は推奨されず，仕事などの積極的な社会参加こそが再発の原因であるとも考えられていました。そのため，退院したとしても日々の通院と自助グループを中心とした生活を徹底することが推奨されてきました。

しかしながら2000年代に入り，そのような治療方針は，本人が入院施設から外に出ることはできているものの，家と医療機関と自助グループといった閉ざされた世界のなかでの生活を余儀なくされ，それ以外の選択肢を提示されることなく，ややもすれば医療費を稼ぐことに終始されてしまっているとする「医療機関の患者の抱え込みである」として一部の医療機関では裁判にまで発展するなど社会的な問題となりました。そして，その同時期に，ソーシャル・インクルージョン[46]という考え方が普及していきます。このような経緯を経て，依存症への治療は，積極的な社会活動をしながら，QOL[47]を高めていくことが大切であるという治療方針にシフトしていきました。時を同じくして，回復を"本人の努力"や"底つき"に委ねるのではなく，本人の治療意欲を適切に引き出し，具体的な対処方法を一緒に考え，社会参加を促していく行動科学的なアプローチがおこなわれるようになってきました。私が臨床現場で活動していた時期は，まさに転換期ともいえ，以前の考え方のままに取り組む支援者に時折出くわすこともありましたが，活動を続けるうちに，新しい考え方が浸透し，現場の雰囲気が変わっていったように感じています。

---

46 「社会的包摂」と訳されます。すべての人々を孤独，孤立，排除，そして摩擦から援護し，健康で文化的な生活の実現につなげるよう社会に包み支え合うという考え方です。
47 保健医療分野では，病気の症状や問題を失くすという考え方だけではなく，病気の症状や問題を軽減しながら（上手く付き合いながら）QOLを高めようという考え方が大切にされています。

集団を対象とした治療的プログラム

　本ステップでは，これまで私が取り組んできた臨床現場での研究実践について紹介します。依存症の臨床現場では，おもに集団を対象とした治療的プログラムが実施されています[48]。具体的には，1〜3名程度の治療スタッフと，3〜15名程度の依存症の問題を有する方を1か所に集めて，回復を目指してお互いに意見を出し合います。この方法は，限られたスタッフで複数人に対応することが可能であるため，コストパフォーマンスの面で優れています。そのため，近年，保健医療，福祉，教育，司法・犯罪，そして産業・労働といった主要5分野すべての現場において採用されるようになってきています。

　依存症の集団を対象とした治療プログラムは，伝統的に，言いっぱなし聞きっぱなしの形式が用いられています。すなわち，お互いの意見を交わし合うというよりは，周囲の人の体験や考えを聞きながら，自身について語ることを通して，内省を深めることがねらいとされています。その一方で近年では，行動科学的なアプローチとして**認知行動療法**に基づく治療プログラム（たとえば，SMARPP-24 改訂版，GTMACK，STEP-G など）が標準的に用いられるようになりました。このプログラムでは，マニュアルとワークブックが用意されているため，必ずしも専門的知識を有しないスタッフであってもある程度の水準で実践することができます。

治療的プログラムにおける"抵抗"

　依存症の治療実践における課題の1つに，治療への"抵抗"が挙げられます。すなわち，必ずしも積極的に治療を受けようとする方ばかりではなく，状況的[49]にやむを得ず無理やり参加させられていると感じている方が少なくありません。このような感じ方の背景には，お酒や薬物を使用することで自身の生活のバランスをとっているという認識があるからだと考えられます。そのため，お酒や薬物を使用することなく生きていく方法がわからず，それらがなければ生きていく意味すらないと感じているケースも見受けられます。

---

48 これは，依存症の治療において，自助グループが実施している"ミーティング"とよばれる集団精神療法が中心におこなわれてきた経緯があるためです。

49 依存症治療では，体調を悪くして救急車で運ばれたり，家で大暴れしたり，法に触れる行為をして捕まったり，家族に大きな迷惑（金銭的な負担を含む）をかけたりするなど，大きな問題が生じた後に，ようやく医療につながることが少なくありません。

　家族や依存症に関する知識をもたない支援者などの周囲の人は，「そんなになるまでしてお酒を飲むなんておかしい」「違法であるとわかっているのに薬物を使用し続けるなんて間違っている」といった思いから，本人の心情に耳を傾けることなく，正論を押し付けてしまいがちです。このような行為は，本人の抵抗をより一層強めてしまうことも少なくありません。同様に，プログラムの実践においても，支援スタッフがマニュアルの型どおりに治療プログラムを実施してしまうことで，参加者は抵抗を強め，その時間をやり過ごすために本来検討すべき自身の生活改善とは関係のない"ワークブック上の模範回答"に終始してしまうことにもつながります。このような場合，参加者は治療プログラムを一応は完遂するものの，依存症が改善することなく時を過ごしてしまう危険性もあります（**図12-1**）。

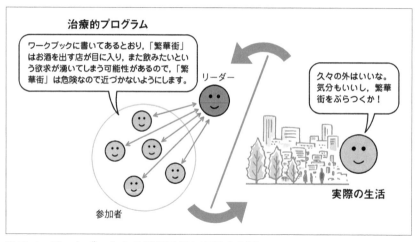

図12-1　ワークブック上の模範回答と実際の生活

💭 **"抵抗"への心理学的アプローチ** ｜ ワークブック上の模範解答に終始させることなく治療プログラムを進めていくためには，本人の心情に耳を傾け，本人の生活改善に直接役立つ工夫を探し，身につけさせていくことが大切です。

　その一例として，筆者らが刑務所の薬物依存離脱指導で実施した実践研究[50]を紹介します。この研究は，おもに覚せい剤を使用したことで有罪となり，再使用の可能性が高い人を対象としました。この取り組みではまず，薬物を使用することのメリットと薬物を使用しないデメリットを，**ブレインス**

トーミングを用いて，治療プログラムに参加している全員（担当スタッフ，覚せい剤を使用していた参加者）で洗い出しました。ブレインストーミングを活用することによって，さまざまな要因によって抑制されやすい発言を引き出しやすくし，本人の心情を明らかにしていきます。次に，ロールプレイを用いて，参加者が課題とする出来事への対処方法を体験的に身につけさせました[51]。ロールプレイを活用し，社会内の場面で生じる出来事を共有すること，そして課題を浮き彫りにすることによって，本人が実際に問題や課題として認識し困難に感じている事柄に対応した対処方法の獲得につながります。こうした介入の結果，薬物の再使用を予測する尺度[52]の各因子得点の値が改善しました（Cohen（1998）の効果量を算出した結果，$d=0.26\sim1.08$）。しかしながら，薬物の再使用のリスクとなる「情動・意欲面の問題」に関する値の改善は確認されませんでした。

この結果を受け，今度は感情的な問題の改善や生活改善への意欲を高めることを目的に，刑務所での同指導の実践研究[53]を実施しました。この取り組みでは，体験的に感情との付き合い方を身につけるトレーニングとして**マインドフルネス方略**を加えました。さらに，意欲を高めるために，各自が価値を見出していることを話し合ったうえで，薬物を使用しないということにとどまらず，各自が過ごしたくなる生活を明確にするといった，目標設定の焦点化をおこないました[54]。その結果，上記尺度の「感情・意欲面の問題」因子の得点の値が改善しました（$d=0.82$）。

これらの取り組みでは，プログラム開始当初の段階では抵抗を示していた方も次第にプログラムに積極的に取り組むようになり，各自の生活や体験に

---

51 たとえば，仲間からの誘いを断るロールプレイでは，出所時に刑務所から出た直後に，仲間が迎えに来ており，「出所祝い」としての覚せい剤を車の中ですすめられた場面などにおける断り方をソーシャル・スキルトレーニングの手続きに従い実施します。可能な限り実際の場面に即したロールプレイであることが，当該場面における本人の心情を明らかにし，本人の生活改善に直接役立つ工夫を身につけることにつながります。

52 刑事施設における薬物依存症者用評価尺度（山本・等々力・西田，犯罪心理学研究，2011）。本尺度は，41項目5件法の自記式質問紙で，「再使用への欲求」因子，「情動・意欲面の問題」因子，「薬理効果への期待」因子，「薬物使用への衝動性」因子，「薬物依存への自覚の乏しさ」因子，および「薬害・犯罪性の否定」因子の6つの因子から構成されます。

53 野村・安部・嶋田，犯罪心理学研究，2016

54 具体的には，山登りのメタファーを用い，自分自身がどのような山を登っていて，山を登るときにはどのようなことをする必要があるのか，あるいは気をつけなければならないのかということを自身の生活と照らし合わせながら話し合いをおこないました。この手続きではまず，「薬物をやめることが目標であれば，刑事施設に入り続けることで達成可能である」と伝え，そのうえで，「刑事施設ではなくなぜ社会内で止め続けることを考えているのか」と受講者に投げかけました。そして，「家族を傷つけない」，「信頼を失わない」などの「〜しない」といった回避目標ではなく，各自の価値にあたる「家族を大切にする」，「信頼を得る」などの接近目標を設定するよう教示し，自分の目標を山頂とした山の登り方について検討させました。

根ざした工夫を自発的に発言する様子がみられました。さらに，対処法のうち刑務所の中で実践可能なものは，各自が実際に取り組みはじめました。このことから，これらの取り組みはワークブック上の模範回答ではなく，本人自身の生活改善を促したと判断しました。現在は，刑務所入所経験の有無に関係なく覚せい剤などの違法薬物の使用が原因で医療機関に来院するに至った人を対象に，精神科クリニックで同様の治療的プログラムを実施しております。また，違法薬物の使用以外に，ギャンブル行動症，窃盗症，性嗜好障害などを対象に同様の治療的プログラムを実施しています。いずれのプログラムにおいても，概ね同様の改善傾向が観察されています。

3. 今後の展望

臨床現場における心理学的アプローチ

　依存症の臨床現場では，一昔前と比較して科学的根拠に基づく取り組みが定着し，**認知行動療法**を中心としたアプローチがとられるようになりました。その一方で，手続きのみが伝わり，本節で一部紹介したような実践上の"勘所"ともよべる，認知行動療法の考え方に基づく工夫を凝らした取り組みがなされずに，模範解答を答えさせる作業に陥ってしまうことも少なからず生じています。いかにプログラムやワークブックが優れたものであっても，取り組み方次第では，その良さは失われ，誰にとっても望ましくない結果が生じてしまいます。プログラムやワークブックの背景にある認知行動療法の理論や知識に基づき，依存症治療において生じている問題に目を向け，それぞれの臨床現場や依存症の問題を有する方の個別性に応じた配慮をすることが心理職に求められる役割となります。

第13章　統合失調症

理論 ≫

1　統合失調症とは

（板口典弘）

ステップ1

統合失調症の定義と概略

　統合失調症（schizophrenia）とは，青年期～成人期に発症することの多い精神疾患です。国ごとの平均生涯有病率[1]は0.3～2%程度です[2]。発症のメカニズムや根本的な原因は未だ明らかにされていませんが，遺伝要因と環境要因の相互作用により発症すると考えられています。発症のタイミングはさまざまで，ある日突然発症[3]する場合もあれば，症状がなかなか顕在化しない場合もあります。重症度も患者によってさまざまです。

臨床症状と経過

　統合失調症は単一の疾患ではなく，**さまざまな臨床症状を含む症候群**であるという考え方が一般的です。DSM-5-TRに基づくと，以下の5つの症状のうち2つ以上が1か月以上続く場合に統合失調症として診断されます。5つの症状とは，①妄想，②幻覚[4]，③まとまりのない発話，④ひどくまとまりのない，あるいはカタトニア（緊張病）性の行動，⑤**陰性症状**です[5]。ただし少なくとも①～③のいずれかを含むことが条件です。これらの症状のうち，カタトニア[6]とは，無動や常動運動（無意味な繰り返し運動），無言症

1　一生のうちに一度は病気にかかる人の割合。
2　Moreno-Küstner et al.（*PLOS ONE*, 2018）によると，生涯有病率の平均値は0.96%，標準偏差は0.67%，中央値は0.75%です。これまで，有病率は地域や性別で大きく変わることはないと言われていましたが，DSM-5-TRでは地域や性別で差が見られることが記載されるようになりました。
3　発症とは症状が顕在化することを指し，疾患そのものの進行とは必ずしも一致しません。
4　妄想は"明らかに矛盾する証拠を呈示されても曲げない誤った信念"を指し，幻覚は"知覚する対象物が存在しないにもかかわらず知覚してしまう現象"を指します。錯覚とは異なり，これらは健康な状態では生じません。
5　それぞれ delusions, hallucinations, disorganized speech, grossly disorganized or catatonic behavior, and negative symptoms の日本語訳です。診断基準の詳細は DSM-5-TR を参照してください。

や反響言語（他人の言葉を繰り返すこと）など，さまざまな行動異常を指す症候群です。陰性症状については後ほど説明します。

　統合失調症の病状の経過は，前兆期，急性期，回復期，安定期のように表現されることがあります[7]。また，DSM-5-TRでは，初発／初回エピソード（first episode[8]），再発／複数回エピソード（multiple episodes），持続性[9]（continuous）という用語を用いて症状の経過を区分しています。症状が消失したとしても，症状が“治った”かどうかは判断できないため，症状の消失した状態は寛解とよばれます。初発と寛解の後，一度も再発を経験しない患者もいますし，寛解と再発を繰り返す患者もいます。

特徴的な病態

　DSM-5-TRの診断基準はあくまで他の疾患との鑑別を的確におこなうために設定されており，実際の病態や症状の現れ方をそのまま反映したものではありません。このため，統合失調症の症状を分類するときには，①陽性症状，②陰性症状，③解体症状，④認知機能障害という4つの分類が用いられることが多いです（表13-1）。ただし，すべての患者にすべての症状がみられるわけではないことに注意しましょう。

　これらの特徴のほかにも，感覚運動機能の低下，パニック発作，情動障害なども生じることがあります[10]。青年および若年成人では，統合失調症診断以前に，不安症，PTSD，薬物乱用が認められることが多いことも報告されています。患者が一般の人よりも暴力的になるリスクはわずかですが高くなります[11]。また，統合失調症患者の自死のリスクは一般的な人よりもかなり高いことが特徴的です[12]。◀第11章　◀第12章

6　カタトニア（catatonia）と混同しやすい用語としてカタレプシー（catalepsy）があります。後者は前者に含まれる症状の1つであり，受動的にとらされた姿勢を自分の意思で変えようとせずに保ち続ける状態を指します。

7　幻聴が持続するなど，病状が不安定で「安定期」がない患者も少なくないため，「前兆期，急性期，休息期，回復期」という分け方もよく用いられます。

8　エピソードという用語は，病相と訳され，ある疾患の診断基準を満たす期間のことを指します。そのため，初回エピソードとは，最初に症状が現れて統合失調症の診断が下されたときから，それらが（すべてが消えなくても）治まって診断基準を満たさなくなるまでの期間です。

9　症状が診断基準を下回る期間が短い場合を，持続性とよびます。

10　感覚運動機能とは，感覚に基づいて身体を制御する機能を指します。情動は，身体内部の変化に起因する比較的持続期間の短い心的状態を指します。情動障害は情動の表現や制御にかかわる障害です。

11　ただし「暴力をふるってやる」という脅しや，攻撃性の低い感情爆発が主です。

12　統合失調症患者全体の4〜10%が自死を試み，その20〜40%が亡くなるといわれています（Vrbova et al., *Neuropsychiatr Dis Treat*, 2018）。

表13-1 統合失調症の症状分類

4つの症状	説明
陽性症状 positive symptoms	健常者が通常経験しない症状を指し，妄想や幻覚を主とする。急性期（発症したての時期）に生じることが多いのが特徴。妄想は「誰かが自分を排斥しようとしている」「近所の人の行動は自分への当てつけだ」といった**迫害妄想，関係妄想**をはじめとし，「常に誰かに監視あるいは追跡されている」という**注察妄想，追跡妄想**などを含む**被害妄想**が代表的。また，「自分には世界を救う力がある」といった**誇大妄想**や，「他者に自分のこころが読まれている」「外部から思考や衝動が吹き込まれている」といった**思考奪取**や**思考吹入**という妄想も出現することがある。統合失調症の幻覚は基本的に**幻聴**であり，自分の悪口や命令する声などが聞こえ，幻聴の声と対話できることもある。
陰性症状 negative symptoms	通常の行動や，やる気・興味・言語や情動の表出の減少あるいは消失を総称して陰性症状とよぶ。具体的には，**感情鈍麻，快感消失，社交性の低下，意欲の喪失**など。健常者でも似たような状態を一過性に経験することがあるが，その程度や持続期間は著しく異なり，日常生活や社会生活に支障をきたしたレベルのものが該当する。
解体症状 disorganization symptoms	思考障害と奇異な行動を指す。思考障害は思考が支離滅裂であること。ただし，思考の内容を外部から判断することは困難であるため，一般的には，会話が頻繁に脱線することや，理解不能である状態を指す。奇異な行動とは，不適切・不衛生な外見や行為を指す。解体症状が重度の場合には**緊張病性**の行動が現れる。
認知機能障害 cognitive disorder	認知機能障害は，記憶や遂行機能などの低下を指す。ただし個人差が大きく，機能低下を示さない患者も一定の確率で存在する。

······ ステップ 2 ······

治療と支援の基本

統合失調症の治療の基本は抗精神病薬[13]による薬物療法と，心理社会的治療です。薬物療法は脳機能への作用による症状の軽減を目的とします。心理社会的治療は，心理的なケアと社会的なスキルの増進を目的とします。どちらも，症状の程度や個人の希望に合わせて調整しながら並行して実施し，最終的には社会復帰を目指します。

薬物療法

抗精神病薬は，ドパミンとよばれる神経伝達物質の受容体（D_2受容体）を遮断することによって[14]，精神症状を緩和，あるいは症状の再発を防ぐことを目指します[15]。薬剤は症状を抑えることはできますが，根本的に治すこ

······

13 向精神薬と混同しないようにしましょう。向精神薬は中枢神経系に作用し精神機能を変容させる薬物の総称であり，抗精神病薬，抗うつ薬，睡眠薬などが含まれます（p.48 脚注13参照）。
14 古くから，ドパミン作動性神経細胞の過活動が，統合失調症を引き起こすと考えられてきました（ドパミン仮説）。これを支持する証拠の1つが，ドパミンの活動を抑制する抗精神病薬の有効性です。現在では，ドパミンは患者の全脳領域で過剰であるわけではなく，脳領域によって過剰であったり不足していたりすると考えられています。

とはできません。薬物療法は，心理社会的治療を続けていくため，そして社会参加をおこなうための土台づくりであるととらえられます。

　抗精神病薬は大きく定型抗精神病薬と非定型抗精神病薬[16]に分けられ，後者はドパミン受容体だけでなくセロトニンなど他の神経伝達物質の受容体へも作用します。どの薬を使用するかは症状や副作用などを考慮して総合的に判断されます。非定型抗精神病薬のほうが，効果が強く副作用も小さいという主張もありますが，いまだはっきりとした結論は出ていません。

心理社会的治療

　症状の改善やQOLの向上のためには，心理社会的なアプローチが欠かせません。心理療法は，患者自身が自分の病気を理解し，向き合い，さらに対処していくためにおこなわれます。社会的スキルを向上させるためには各種支援施設が提供するデイケア（通所リハビリテーション）の利用などを通して，集団の中で交流をおこないます。仕事にまつわるスキルの獲得・回復を目指す場合には**作業療法**，さらに就労につなげるためには就労移行支援・就労継続支援事業所（作業所）を利用します。前者は就職するために必要なスキルの獲得を支援し，後者は就労の機会あるいは生産活動の機会を提供する施設です。社会復帰のためには**認知機能リハビリテーション**[17]も大切です。さらに，社会参加を後押しするためには，当事者だけでなく周囲の理解とサポートを得るための取り組みも重要です。この取り組みは家族など狭い範囲だけでなく，社会全体に対して広くアプローチしていくことが不可欠です。

　統合失調症の陽性症状・陰性症状双方に対する**認知行動療法**も多く実施されています[18]。特に，陽性症状に対してはある程度の効果が認められています[19]。本アプローチについては，第3節で詳述します。

アバターセラピー

　近年の興味深いアプローチとしては，2013年にイギリスの精神科医J.レフによって提案された，特に幻聴に対する治療を目的とするアバターセラピーがあります[20]。この治療法では，幻聴で聞こえてくる声の主に似せたPC

15　症状の再発を防ぐため，薬物療法は初回エピソードから少なくとも1～2年間継続する必要があります。ただし，服薬していたからといって必ずしも再発を防げるわけではありません。

16　古くから使用されてきた薬剤を定型抗精神病薬とよび，1980年代後半から導入された新しい薬剤を非定型抗精神病薬とよびます。

17　Cognitive rehabilitation/remediationとよばれる，認知機能低下に対する治療の総称です。

18　統合失調症に対する認知行動療法の概略については，石垣（精神神経学雑誌，2013）や松本・濱家（精神療法，2020）を参照してください。

　19　最近の包括的なレビューとしては，Jauhar et al., *Psychol Med*, 2019が参考になります。

画面上のアバターとの対話を通して，症状の軽減を図るというものです（図13-1）。多くの論文でその有効性が主張される一方で，2020年のシステマティックレビューでは，いまだ**一貫した効果が確認できない**と結論されています[21]。

セラピー開始前に，患者とセラピストが協力してアバターの顔をつくり出す

（King's College London（YouTube チャンネル），Avatar therapy for schizophrenia より引用）

図13-1　アバターセラピーの様子

········· ステップ 3 ·········

統合失調症の歴史とスティグマ

　現在の統合失調症という症候群の原型は，早発性痴呆という症状分類に端を発します。これは，今でいう統合失調症の症状は，**認知症**（痴呆）が若年で発症したものだと考えられたためです。1899年にはE. クレペリン[22]がこの症状をさらに吟味し，早発性痴呆を「複数の特徴的な精神・身体症状および後期には認知機能低下を呈する」とする新しい分類を提案しました[23]。その後，1908年にスイスの精神科医E. ブロイラーが，早発性痴呆の代わりにギリシャ語で「splitting of the mind」を意味する「Schizophrenia」という名称を提案しました。この名称は，必ずしも患者の症状は悪化するだけではない（改善する場合もある）ということ，さらに**人格・思考・記憶・知覚が機能的に分離する**というニュアンスの表現を意図していました。ただし当時に

···············

20　興味がある方は是非 web サイト http://www.avatartherapy.co.uk/ を覗いてみてください。

21　Aali et al., *Cochrane Database Syst Rev*, 2020

22　クレペリンは医学生としてライプツィヒ大学で学んでいましたが，その際に W. ヴントから心理学の講義も受けていました。さらにほかの大学で医師の資格を取得した後にも，ライプツィヒ大学に戻り，ヴントの心理学実験室で心理学研究をおこなっていました。

23　早発性痴呆という用語はクレペリンが提案したものではありません。クレペリンの功績は，それまですべてまとめて考えられてきた精神疾患を，早発性痴呆と躁うつ病（双極性障害）などの気分障害に二分したことであるといわれます。この線引きは，「症状が生涯続くかどうか」に基づいていました。

おいても，"分裂（splitting）"という言葉は適切だとは思われなかったようです。実際，その後はこの用語の学術的な意味よりも否定的なイメージのほうが定着していってしまいました。◀第10章

　日本ではSchizophreniaの訳語として精神分裂病という名称が1937年から用いられていました。しかしながらやはり，この名称が人格を否定するものであり，社会的スティグマ[24]の形成を助長するという訴えも多く挙げられました。そのような長年の訴えを受けて，2002年に日本精神神経学会は，この症候群の名称を統合失調症という名称に改めました。

　社会的スティグマは，社会のなかで患者を生きにくくさせてしまうだけでなく，患者本人が自身に対して抱く**セルフスティグマ**も助長する可能性があります。セルフスティグマの高い人ほど，自尊感情が低く抑うつ状態が強いという関係が知られています[25]。さらに，この自尊感情の低下は社会適応を阻害し，治療継続を困難にしてしまう可能性も指摘されています[26]。患者への効果的な治療を達成するためには，社会的スティグマを取り除くことは欠かすことのできない支援となります。

2　統合失調症研究の発展

≫　理論　≫

（板口典弘）

····· ステップ1 ·····

　本ステップでは統合失調症の特性に関する神経科学的な知見や仮説を紹介します。技術の発展により，近年では統合失調症患者の脳機能特性や，遺伝的特徴が多くわかってきています。ただし，いまだ決定的な症状発現のメカニズムは明らかにされていません。特に，健常者との脳機能の違いが症状を生み出しているのか，それとも症状が原因で脳機能が変化しているかどうかの判断は容易でない点に注意しましょう。

脳機能研究

　統合失調症の脳機能を検討した研究は多くあります。代表的なものとし

24　スティグマは，烙印（らくいん）という意味であり，汚名や偏見と訳されることもあります。社会的スティグマとは，ある特性や属性によって，個人が社会的に受け入れられない，あるいは拒絶される状態を指します。

25　Link et al., *Psychiatr Serv*, 2001；山田光子，日本看護研究学会雑誌，2015

26　下津，総合病院精神医学，2007

て，脳波（electroencephalography：EEG）を用いた研究を紹介しましょう。脳波は，頭皮上から脳（特に大脳皮質）の神経細胞の活動にかかわる電位変化を計測したものです。そのなかでも，ある刺激（音や光など）に対して出現する脳波成分を計測したものを事象関連電位（event-related potential：ERP）とよびます。統合失調症患者のERP特性として，聴覚刺激に対する**P50抑制が健常者と比較して低下している**ことなどが知られています。

図13-2に示すように，P50とは，刺激が呈示されてから約50ms後に出現する波形を指します[27]。私たちが2連発のクリック音を聞くと，2回目の音に対するP50の振幅が約半分に小さくなります（P50抑制）。一方で，統合失調症患者では，2回目に対するP50の振幅があまり小さくなりません[28]。クリック音の代わりに「あ」という音声を刺激として用いた場合にも，同様のP50抑制の低下が確認されています[29]。さらに興味深いことに，幻聴の重症度とP50抑制低下に正の相関があることも示されています。一般的に2回目の刺激に対するP50抑制は，**繰り返される（意味のない）情報を効率よく排除するための情報処理**[30]を反映していると考えられています。つまり，統合失調症患者においてP50抑制が低下しているという事実は，繰り返されるあまり重要でない感覚刺激に対しても常に過敏になってしまうような病態を

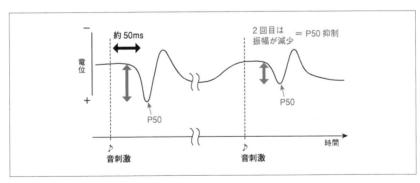

図13-2　2連発音刺激によるP50抑制

27　Pはpositive（陽性・プラス）の電位であることを示します。一方，Nの場合にはnegative（陰性・マイナス）の電位を示します。

28　Adler et al., *Biol Psychiatry*, 1982; Freedman et al., *Schizophr Res*, 1991

29　Hirano et al., *Schizophr Res*, 2010

30　この処理は"感覚ゲート機構"とよばれ，もともと統合失調症の病態生理を説明するために提唱されました（Venables, *Prog Exp Pers Psychopathol Res*, 1964）。

31　MMNとは，低頻度刺激に対する陰性の電位変化を指します。

反映していると考えられます。ほかにも，聴覚ミスマッチ陰性電位（MMN[31]）の振幅の低下，聴覚・視覚P300の振幅低下および潜時[32]延長などが知られています[33]。

遺伝子研究

　双生児を対象とした研究によって，統合失調症の遺伝リスクは70〜90%であることがわかっています[34]。このような高い遺伝率[35]は，**統合失調症は"遺伝"する**ことを示しています。実際，15万サンプルを対象とした大規模なゲノムワイド関連解析（GWAS）[36]において，統合失調症の発症リスクを高める108個の遺伝子領域も見つかっています。特に興味深い点は，ドパミンD$_2$受容体をエンコード（符号化）する遺伝子の個人差[37]がこのリスクと関連することが示された点です。この結果は，これまで長らく実施されてきた**薬物療法の有効性が遺伝子レベルの研究からもサポートされた**ことを意味します。またGWASは，統合失調症だけでなくさまざまな疾患を対象にしており，**図13-3**に示すような精神疾患同士の**遺伝的相関**[38]も明らかにされています。

> ……… ステップ 2 ……………

統合失調症と予測機能障害

　統合失調症の陽性症状の背景には，予測機能の障害が存在すると古くから考えられてきました[39]。私たちは日常，さまざまなことを思考したり，運動行為として実行したりしています。このとき，「自分でおこなった行為（思

32　潜時（latency）とは刺激を与えてから，何らかの反応が生じるまでの時間を意味します。

33　近年，40Hzの繰り返し音刺激を聞かせた際に，その音刺激と同期しない脳波成分の強さが幻聴の重症度と相関することが報告されました。この背景には，GABA作動性ニューロン（GABAを伝達物質とする抑制性の神経細胞）の機能不全が存在すると考えられています（平野，医学のあゆみ，2019）。

34　Sullivan et al., *Arch Gen Psychiatry*, 2003

35　遺伝率とは，ある特徴における個人差を，個人間の遺伝の違いによって説明可能である割合を指します。そのため，たとえば70%の遺伝率は，親がある疾患をもっていた場合に70%の確率でその疾患を発症することを意味しません。

36　Genome-Wide Association Studyとよばれ，ゲノム全体をほぼカバーする遺伝子型に関する統計研究です。

37　正確には遺伝子多型といいます。遺伝子多型とは，ある種（今回はヒト）において1%以上存在する遺伝子上の個人差です。この個人差が，身体能力や病気へのかかりやすさなどと関連すると考えられています。より発生頻度が少ない（1%未満）個人差を遺伝子変異といいます。

38　遺伝子の表現型に関する相関係数です。

　39　Frith & Done, *Br J Psychiatry*, 1988

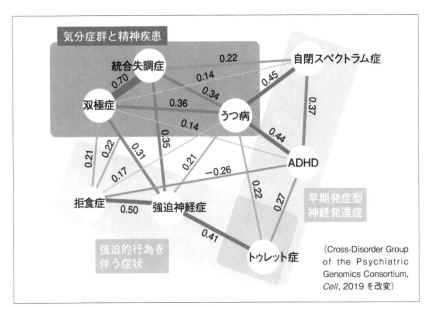

図13-3　8つの疾患における遺伝的相関
図中の数値は遺伝的相関係数（−1〜1）を示す。クレペリンは統合失調症と双極症を二分したが，それらの間には高い遺伝相関があるのは興味深い。

考も含む）」を「自分でおこなった」と感じるためには，行為の結果を正しく知覚するだけでなく，行為の結果を正しく予測する能力が必要です。そして，**予測と結果（知覚したものごと）が一致**していれば，それは自分がおこなった行為だと感じることができます。この感じは**行為の自己主体感**とよばれます。

　たとえば今，本を持つ親指を少し上に持ちあげてみましょう。今，みなさんの脳は親指を動かすための指令を出し，指が動き，さらに視覚や体性感覚（自己の身体に関する感覚）によってその結果が知覚されました。このとき，意識はしていないかもしれませんが，脳は指の動きを"正しく予測"し，その予測と知覚が一致していたため，「自分が指を動かした」と感じることができたのです。もし予測した結果と異なる結果が得られた場合には，「何かわけのわからないことが生じた」と考えるのが普通でしょう。

　統合失調症患者は，このような予測にかかわる機能が障害されており，そのため，幻聴やさせられ体験[40]（作為体験）といった陽性症状が生じるという仮説が検討されてきました。たとえば幻聴は，自分が能動的にこころのな

<hr>

40　自分の思考やとった行動を，他の人や物（たとえば電波や宇宙人）に操られた結果生じたと感じることを指します。思考吹入（さくにゅう）の妄想にもつながります。

かで考えた（内言）にもかかわらず，その結果（こころのなかで聞こえるはずの声）の予測がうまくいかなかったため，「私でない誰かがこころのなかで喋っている」という解釈が生まれてしまったと考えられるのです[41]。これは，行為における"自他"の区別の障害ととらえることもできます。

自分でくすぐってもくすぐったい

　上記の仮説を検討するため，イギリスの心理学者S.J.ブレイクモアらは，「自分の手で自分をくすぐる」という非常にシンプルな実験をおこないました[42]。私たちが普段，自分で自分をくすぐってもくすぐったくないのは，自発的な運動行為の結果生じる**触覚の強度・位置・タイミングをほぼ完ぺきに予測する**ことができ，その感覚を減衰させる（感覚遮減〈ていげん〉）システムがあるためだと考えられています[43]。実験の結果，幻聴とさせられ体験を有する患者は，それらをもたない患者や健常者と比較して強い"くすぐったさ"を報告しました。本実験は**運動制御工学のモデルを知覚プロセスに応用したモデル（図13-4）**に基づいて考案されました。このように，他分野のモデルを用いて精神症状を説明し，さらに患者の新たな病態を明らかにした点で本研究は画期的でした。

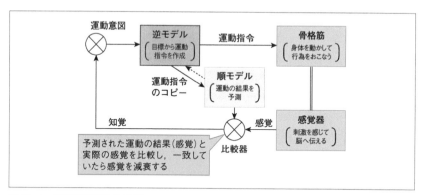

図13-4　感覚遮減のモデル
本来は運動制御工学の分野で用いられているモデルが精神医学へ応用された。順モデルは運動行為の結果全般を予測する。感覚遮減の文脈では，順モデルが予測する対象は，運動の結果得られる感覚となる。矢印は情報の流れ，ボックスはそこで何らかの情報処理がおこなわれることを示す。⊗では情報の比較がおこなわれる。

41　このアイデアを支持するように，幻聴が生じているときには喋ることに関連する脳活動が生じていることが確認されています（McGuire et al., *Lancet*, 1995）。

42　Blakemore et al., *Psychol Med*, 2000。書籍やWeb上の記事では，似た名前の作家S.ブラックモア（Susan Blackmore）と混同されていることが多いため注意しましょう。

43　健常者でも，自分の動きを予測できなくする機械を挟んで自分をくすぐると，くすぐったさを感じることも報告されています（Blakemore et al., *Neuroreport*, 2000）。

······ ステップ3 ······

健常者における統合失調症傾向

第1節のステップ1で紹介したように，統合失調症は一定の基準を満たして発症の診断が下るものです。一方で，統合失調症患者が持つような知覚や思考の傾向は，健常者に全くみられないものではありません。このような傾向を統合失調症傾向（schizotypy）といい，質問紙で評価することが可能です[44]。統合失調症傾向を用いた研究のメリットは，患者に負担をかけずに，多くの健常者データを用いて，発症メカニズムや病態の連続性を検討することができる点です。そのため，これまで多くの検討がなされてきました。

たとえば2016年には，統合失調症傾向と自身によるくすぐりのくすぐったさとの間に正の相関があることが報告されました[45]。この結果は，発症の有無にかかわらず，統合失調症的な特徴と，感覚フィードバック（感覚情報）の減衰機能の間に関連がある可能性を示しています。

運動制御モデルから見た"予測機能の障害"

2018年に，板口らは統合失調症傾向と予測機能について，運動制御モデルの観点からさらに厳密な検討を報告しました[46]。この実験もとてもシンプルで，参加者は自身の掌に載せたおもりを，「反対側の手で持ち上げる」「他者に持ち上げてもらう」だけです（図13-5a）。このとき，通常は自身の手でおもりを持ち上げた場合（随意条件）には，おもりを載せていた掌はほぼ上下に動きません。しかしながら，他者がおもりを持ち上げた場合には，おもりと一緒に掌も上昇してしまいます（図13-5a，②-2）[47]。もし統合失調症傾向と自己運動の"予測"機能不全が関連しているならば，統合失調症傾向スコアが高いほど，随意条件の手の上下動が大きくなる（正の相関を示す）はずです。

実験の結果，先行研究からの予想と反して，統合失調症傾向とおもりの上下動の相関はほぼゼロでした[48]。この実験課題で重要な点は，図13-4で示したモデルにおける右下の"比較器"を経由せずに，運動結果の予測機能（順

······

[44] たとえば，STA（Schizotypal Traits Questionnaire; Claridge & Broks, *Personal Individ Differ*, 1984）やSPQ（Schizotypal Personality Questionnaire. Raine, *Schizophr Bull*, 1991）などがあります。それぞれ日本語版も出版されています（上野ら，日本パーソナリティ研究，2010; 飯島ら，行動療法研究，2010）。

[45] Lemaitre et al., *Cnscious Cogn*, 2016

[46] Itaguchi et al., *Neuropsychologia*, 2018

[47] くすぐりと同じ原理で，自身の運動行為はほぼ完全に予測できますが，他者の行為は予測できないためです。

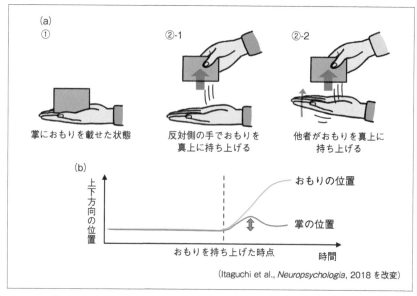

図13-5　（a）板口らの研究実験課題の概略図，（b）掌とおもりの位置の推移のイメージ

（b）の黄色の線はおもり，ピンクの線は手の上下方向の位置を示す。持ち上げているのはおもりだけなので，予測に基づく制御が完璧であれば，掌の上下動はまったく生じない。しかし，予測に基づく制御は完璧ではないので，掌の位置は上昇してしまう（同じ位置を保とうとする場合には，その後少し遅れて元の位置に戻る）。（b）の図のピンク色の矢印が掌の位置のずれに相当する。

モデル機能）を検討した点です。本課題で順モデルが予測する情報は感覚ではなく"いつおもりが持ち上げられるか"という運動のタイミングです。その予測結果は逆モデルへ戻され（図13-4の順モデルから逆モデルへの破線矢印），骨格筋を制御するために使われます。このように，情報処理のルートには比較器は介在しません。本結果をもとに先行研究のくすぐり実験の結果を解釈しなおすと，統合失調症傾向は，自己の運動にかかわる予測そのものではなく，予測された感覚と実際の感覚を**比較する機能の障害**とかかわっていると結論されました。

　統合失調症研究においては古くから"予測機能の障害"が検討されてきたため，これまでは予測機能そのものに焦点を当てたアプローチが多くなされてきました。しかし，現象を厳密なモデルに基づいて考えることにより，従来とは異なった角度からの検討が可能です。この研究は健常者の統合失調症

48　代わりに，統合失調症傾向が"他者がおもりを持ち上げたときの掌の上下動"と相関することが明らかとなりました。この結果は，少なくとも健常者における統合失調症傾向は，他者の動きの予測の困難さと相関することを示しています。

傾向を検討対象としたため，患者の病態の解明には直接的にはつながりませんが，これまでにない新しい見方を提案したといえるでしょう。

③ 統合失調症に対する臨床現場でのアプローチ ▶実践

（朝波千尋・菊池安希子）

1. はじめに

筆者のキャリアパス

筆者（朝波）は心理療法士として精神科に勤務し，おもな技法として認知行動療法を提供しています。学部では認知行動療法研究室に所属しながら教育センターにて発達障害をもつ子どもの支援に携わり，修士課程でも認知行動療法分野の研究に従事しました。これまで統合失調症を対象とし，大学院修了後は精神科病棟や外来，デイケアなどで心理支援を提供してきました。

2. 研究・アプローチの紹介

統合失調症への心理社会的介入

統合失調症の治療には，薬物療法と心理社会的介入を組み合わせるのが標準的です。心理社会的介入としては，2002年以降，家族介入と認知行動療法が諸外国の統合失調症治療ガイドラインにおいて推奨されてきました[49]。その後の臨床研究の蓄積により，近年ではエビデンスのある介入の選択肢が広がってきました。たとえば，最近の成人の統合失調症に対する心理社会的介入の系統的レビューによれば，Assertive Community Treatment（ACT）[50]，認知行動療法，家族介入，心理教育，ソーシャル・スキル・トレーニング（SST），就労支援，初発患者に対する早期介入のいずれもが，標準的治療に比べてよりよい機能的転帰につながることが示され，米国精神医学会による統合失調症治療ガイドラインでも推奨されるようになっています[51]。このよ

49　National Institute for Health and Care Excellence, *Schizophrenia: Core Interventions in the Treatment and Management of Schizophrenia in Primary and Secondary Care*, 2002; National Institute for Health and Care Excellence, *Psychosis and schizophrenia in adults: prevention and management*, 2014; Kreyenbuhl et al., *Schizophr Bull*, 2010

50　包括型地域生活支援プログラム。重症の精神障害者に対して，多職種による包括的な地域生活支援を1日24時間週7日，危機対応も含めて提供するプログラムです。

51　Keepers et al., *Am J Psychiatry*, 2020

うな心理社会的介入のうち，心理職の活躍が期待される介入の1つが，統合失調症に対する認知行動療法（通称cognitive behavioral therapy for psychosis：CBTp）です。**第6章**

統合失調症に対する認知行動療法（CBTp）

▶**CBTpのエビデンス**｜CBTpの効果については，何をCBTpに含めるかによって系統的レビューの結果が異なり，長らく論争の的でした。しかし，CBTpが陽性症状の改善に対して中等度の効果量を示すことについては支持するメタ分析が複数公表されています[52, 53]。そのため現在の焦点は，効果量を高めるための試行錯誤にあります。たとえばアバターセラピー（1節参照）では，背後にいるのはCBTpセラピストですが，アバターとの対話という介入法が試みられました。妄想の維持要因に対して患者が希望する順に介入するという試みもあります[53]。こうした多様な試みのなかから，より効果量の高いCBTpが開発されることが期待されます。

▶**CBTpの特徴**｜CBTpの基本要素は，認知行動モデルや構造化，現在志向，協働実証主義など，不安症やうつ病など他の精神障害のCBTと変わらず，技法も共通しています。しかし，統合失調症ならではのアプローチの工夫もあります。たとえば，統合失調症に対する**スティグマ**（社会的スティグマおよびセルフスティグマ）がいまだに強いことから，**ノーマライジング**[54]を相対的に重視することもその1つです。

　また，CBTpは症状の低減が達成できずとも，本人が設定した治療目標が達成できれば，臨床的には心理療法の成功ととらえる点も，他のCBTとは異なります。これは，統合失調症では病識を持ちにくいことや，病識がある場合でも本人の目標が症状以外である（例：仕事につきたい）ことが多いためです。幻聴が減らなくとも対処法が増えて生活の質が上がり，就労可能になることで目標を達成したとみなせる場合があります。

　その他，**認知機能障害**への配慮が必要なこともCBTpの特徴です。面接時間を短くしたり，内容を繰り返したり，必要に応じて**認知機能リハビリテーション**（例：NEAR[55]）や，**社会認知**のトレーニング（例：SCIT[56]）などと

52　Bighelli et al., *World Psychiatry*. 2018
53　Turner DT et al., *Schizophr Bull*. 2020
54　「人間は誰でもあまりに強いストレス状況にさらされると，いつもと違うタイプの体験をするものです」という趣旨の情報提供をすることを指します。精神病と正常体験の連続性を理解してもらい，精神病体験についての恐れを軽減することを目的とします（原田 監訳，症例から学ぶ統合失調症の認知行動療法，2007）。
55　Neuropsychological Educational Approach to Cognitive Remediation。統合失調症での認知機能障害については表13.1を参照してください。

組み合わせることもあります。

事例紹介

　心理療法では良好なコミュニケーションや共感的姿勢は必須技法です。CBTも例外ではなく，特に統合失調症のCBT（CBTp）においては，治療関係の構築がその後の治療の転帰に大きな影響を与えます。以下ではCBTpの実際のイメージをもっていただくために事例（複数事例を統合した仮想事例）を紹介します。

▶ **症例（40代女性（以下，Fさん）**

　診断：統合失調症

　現病歴：毒を入れられているという被毒妄想により近隣の精神科クリニックへの通院を開始しました。内服薬で病状は安定していたものの，薬剤減量後に症状が増悪，薬剤量を元に戻して以降の症状は安定しましたが，徐々に組織から監視されているという被害妄想が出現しました。段階的に薬剤増量がなされますが，しばらくすると電磁波で攻撃されていると感じるようになり，それに伴って家事が滞るなどの生活面への影響が強まったため，Fさん自らCBTを希望し，CBT実施機関の1つであるセラピスト（以下，Th）所属精神科病院に紹介となりました。

　セラピー前後の評価：妄想の症状評価のため，Psychotic Symptom Rating Scales-Delusion日本語版（以下，PSYRATS-JD[57]），毎回の抑うつ症状評価のため，CES-D[58]を施行。

▶ **面接の経過** | 週1回（計16回），面接時間は45〜60分でした。各回は橋渡し，アジェンダ設定，スキルの選択と対処，宿題作成[59]で構成，Fさんの認知機能を考慮して，毎回のセッション補完のためにThが作成したワーク

---

58. Social Cognition and Interaction Training。社会認知とは，他者の意図や気持ちを理解することを含む，対人関係の基礎となる精神活動を指します。こころの理論や原因帰属，表情認知等が含まれます。

57. PSYRATS-JDは，PSYRATSJの妄想スコア。PSYRATSJは，日本におけるCBTpの臨床評価や研究において有用なアウトカム尺度の一つになると考えられます（朝波ら，精神病症状評価尺度日本語版（The Psychotic Symptom Rating Scales Japanese Version: PSYRATSJ）の信頼性および妥当性の検討，第11回日本統合失調症学会，2016）。PSYRATSについては，Haddock et al., *Psychological Medicine*, 1999を参考にしてください。

58. うつ病のスクリーニングとして，アメリカ国立精神保健研究所によって作成された自記式尺度（p.175参照）。

59. CBTでは，導入パートとして橋渡しとアジェンダ設定が組み込まれています。橋渡しとは，セラピーの冒頭に前回取り組んだ内容とスキル，宿題を簡単に振り返ることを指します。アジェンダ設定とは，困難な出来事や解決したい問題の中から，患者さんと治療者とで，セラピー内で扱えるテーマを絞る作業です。セラピストは数ある認知・行動技法から患者さんの問題に対する妥当な技法を選択し，適用します。セラピー内で習得したスキルを次回までに実行することを宿題作成といいます。

ブックを用いました。

　①1〜4回：問題の同定，目標設定，心理教育（疾病教育，ノーマライジング，ケース・フォーミュレーション[60]）：1回目では，Fさんが自覚する問題点を整理しました。問題として，ネガティブな出来事を被害的に解釈する傾向，集中困難や家事の段取りができない等の認知機能の低下があがりました。こうした問題が自己評価の低下や焦り，情緒不安定に影響していました。情緒不安定性については，服薬による安定化が不可欠だとして，前医から勧められた持効性注射剤の導入を再検討するよう促しましたが，注射に対しては抵抗感を示しました。2回目では疾病教育とノーマライジングをおこない，ケース・フォーミュレーションを作成しました（**図13-6**）。宿題でケース・フォーミュレーション作成に取り組むことで，客観的に思考をとらえ，Fさんなりに思考を切り替えることができるようになりました。一方で，過去の体験を想起する際や家族関係の不和に触れて流涙する場面が認められました。このため，情動安定化のスキル強化の目的で認知技法を導入する前にイメージ誘導によるリラクセーション[61]をおこないました。

図13-6　Fさんのケース・フォーミュレーション

　②5〜8回：別の可能性を考える（認知再構成法・行動実験[62]）：FさんはThとともにワークブックに掲載した事例で認知再構成法の方法を学び，次にFさん自身が問題と感じている思考にアプローチしました。その結果，Fさんは徐々に自分の思考を客観的にみられるようになりました。続いて，行動実験を用いて「集中力が続かない」という思考を検証しました。ヒトの集

60　認知行動モデルに基づいて症状や問題の維持要因を明らかにすること。出来事が直接的に苦痛に直結するのではなく，思考や行動によって問題が維持されていることを協働的に探っていくプロセスで，概念化や事例定式化などと訳されています（第2章，第6章参照）。

61　リラクセーション技法の一種

62　認知再構成法および行動実験では，極端なネガティブ思考について現実的視点を取り入れて柔軟に考えられることを目指します。統合失調症に対するこれら技法の詳細は，菊池・佐藤 訳，精神病かな？と思ったときに読む本—認知行動療法リソース・ブック，2012に記載されています。

中力の持続時間を45分とし，Fさんの読書やテレビ鑑賞中のタイムを計測したところ，少なくとも45〜50分間は集中できることがわかりました。また，これまでのCBTセッションでも集中力が途切れることなく続けられているという事実をThよりFさんに伝えました。

③9〜12回：ストレス対処（悪循環の同定，問題解決技法[63]）：徐々に自信を取り戻せるようになったFさんは，悪循環の背景には幼少期からの傷つき体験があると冷静に語れるようになりました。自身の悪循環を客観視できるようになったことで，現実問題を克服する意欲が高まり，このタイミングで問題解決技法に導入しました。問題は「買い物に行けない」，目標を「簡単なおかずを作れるようになる」としました。「食材を買ってきてもらう」「ネットスーパーを活用して食材を買う」という2つの解決策を挙げ，それぞれの解決策の長所・短所分析をおこない，「ネットスーパーを活用して食材を買う」を実行することにしました。実行にあたっては面接内でネットスーパーの検索から登録までをおこない，食材を購入することを宿題としました。

④13〜16回：陰性症状へのアプローチ・再発予防：Fさんの不安や焦りは和らぎ，猜疑的となる出来事については，Fさん自身で認知再構成することができるようになりました。一方で，活動量のコントロールには課題を抱えていたため，家事の合間に休息時間を組み入れ，各活動の達成感を％で示してもらうことにしました。さらに睡眠衛生の心理教育をおこない，カフェイン量を減らすこと，就前薬服用後は入床するよう説明しました。

再発予防策の立案では，家族との会話は励みになる一方で，相手の期待と自分ができることにズレがある際にはストレスになると語られました。家族との関係性は一定の距離が必要で，今後は安全な居場所を探すつもりであることが確認されました。さらに，病状悪化時に自覚する注意サインを重症度別にレベル分けし，これまでのセラピーで獲得した対処スキルを各段階に盛り込み，再発防止計画表を作成しました。作成された計画表の活用に残りのセッションで取り組みました。

⑤結果とまとめ：妄想症状の点数に変化はありませんでしたが，CES-Dによる抑うつレベルの数値はセッションを追うごとに低下しました（図13-7）。また，友人と過ごす時間がもてるようになり，家族の理解も得られたことで，焦らず構えられるようになりました。

63 現実的な問題が目の前にある際に用いられます（例：洗濯機が壊れてしまって洗濯物がたまってしまった）。問題の明確化，ブレインストーミング，長所・短所分析，実行，評価の順に実施します。問題が多く存在する場合は，優先順位をつけて一つひとつ問題解決のプロセスに導入します。

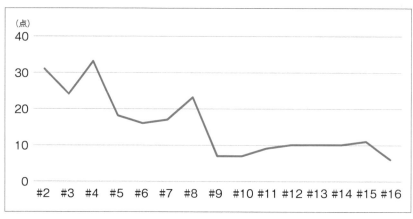

図 13-7　抑うつ症状の点数の推移

課題と展望

　CBTp の現在の最大の課題は普及です。国際的な統合失調症の治療ガイドラインにおいて推奨されているものの，治療者養成が追いついていません。日本では人員配置の手厚い司法精神医療で一定の普及をしていますが[64]，一般精神医療における普及はこれからです。日本でも効果検証と研修機会の充実が望まれます。

　その昔，精神科の心理職は，「幻覚・妄想の話に耳を傾けると病状を悪化させるから[65]，なるべく聞かないように」とトレーニングされました。しかし，幻覚・妄想も含め，本人にとって大事な話題は重視し，症状改善にとらわれず，パーソナルなリカバリー[66]を支援するのが，現在の潮流です。patient and public involvement（PPI）[67]が重視されるようになってきた昨今，今後は当事者も参画する形で，CBTp も含めた統合失調症の心理社会的介入の実証研究や研修が増えることが望まれます。

64　石垣ら編著，事例で学ぶ統合失調症のための認知行動療法，2019
65　宮坂雄平，精神分裂症の言語性幻聴の経過的観察─その幻覚性賦活再体験，信州医学雑誌，13，1964
66　リカバリーには，いわゆる症状の寛解を目指す臨床的リカバリーと，希望するような人生や生活の実現を目指すプロセスを指すパーソナル・リカバリーがあります。
67　医学研究・臨床試験における患者・市民参画のことです。

第14章 高次脳機能障害

1 高次脳機能障害

（板口典弘）

　精神疾患や心理的問題，不適応行動などの回復・改善に向けた支援を目指す臨床心理学において，症状を包括的に理解するためには，その神経基盤，すなわち脳とその機能に関する知見を無視することはできません。また高齢化問題を抱える我が国では，認知症患者をはじめとして，脳機能に障害を持つ人々，およびその家族への心理的なケアの必要性も増しています。このような背景をふまえ，本章では脳へのダメージによって引き起こされる高次脳機能障害を概観していきます。

高次脳機能障害と神経心理学的症状

　脳（中枢神経系）の損傷によって引き起こされる症状のうち，特に「低次[1]の感覚・運動機能の損傷に起因しない**知覚・認知・社会機能などに関する障害**」を高次脳機能障害とよびます[2]。この障害は神経心理学的症状とよばれることもあります[3]。これら2つの用語は，ほぼ同じ対象を指していますが，使用方法は少し異なります。前者はその名のとおり“高次な脳機能”の障害の総称として用いられることが多いですが，後者は**神経心理学**という学問（あるいはアプローチ）が扱う症状の総称として使用されます。

1　“低次”とは，中枢神経系での処理順序において，初期（感覚入力）あるいは終期（運動出力）に位置することを意味します。機能の重要度が低いという意味ではありません。

2　以前は後天的器質性障害（生まれた後に，脳が構造的に損傷すること）であることを高次脳機能障害の要件とすることが多かったですが，近年では障害が後天性か先天性かにかかわらず，高次脳機能障害と総称する場合が増えています。

3　“障害”は何らかのシステムの破綻を意味する用語であり，おもに“機能”に焦点を当てる場合に使用されます。一方で“症状”は現象そのものに焦点を当てる場合に使用されます。本章でもこの用法に則った記述をしますが，厳密な使い分けは難しいのが現状です。

脳損傷の原因

　脳損傷を引き起こす原因として，脳外傷，脳血管障害，神経変性疾患が代表的です（**図14-1**）。ただし他にも，脳腫瘍，てんかん，脳炎によっても脳損傷は生じることがあります。

▶ 脳外傷｜転んで頭をぶつけるなどの物理的衝撃によって，直接的あるいは間接的に神経細胞がダメージを受けることを脳外傷とよびます。頭部に衝撃を受けると，その衝撃で脳が頭蓋内を動き，衝撃を受けた側と"反対側"の頭蓋に衝突することがあります。そのため，"ぶつけていない"場所にも脳損傷が生じることがあります。

▶ 脳血管障害｜脳血管障害とは，一般的には脳卒中^{のうそっちゅう}とよばれる，脳血管にかかわる疾患の総称です。この疾患はおもに脳梗塞と脳出血[4]によって生じます。脳梗塞は血管が詰まることであり，脳出血は血管が破れて出血することです。どちらの場合でも，発生した場所の周囲，あるいは酸素供給を受けるはずの神経細胞が死ぬことによって脳損傷が生じます。

▶ 神経変性疾患｜神経変性疾患は，簡単にいうと神経細胞の病気です。さまざまな原因と症状がありますが，一般的に症状が進行性[5]であることが特徴です。たとえば，アルツハイマー病やパーキンソン病などがよく知られています。

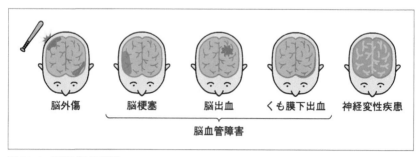

図14-1　脳損傷の原因
中央の３つは脳血管障害（脳卒中）と総称される。

4　脳の中の血管が破れて出血することを脳出血，特に脳の表面にある血管が破れて"くも膜"とよばれる膜の下で出血することをくも膜下出血といいます。

5　時間経過とともに症状が悪化する疾患を指します。脳外傷や脳血管障害の場合は，脳へのダメージは発症したときのみに生じるため，進行性ではありません。

..... ステップ 2 .....

高次脳機能障害の種類

　脳は，私たちの思考や行為に関するあらゆる認知処理を担っています。そのため，脳のどこかが損傷すると，何らかの認知処理に障害が生じます。ただし，脳は冗長性（じょうちょうせい）や可塑性（かそせい）をもつシステムであるため，必ずしも目に見える形で症状が現れるわけではありません[6]。一般的には，損傷する脳部位やその範囲（大きさ）に応じた障害が生じます。身体の一部が動かしづらい，あるいは動かせなくなる（運動）麻痺，視野の左右どちらかの半側（半分）が見えなくなる同名半盲（どうめいはんもう）などの症状は，神経解剖学的に病巣[7]（脳損傷部位）との対応が明らかであるため，神経学的症状とよばれます。一方で，高次脳機能障害は，より複雑な機能の障害であるため，症状の現れ方も多彩であり，"不思議"としか表現しようのない症状が生じることも珍しくありません。

　高次脳機能障害の例として，失語（しつご），失行（しっこう），失認（しつにん），健忘（けんぼう），**注意障害**，**情動障害**，遂行機能障害[8]があります。失語，失行，失認，健忘はそれぞれ言語，行為，対象の認知，記憶といった**"比較的独立した認知機能"**の障害です。たとえば失行では，患者は手を動かすこと（運動機能），道具の知識そのもの（記憶），対象の認知が正常に保たれているにもかかわらず，スプーンやハサミを正しく握って使用することができない，といった症状が現れます。注意障害，情動障害，遂行機能障害はそれぞれ注意，情動，遂行機能の障害とされるものの，これらの認知機能は複合的であり，完全に独立した認知機能の障害ととらえることは難しい現状があります。本書では，もっとも古くから体系だった研究がおこなわれている失語症を簡単に紹介します。

失語症

　失語症は**"大脳の損傷に由来する，一旦獲得された言語記号の操作能力の低下ないし消失"**と定義されます[9]。このとき，言語という限定された機能

....

6　バックアップの回路があったり（冗長性），ある脳部位に対応する機能はある程度変化することが可能（可塑性）です。このような脳の性質によって，残存する脳部位が失われた脳機能をカバーできることもある，ということです。

7　病的変化の生じている場所を病巣とよびます。

8　目的に合わせた行動を計画したり実行したりする機能を遂行機能とよびます。このような定義であるため，他の認知機能（注意や記憶）障害が原因で遂行機能が低下した場合にも遂行機能障害とよばれます。

9　山鳥，神経心理学入門，1985

の障害が仮定されるため，末梢的要因[10]や全般的認知機能の低下では症状が説明できないことが失語症と診断されるための前提となります。

▶ **失語症の分類**｜一口に失語症といっても，その症状は非常に多彩です。言葉がうまく出てこない患者もいれば，言葉はスラスラ出てくるにもかかわらず，その単語が間違いだらけの患者もいます。また，多くの場合には"話す"ことだけでなく，言語を"理解する"障害も併発します。古典的には，ブローカ失語，ウェルニッケ失語，伝導失語といった症状が有名です[11]。このような失語症のタイプは"発話の流暢性""意味理解が良好か""復唱が可能か"の3つの次元における"良好・不良"の判断に基づき，2×2×2＝全8タイプのいずれかに分類されることが一般的です（**図14-2**）。このような失語タイプに分類することはリハビリを計画する際に有用です。ただし実際には，**各タイプの特徴が混じりあった症状**が出現することのほうが多く，症状の背景にある機能障害の特定は容易ではありません。

　失語症患者が呈する具体的な症状（要素的言語症候）の例を**表14-1**にまと

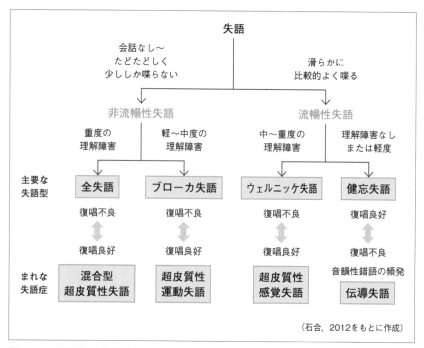

（石合，2012をもとに作成）

図14-2　失語症の古典的な分類

10　末梢神経系に由来する要因，すなわち感覚や筋力の低下などです。

11　ブローカ失語は運動性失語，ウェルニッケ失語は感覚性失語ともよばれます。

表14-1 要素的言語症候の例

要素的言語症候	説明
失構音[*1]	音が歪み，日本語として不明瞭な発音となってしまう
音韻性錯語	「しんぶんし」→「きんぶんし」のように，単語の一部の音がほかの音に置き換わる
意味性錯語	「新聞紙」→「テレビ」のように，意味的に近い単語に置き換わる
喚語困難	言いたい単語が思い浮かばなかったり，すっと出てこない
単語理解障害	単語の意味が理解できない
統語障害[*2]	表出面では単語の発話はできるものの，文法的な誤りが出現する。多くの場合，助詞（「が」「の」など）が抜け落ちたり，入れ替わったりする。理解面では文法的な構造（統語情報）に基づいた理解の障害が出現する。

*1 構音障害という用語もあるが，これは広く"構音（正確な発音をすること）の障害"を意味し，通常その原因を問わない。一方で失構音という用語は"構音器官（口など）の損傷や麻痺で説明できない構音障害"を意味する。発語失行とよばれることもある。
*2 表出面の障害は失文法（語配列の単純化と粗略化）あるいは錯文法（表現法の誤り），理解面の障害は統語理解障害とよばれる。

めました。これらの症状を一般の人が目にすると，「耳が悪いのかも？」「認知症なのでは？」などと思ってしまうかもしれませんが，たとえ聴力や認知能力が正常であっても，このような症状が生じます。

　失語症をはじめとする高次脳機能障害を抱える患者さんは，多くの場合で，自身の"できない"ことを自覚するだけの認知能力が保たれています。そのため，できないこと，あるいは症状が改善しないことに対してフラストレーションを抱え，うつ状態に陥ってしまう患者さんも少なからず存在します[12]。特に失語症患者の場合には日常のコミュニケーション場面において障害が目立ってしまうため，丁寧なケアが必要です。最近の調査では，失語症患者のうち，うつ病である割合は約20%，うつ症状をもつ割合は約22%であることが報告されています[13]。

---- ステップ3 ----

高次脳機能障害の定義

　高次脳機能障害という学術用語は，時代によってその意味する対象が変遷

....

12　自身の症状に気づかない，あるいは無頓着な場合もあります（病識がない，あるいは病態失認）。このような患者さんはうつ症状を呈する可能性は低くなるものの，周囲に迷惑をかけたり，事故を起こしたりするリスクが増すため，必ずしもいいことばかりではありません。
13　Ashaie et al., *Arch Phys Med Rehabil*, 2019

247

してきました。この用語は古くはもっぱら"失語・失行・失認"のみを指していましたが，次第に記憶・注意・情動などの障害も含むようになりました[14]。2000年少し前からは一般社会にも用語が浸透していき[15]，2001年には厚生労働省が**高次脳機能障害支援モデル事業**を開始しました[16]。

　この事業に際して，学術的な定義とは独立に行政的な定義がなされました。すなわち，高次脳機能障害は，「外傷性脳損傷，脳血管障害などの器質性脳病変の後遺症として」出現する「記憶障害，注意障害，遂行機能障害，社会的行動障害」を呈するものである，という定義です（**図14-3**）。すなわち，行政的な定義に基づくと，**失語や失認，失行，さらに進行性の疾患（一部の認知症など）**は"高次脳機能障害"に含まれません。この定義に端を発する一般社会における用語の混乱は，現在でも完全には解消されていません。

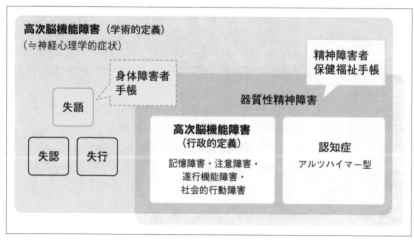

図14-3　高次脳機能障害の区分の相違と取得できる手帳

高次脳機能障害の福祉

　ではなぜ，厚生労働省はこのような定義をしたのでしょうか。実はそれまで，失語や認知症は，身体障害者手帳や精神障害者保健福祉手帳の交付対象

14　岩田，失語症研究，2002; 大橋，失語症研究，2002

15　テレビでは「高次・脳機能障害」ではなく「高次脳・機能障害」と発音されるなど，誤解も多かったようです。

　16　これに関連して，日本失語症学会は2003年に日本高次脳機能障害学会と改称しました。

となっていましたが[17]、その他の高次脳機能障害は対象ではありませんでした。この背景には、それらの障害が専門家以外では判断しにくく、症状があったとしても日常生活に大きな支障をきたすとは考えられていなかったことがあります。しかしながら実際には、失語や認知症以外の障害も**自宅や職場での生活に大きく影響**しますし、**怪我や事故のリスク**も増加させます。当該事業は、このような問題点を整理し、包括的な医療・福祉サービスにつなげるシステムを確立するために実施されたのです。

その結果、前述した行政的な定義に当てはまる高次脳機能障害は、**精神障害者保健福祉手帳**の交付対象となりました。ただし現実としては、身体障害者手帳の基準を満たさないタイプの失語も存在しますし[18]、失認や失行はまだ原則として手帳の交付対象ではないという問題もあります[19]。さらに、高次脳機能障害患者に対する専門スタッフによる心理ケアは現時点ではほぼ普及していない状態であり、心理学の専門家の活躍が望まれます[20]。

2 認知症

理論

（板口典弘）

ステップ1

本節では近年日本において社会問題となっている認知症（dementia）を扱います。2012年の調査では、我が国における65歳以上の有病者数は462万人（65歳以上人口の15%）であり[21]、2025年には700万人になるという推計も出ています。また、認知症というと年を取ってから発症するというイメージがあるかもしれませんが、65歳未満で発症する**若年性認知症**の数は、

---

17 失語症は身体障害者手帳、認知症は日常生活に支障をきたす場合であれば精神障害者福祉手帳を取得できます。さらに認知症では、運動障害など身体疾患を伴う場合であれば身体障害者手帳も追加で取得できます。これらの手帳を持つことによって、社会的サービスを受けたり、金銭的負担が軽減されたりと、さまざまなメリットがあります。

18 身体障害者手帳の取得基準は、"身体"的な障害を重視しているため、発話が流暢であり理解面の障害が重い患者さんは手帳取得の難易度が高くなります。

19 実際の運用としては、失認を視覚障害、失行を運動障害と"みなしてもらう"ことによって身体障害者手帳を取得することも可能です。

20 2020年に、日本神経心理学会と日本高次脳機能障害学会が共同で学会認定資格である臨床神経心理士を創設しました。本資格を取得するには、公認心理師、医師、言語聴覚士、作業療法士、理学療法士のいずれかの資格を有する必要があります。

21 朝田、都市部における認知症有病率と認知症の生活機能障害への対応 平成23年度〜平成24年度総合研究報告書、2013

国内で約2000人に1人（3万5700人）と推定されています[22]。

認知症の定義

　認知症とは，「一度正常に達した**認知機能が後天的な脳の障害によって持続的に低下し，日常生活や社会生活に支障をきたす状態**」と定義されます[23]。DSM-5-TRの定義では，記憶・思考・判断・言語などの認知機能の障害が1つ以上あることを要件とします[24]。さらに，BPSD（behavioral and psychological symptoms of dementia）とよばれる認知症に随伴する行動・心理症状も出現します。BPSDには，興奮・暴力・不安・睡眠障害・抑うつなどの症状が含まれます（**図14-4**）。重要な点は，認知症は認知能力の複合的な低下を示す状態を表す用語であり，認知症という疾患が存在するわけではないことです。

図14-4　認知症の全体像

　認知症は加齢によるもの忘れとは異なります。正常な加齢によっても，私たちは多くのことを忘れ，覚えにくく，または思い出しにくくなります。認知症と加齢によるもの忘れとのわかりやすい違いの1つは，**本人が忘れっぽいことを自覚しているかどうか**です。さらに，正常な加齢では基本的に記憶機能の低下のみが顕著であり，その他の認知・判断能力はさほど損なわれま

22　18〜64歳を対象としたAMED「若年性認知症実態調査結果概要」（2020）に基づきます。

23　正確には，この状態が意識障害やせん妄（注意障害を主とする一時的な錯乱状態の総称）では説明できないことも要件とされます（日本神経学会 認知症疾患診療ガイドライン2017）。

24　それまでは"記憶障害に加えて，他の認知機能障害が1つ以上合併すること"でしたが，DSM-5から記憶障害を必須としなくなりました。この変更は，記憶障害が比較的軽度の認知症にも対応するためにおこなわれました。

せん。

認知症の種類

　認知症は原因によって出現する症状が異なります。代表的なものがアルツハイマー型認知症（AD），レビー小体型認知症（DLB），血管性認知症（VaD），前頭側頭型認知症（FTD）です。**表14-2**にそれらの特徴を簡単にまとめます。これらのほかにも，アルコール性，外傷性の認知症も知られています。

表14-2　認知症の種類と特徴

種類	原因	初期症状	その他の特徴	経過
アルツハイマー型認知症（AD）67.6%/52.6%	海馬・側頭〜頭頂葉の萎縮を特徴とする神経変性疾患	記憶障害（特に最近の物事を思い出せない，覚えられない）	もの盗られ妄想，徘徊，取りつくろい	徐々に進行
レビー小体型認知症（DLB）4.3%/4.1%*1	レビー小体というタンパク質の出現を特徴とする神経変性疾患	幻視，妄想，抑うつ状態，パーキンソン症状，記憶障害は軽度	視覚認知・注意・遂行機能障害，睡眠時の異常言動，自律神経症状	調子がよいときと悪いときを繰り返しながら進行
血管性認知症（VaD）19.5%/17.1%	脳血管障害（脳梗塞・脳出血など）	遂行機能障害，記憶障害は軽度	損傷部位により症状が異なる，まだら認知症*2，比較的病識がある	突然発症，あるいは階段的に増悪する
前頭側頭型認知症（FTD）1.0%/9.4%	前頭〜側頭葉の萎縮を特徴とする神経変性疾患	行動・人格障害，記憶障害は軽度	意欲低下，行動的脱抑制，常同行動*3，摂食障害	ADよりも進行が速い

疾患名の下の数値は（65歳以上/65歳未満の認知症患者に対してその原因疾患が占める割合）

*1 この数字には，認知症を伴うパーキンソン病も含まれている。
*2 一部の認知機能のみが低下し，他は保たれているような状態をまだら認知症という。
*3 行動のスケジュールやレパートリーが強く限定されてしまう症状を指す。たとえば，毎日決まった時間に決まったルートを散歩するなど。

　アルツハイマー型認知症は日本ではもっとも多いタイプの認知症で，記憶障害がもっとも目立つことの多い神経変性疾患です。レビー小体型認知症は**パーキンソン病**と同じく，**レビー小体**とよばれる物質の蓄積に関連する疾患であり，幻視を中心とする視覚認知の障害や認知機能低下が特徴です[25]。血管性認知症は，小さな血管が損傷する場合（多発性ラクナ梗塞[26]），中程度

25　パーキンソン病とは，安静時振戦（ふるえ），筋強剛（筋固縮），無動，姿勢保持障害という4つの運動症状（パーキンソン症状）を特徴とする神経変性疾患です。パーキンソン病と診断された患者が認知症を発症した場合には"認知症を伴うパーキンソン病"とよばれます。

の血管が損傷する場合（多発梗塞性），単一梗塞によるものなど，さまざまな病態を含みます。前頭側頭型認知症もさまざまなサブタイプがあり，それぞれ特徴的な症状を示します。表14-2におけるFTDの特徴の項目では，代表的な行動型前頭側頭型認知症（bvFTD）の特徴を示しています。ほかにも，言語障害を主症状とするタイプの前頭側頭型認知症もあります[27]。前頭側頭型認知症は，若年性認知症に占める割合が大きいことも特徴です。

ステップ2

認知症を含む高次脳機能障害は基本的に，現在の薬物では"治す"[28]ことはできません。そのため，食生活や運動習慣など，予防がとても重要となります。いざ当事者となった場合には，リハビリによって失った脳機能を取り戻すことを試みなければなりません。しかしながら，多くの認知症は進行性であるため，回復というよりはそれ以上悪化させない，あるいは進行を遅らせるアプローチを取らざるをえません。ただし，進行性の認知症患者の多くは病識（疾患への気づき）が薄いため，基本的には当事者としての対応が難しいという問題も生じます。すなわち，自分自身が病気であると思っていないため，自分の力で病気に立ち向かうことは難しいのです。このような点で，失語・失行・失認など他の高次脳機能障害と認知症は大きく異なります。

薬物療法

認知症患者に対する薬物療法は，①認知症の中核症状に対してその改善を目指す，あるいは悪化を遅らせるものと，②不安・不眠・抑うつなどのBPSDを緩和・改善させるものに大別されます。前者には，ドネペジル，ガランタミン，リバスチグミン，メマンチンなどが用いられます[29]。後者の目的では，抗うつ薬，抗精神病薬，抗不安薬，睡眠導入薬などが使用されます。

---

26 脳の深い部分にある小さな血管の梗塞によって生じる15mm以下の損傷をラクナ梗塞といいます。ラクナとはラテン語で"小さなくぼみ"という意味です。ラクナ梗塞は小さいため，症状が軽く（あるいはなく），気づかないまま認知症などの原因になることがあります。

27 意味型原発性進行性失語，非流暢型原発性進行性失語などです。

28 "アミロイド仮説（アミロイドβペプチドという脳内のたんぱく質がADの発症に関係するという説）"に基づいた薬の開発が続けられています。

29 作用機序で分類すると，前者3つはコリンエステラーゼを阻害し，メマンチンはNMDA受容体の働きを阻害します。

介護者の負担

認知症は多くの場合，介護者，家族への負担が大きくなります。たとえばアルツハイマー型認知症では，物をしまった場所やしまったという自分の行動をよく忘れます。さらに記憶能力低下に対する病識も薄く，物が見つからない場合には，周囲の人間のせいにして（もの盗られ妄想）トラブルを起こすこともあります。また，運動機能がさほど低下していない場合には家の外に出て帰れなくなってしまったり，暴れるなどの問題行動を起こしてしまったりします。薬によって症状を抑えることはある程度可能ですが，**飲み忘れや服薬拒否**[30] も珍しくなく，薬を飲んでもらうことも決して容易ではありません。

さらに，家族にとって最も悲しいことの1つは，認知症によってその人の"人が変わってしまう"点でしょう。必ずしもすべての患者さんがそうなるわけではありませんが，一方でこの表現は誇張でもありません。**記憶は個人の人格を過去から連続したものとして維持するために不可欠**です。さらに認知症は，行動の計画や衝動の抑制といった脳機能にも大きく影響します。これらの機能が低下したり失われたりすると，その人のとる行動は，まるで別人のようになってしまうこともあります。

認知症への理解と支援

介護者，特に家族の負担を減らすことができない場合には，いわゆる"介護疲れ"による二次的な被害が発生することがあります。この問題を簡単に解決することはできませんが，認知症を理解することは，少なくとも精神的な負担を軽減させる第一歩となるでしょう。このような目的のため，厚生労働省は**若年性認知症ハンドブック**や**若年性認知症支援ガイドブック**を作成したり，**認知症コーディネーター**の配置，さらに一般市民を対象に**認知症サポーター養成講座**を開催したりしています[31]。このような対策にも，本書でこれまで解説してきたような臨床心理学の技法と知見が大きく活かされています。

30　無理に飲ませようとすると，毒を盛られているという妄想が出現する場合があります。
31　インターネットで「厚生労働省　認知症」と検索すると見つかります。

　加齢による認知機能低下に対する予防には，栄養や飲酒，教育年数など，さまざまな要因がかかわっていることが知られています[32]。本ステップでは特に，運動（エクササイズ）が認知機能に対して与える影響について解説します。

運動による認知症予防効果

　認知症を発症していない中年～高齢者を対象にした研究のメタアナリシスによって，**運動習慣がその後の認知症リスクを低下させる**（22％）ことが示されています[33]。たとえば，71～93歳の日系アメリカ人男性2,257名を対象とした研究では，1日当たり400m未満の歩行量であった群は1日当たり3.2km以上の歩行量であった群よりも約1.8倍も認知症の発症リスクが高かったことがわかっています[34]。

　健常者だけではなく，**軽度認知症**（MCI：mild cognitive decline）や認知症と診断された人々に対する重症化の抑制効果も検討されています[35]。MCIは，日常生活に支障をきたさないレベルの認知能力の低下と定義されています。MCI患者においては，運動が認知機能低下に対してある程度の抑制効果をもつことが一貫して示されています。しかし一方で，すでに認知症と診断された人々においては，ポジティブな結果は多いものの，必ずしも効果は一貫しておらず，運動が症状の進行を遅らせると言い切ることはできません。そのため，これらの知見を考慮すると，**認知症と診断される以前から運動をする習慣をもつことが認知機能低下予防において重要である**といえそうです。

運動と認知機能

　運動習慣は認知症を予防するだけではなく，**認知機能の向上**にもかかわっているとも考えられています。たとえば，健常若年者を対象とした研究は，

32　魚の摂取，"適度な"飲酒，学歴が長いことは認知症リスクを低下させることが知られています。ただし学歴は，認知症の病理そのものを防ぐのではなく，脳の状態がかなり悪くなるまでは認知症の症状を出現させないことに寄与しているのだと考えられています。このような能力を認知予備能（cognitive reserve）とよびます。

33　エクササイズ量が多い高齢者（週に3回以上，計2時間以上）とエクササイズをしていない高齢者を比較したときの値です。中程度のエクササイズ（週に2回以上，計1時間以上）でも同様の抑制効果が確認されています（Lee, *J Gerontol Nurs*, 2018）

34　Abbott et al., *JAMA*, 2004。Honolulu-Asia Aging Studyの一環で実施された研究です。

35　Öhman et al., *Dement Geriatr Cogn Disord*, 2014; Du et al., *Clin Interv Aging*, 2018

ペダルをこぐ軽い運動を10分間おこなうだけで，直後の記憶課題成績が向上することを明らかにしています。さらにこの研究は，この運動によって，記憶定着に深くかかわる海馬[36]という脳部位（**図14-5a**）の機能が高まったことも示しています[37]。また，120名の健常高齢者を対象にした別の研究は，週に3回の有酸素運動（ウォーキング）が両側の海馬前部の容量を約2%も増量させることを報告しています[38]（**図14-5b**）。このとき比較対象となったストレッチ群（有酸素運動なし）では，加齢の影響で海馬の容量が低下していました。さらに，海馬容量は記憶の成績と正の相関を示していました。以上のように，多くの研究が**認知機能の維持・向上や認知症予防**には，**身体的な運動も重要**であることを示しています。

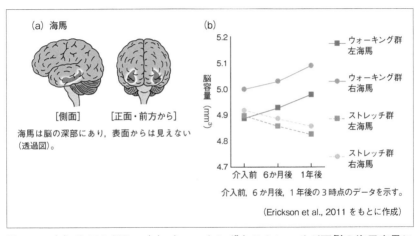

図14-5 （a）海馬の部位，（b）ウォーキングとストレッチが両側の海馬容量に与える変化

36　ギリシア神話に登場するポセイドンが乗っている半馬半魚の怪物Hippocampusの"前足"に形が似ていたことから，海馬と名前が付けられました。タツノオトシゴ（Hippocampus属，英語ではSea horse）の形も脳の海馬とそっくりですが，こちらも怪物由来の言葉です。

37　Suwabe et al., *PNAS*, 2018。正確には海馬の歯状回と，他の大脳皮質との機能的結合が強くなっていたことを明らかにしました。

38　Erickson et al., *PNAS*, 2011。2%というのは，自然な高齢期における1〜2年の加齢によって減少する容量です。そのため，運動によって記憶力が1〜2年若返ることができたと考えることもできます。ウォーキング群では，最初は10分の運動でしたが，徐々に時間を長くして，開始2か月ほどからは1日40分の運動をおこなっていました。

（髙倉祐樹・大槻美佳）

1. はじめに

　筆者（髙倉）は，総合大学に研究職として在籍しながら，併設する大学病院の診療科の1つである脳神経内科で診療補助従事者として，失語症を中心とした高次脳機能障害の臨床に携わっていました。また，市内の一次脳卒中センター[39]に認定された民間病院のリハビリテーション科で，**"言語聴覚士[40]"**として非常勤で働いていました。

　その前職では，民間の脳神経外科専門病院で言語聴覚士として常勤で働いていました。日々，脳卒中によって"ことばを使う"という"当たり前"の機能が失われてしまった失語症患者に対峙するなかで，適切なリハビリテーションを提供するためには，ことばの脳内メカニズムをより深く理解しなければならないことを痛感しました。このような動機から，臨床業務を続けながら大学院に進学し，失語症候と脳の神経基盤についての研究に取り組んできました。

失語症臨床における現状

　失語症のリハビリテーション領域においては，どのような患者に対して，どのようなアプローチが効果的であるのか，という知見は，まだ十分には蓄積されていないのが現状です。逆にいえば，患者一人ひとりのアプローチのなかから，新たな発見が得られる可能性が高い領域でもあり，単一事例の研究を大切にする学問的な伝統もあります。本節では，失語症のリハビリテーションの専門家である言語聴覚士が，臨床現場でどのようなアプローチをおこなっているのかを概説するとともに，日々の臨床での工夫や取り組みが，新たな知見の発見へとつながった事例について紹介します。

39　「地域医療機関や救急隊からの要請に対して，24時間365日脳卒中患者を受け入れ，急性期脳卒中診療担当医師が，患者搬入後可及的速やかに診療を開始できる」（日本脳卒中学会HPより；https://www.jsts.gr.jp/facility/psc/index.html）施設であり，日本脳卒中学会が認定，公表しています。

40　言語聴覚士とは，「ことばによるコミュニケーションに問題がある方に専門的サービスを提供し，自分らしい生活を構築できるよう支援する専門職」（日本言語聴覚士協会HPより；https://www.Japanslht.or.jp/what/）であり，1997年に国家資格に制定されました。

失語症の評価法とアプローチの実際

　失語症患者に“最も困っていること”を問うと，しばしば「ことばが出にくい」「話しにくい」という訴えが聞かれます[41]。しかし，“ことばの出にくさ”や“話しにくさ”が生じる原因は，患者ごとに異なりますので，どのような症候が背景に存在するのかを特定するための評価が，失語症のリハビリテーションの成否を左右するといっても過言ではありません。

■**「ことばが出にくい」原因を探る**｜ここで，「ことばが出にくい」と訴えるGさん，Hさん，Iさんを架空の失語症患者として呈示し，失語症の評価における基本的な視点を概説します。「ことばが出にくい」原因を調べるための代表的な検査の1つに，線画や実物品などを呈示し，その名前を問う“視覚性呼称”があります[42]。仮に，視覚性呼称の正答率が3名とも50%だったとします。同年代の健康な人が同じ検査をした場合に100%の正答率が得られるのであれば，3名とも“ものの名前を言う”過程に何らかの障害が生じていることが推測されます。

■**「どのように言えないのか」の分析**｜しかし，この“50%”という数値のみでは，“なぜ，ものの名前が言えないのか”という原因に迫ることはできません。ここで大切となるのが，“どのように言えないのか”を詳細に分析することです。たとえば，Gさんは“日本語の音として書き起こしができないような不明瞭な発音（＝失構音）”が頻出するために成績が低下し，Hさんは“「ねこ」を「ねほ」と言い誤る（＝音韻性錯語）”間違いが頻出するために成績が低下し，Iさんは“「ねこ」を「とら」と言い誤る（＝意味性錯語）”間違いが頻出するために成績が低下していたとします。この場合，“ことばの出にくさ”の原因として，Gさんは“思ったとおりの音を出すための，舌や唇などを動かす運動のプログラミング”の問題が，Hさんは“音の選択や配列”の問題が，Iさんは“単語の選択”の問題が存在する可能性があります（要素的言語症候については第1節表14-1を参照）。

　それぞれの症候を出現させる脳内の神経基盤は異なることが明らかとなっていますので[43]，当然ながら，その改善を図る**アプローチ方法**も，各症候に

---

[41] 実際には，このような訴えを表出することが難しい失語症患者も多く，訴えや思いを汲み取る通訳としての役割も，言語聴覚士には求められます。

[42] 実際の検査では，単語の親密度（その言葉がどれぐらい馴染み深く感じるかの度合い）や頻度（新聞やインターネット上の文章などで，その単語がどれだけ頻繁に出現するかの度合い），意味のカテゴリー（“動物”に関係する単語，“身体部位”に関係する単語，“食物”に関係する単語，といった意味概念の種類）などの属性が統制された複数の単語を使用します。

応じて変化させる必要があります。具体的には，Gさんには "明瞭な音を出すために必要な舌や唇の運動" を再学習することに焦点をあてた練習が，Hさんには単語を構成する音を選んだり並び替えたりするような練習が，Iさんには単語の音と意味を結びつけるような練習が重要となります。ただし，実際の臨床現場では，これらの症候が混じり合って出現する場合がほとんどですので，どのタイプの誤り方がもっとも際立っているのか，どの症候が実際のコミュニケーション場面に最も影響を及ぼしているのかを丁寧に紐解きながら，練習の優先順位をつけていくことが必要となります。

"できること" の評価による，新たな知見の発見

　リハビリテーションの手がかりを得るためには "どうすればできるようになるのか" を探ることも重要です。ここでは，臨床場面での "ちょっとした工夫" によって，今までに報告されたことがない現象の発見につながった事例[44]を紹介します。

　当該患者は，日常会話でのことばの理解の困難さはそれほど目立たなかったのですが，"目の前にある複数の線画の中から，検査者が言った単語に該当する線画を選び出す課題（**単語指示課題**）"[45]では，極端に成績が低下していました。具体的には，「虎は猫よりも大きいですか？」といった質問に対して，即座に「はい」と答えることが可能であるにもかかわらず，10枚の動物の線画の中から，「猫はどれですか？」と質問をしても，違う線画を指さしてしまう現象が生じていました。なお，レーブン色彩マトリックス検査とよばれる神経心理学的検査によって，視覚的に情報を処理し，対象を認知して選択することに問題はないことが確認されました。

▶ **図版の後出しによる単語指示課題** ｜ このような反応のギャップから，単語指示課題では患者本来の理解力をうまく発揮できていないのではないか，という仮説を立て，単語指示課題の条件を変化させて検討しました。具体的には，通常の単語指示課題では "線画の図版を見せながら単語の音を呈示"（**図14-6a**）しますが，本患者に対しては "単語の音を先に呈示してから線画の図版を後出しする" 条件（**図14-6b**）で単語指示課題を実施し，通常条件との比較をしてみました。すると，驚くべきことに，同じ単語，同じ図版で課題を実施したにもかかわらず，"線画図版の後出し" 条件では，正答率が大幅に向上しました（**図14-6c**）。つまり，単語の音を呈示している最中に

43　大槻，高次脳機能研究，2007
44　高倉ら，左前頭葉損傷による失語例の単語指示課題における障害機序，神経心理学，2021
45　単語の理解力の程度を調べるために，失語症の臨床現場で一般的に用いられている方法です。

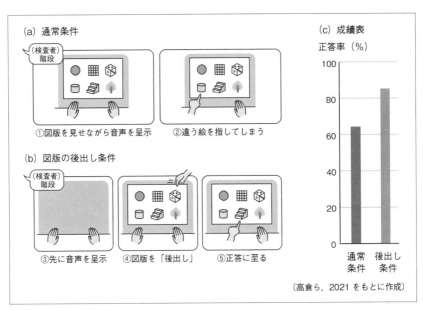

図14-6 単語指示課題の条件の違いによる成績差

"複数の線画を見ること"が妨害刺激となってしまい，呈示された単語の理解が妨げられている可能性があることがわかりました。

　このような現象は，過去の失語症研究において報告がなされていなかったので，論文として発表し，"従来の方法による単語指示課題では，患者本来の理解力を正確に評価できない場合があるかもしれない"という，臨床現場への注意喚起へとつなげることができました[46]。たった一例の報告でも，工夫やアイデア次第で，学術誌に"掲載の価値がある研究"として認めてもらえることは，失語症臨床の醍醐味でもあります。

····· 3. 今後の展望 ·····

心理的なアプローチの必要性

　第1節で述べたように，**失語症患者はうつ症状を伴う場合が多い**ため，失語症臨床においては，言語症状だけではなく**心理面へのアプローチ**を考慮する必要があります。うつ症状があると，失語症のリハビリテーションに悪影

46　他の患者でも同様の現象が生じるのかどうかは明らかではないため，さまざまなタイプの失語症患者を対象とした追試が望まれます。

響が生じることは容易に想像できますが，実はその影響については，いまだ詳しく調べられてはいません。その要因の1つとして，失語症患者に対して，臨床心理学的な評価やアプローチを提供できる環境が十分に整っていないことが挙げられます[47]。日本リハビリテーション医学会認定研修施設を対象としたアンケート調査[48]によると，回答が得られた233施設のうち，"臨床心理業務担当者"が在籍している施設は，わずか50%でした。その一方で，"臨床心理業務担当者"が在籍していない施設のうち，86%が"臨床心理業務担当者"の採用を希望しており，**リハビリテーション領域における臨床心理業務担当者のニーズはきわめて高い**ことが指摘されています。

言語聴覚士と心理学の専門家との協働

失語症患者に対してよりよい支援を提供するためには，**臨床心理士や公認心理師**をはじめとする心理学の専門家と，言語聴覚士が協働できる環境を整えていくことが喫緊の課題であるといえます。しかし，ある海外の調査では，一部の臨床心理士は，コミュニケーションの困難さを理由に，失語症患者を心理的療法の対象とみなしていない場合があることが報告されています[49]。個々の失語症患者に対する有効なコミュニケーション方法を，言語聴覚士と心理学の専門家が共有していくことによって，失語症患者への新たな支援の道が開かれる可能性があると考えます。本節を通して，心理学の専門家に失語症のことを広く知っていただくとともに，一人でも多くの読者に，失語症のリハビリテーション領域へと参画していただくことを願っています。

47　National Stroke Foundation, *National stroke audits: Rehabilitation services report 2020*. https://informme.org.au/stroke-data/Rehabilitation-audits, 2020
48　日本リハビリテーション医学会関連専門職委員会，リハビリテーション医学，43（12），2006
49　Northcott et al., *Int J Lang Commun Disord*, 2018

図版引用文献一覧

図1-1 Murad, M. H. et al. (2016), New evidence pyramid. *BMJ Evidence Based Medicine*, 21(4), 125-127, Fig1.
Berg, A.O. & Allan, J. D. (2001). Introducing the third U.S. preventive services task force. *American Journal of Preventive Medicine*, 20(3 Suppl), 3-4.

図1-3 文部科学省中央教育審議会（2015）．チームとしての学校の在り方と今後の改善方策について（答申），「チームとしての学校」像（イメージ図），p.14,（https://www.mext.go.jp/b_menu/shingi/chukyo/chukyo0/toushin/__icsFiles/afieldfile/2016/02/05/1365657_00.pdf）．

図2-1 一般財団法人 日本心理研修センター監修（2019）．公認心理師現任者講習会テキスト 改訂版，金剛出版．

表2-1 下山晴彦・丹野義彦（2002）．講座臨床心理学3 異常心理学Ⅰ，東京大学出版会．
下山晴彦編（2009）．よくわかる臨床心理学 改訂新版，p.68，ミネルヴァ書房．

図3-1 Freud, S. (1933). *Neue Folge der Vorlesungen zur Einführung in die Psychoanalyse.*

図4-2 Rogers, C. R. (1951). A theory of personality and behavior. In *Client-centered therapy, PartⅢ*（pp. 481-533), Boston: Houghton Miffl in Co.
伊東博 編訳（1967）．ロージァズ全集8 パースナリティ理論，岩崎学術出版社，pp. 89-162，第2図，第3図．

表4-2 Rogers, C. R. (1957). The necessary and sufficient conditions of therapeutic personality change. *Journal of Consulting Psychology*, 21(2), 95-103.

図5-2 Thorndike, E. L. (1898). Animal Intelligence: An Experimental Study of the Associative Processes in Animals. *Psychological Review, Monograph Supplements*, 2(4), p.8, fig1.

図7-2 Tang, Y. Y., Hölzel, B. K., & Posner, M. I. (2015). The neuroscience of mindfulness meditation. *Nat Rev Neurosci.* 16(4), 213-225, Fig1.

図7-3 Takahashi, T., Sugiyama, F., Kikai, T., Kawashima, I., Guan, S., Oguchi, M., Uchida, T., & Kumano, H. (2019). Changes in depression and anxiety through mindfulness group therapy in Japan: The role of mindfulness and self-compassion as possible mediators. *BioPsychoSocial Medicine*, 13(4), 1-10, Table 3をグラフ化．

図8-1 遊佐安一郎（1984）．家族療法入門—システムズ・アプローチの理論と実際，星和書店，p.32，図6．

図8-2 中釜洋子（2001）．いま家族援助が求められるとき—家族への支援・家族との問題解決，垣内出版，p99，図5．

図8-3 社会福祉法人横浜博萌会 子どもの虹 情報研修センター（2023）．研修資料 手に取るように家族がわかる ジェノグラム描き方と活用のコツ（第3版），p.13．

図8-4 臨床育児・保育研究会．保育者と親のための学び＆交流誌『エデュカーレ』（汐見稔幸 責任編集）スタッフブログ，2016.10.06（2021.6.27（修正））（http://ikuji-hoiku.net/educare_wp/staffblog/1905.html）．

表8-1 日本家族研究・家族療法学会編（2013）．家族療法テキストブック，金剛出版．

表8-2 Yalom, I. D. (1995). *The Theory and Practice of Group Psychotherapy. 4th.ed.* Basic Books（中久喜ら監（2012）．ヤーロム グループサイコセラピー 理論と実践，西村書店）．

図9-1 Wikipedia「フィリップ・ピネル」; Portraits de medecins. Philippe Pinel. French psychiatrist Philippe Pinel (1745-1826) releasing lunatics from their chains at the Salpêtrière asylum in Paris in 1795. (https://www.medarus.org/Medecins/MedecinsTextes/pinelp.html)

表9-1 古茶大樹（2019）．臨床精神病理学 精神医学における疾患と診断，日本評論社，pp.100-105，
古茶大樹・針間博彦（2010）．病の「種」と「類型」，「階層原則」．臨床精神病理，31，7-17．

表10-4 D.H.ラム・S.H.ジョーンズ・P.ヘイワード著，北川信樹・賀古勇輝 監訳（2012）．双極性障害の認知行動療法，岩崎学術出版社．

表12-1 松本俊彦 監修（2021）．依存症がわかる本 防ぐ，回復を促すためにできること（健康ライブラリーイラスト版），講談社，pp.16-17．

表12-2 American Psychiatric Association（2022）．Diagnosticand Statistical Manual of Mental Disorders Fifth edition text revision; 日本精神神経学会 日本語版用語監修（2023）．DSM-5-TR 精神疾患の診断・統計マニュアル，医学書院，pp.525-647.

松本俊彦 監修（2021）．依存症がわかる本　防ぐ，回復を促すためにできること（健康ライブラリーイラスト版），講談社，pp.16-17.

図13-1 YouTubeチャンネル「King's College London」; Avatar therapy for schizophrenia.（https://youtu.be/4Gmp9IILUx4）［2024年4月20日アクセス］.

図13-3 Cross-Disorder Group of the Psychiatric Genomics Consortium（2019）. Genomic Relationships, Novel Loci, and Pleiotropic Mechanisms across Eight Psychiatric Disorders. *Cell*, 179(7), 1469-1482.

図13-5 Itaguchi et al（2018）. Schizotypal traits and forearm motor control against self-other produced action in a bimanual unloading task. *Neuropsychologia*, 113, 43-51.

図14-2 石合純夫（2012）．高次脳絹雄障害学　第2版，医歯薬出版，p.30, 図1.

人名索引

編著者紹介

相馬　花恵　博士（文学）

2013 年　早稲田大学大学院文学研究科博士後期課程修了
現　在　駿河台大学心理学部　准教授

板口　典弘　博士（文学）

2013 年　早稲田大学大学院文学研究科博士後期課程修了
現　在　慶應義塾大学文学部　准教授

NDC 146　283 p　　　21 cm

ステップアップ心理学シリーズ
臨床心理学　理論と実践をつなぐ

2024 年 5 月 22 日　第 1 刷発行

編著者	相馬花恵・板口典弘
発行者	森田浩章
発行所	株式会社　講談社

KODANSHA

〒 112-8001　東京都文京区音羽 2-12-21
　　　販　売　(03)5395-4415
　　　業　務　(03)5395-3615

編　集　株式会社　講談社サイエンティフィク

代表　堀越俊一

〒 162-0825　東京都新宿区神楽坂 2-14　ノービィビル
　　　編　集　(03)3235-3701

印刷・製本　株式会社 KPS プロダクツ

ISBN 978-4-06-534384-5